EL PRINCIPIO INDEMNIZATORIO EN EL CONTRATO DE SEGURO
[HACIA UNA NUEVA DIMENSIÓN POR EFECTOS DE LA INFLACIÓN]

ISABELLA PECCHIO BRILLEMBOURG

Abogada, Universidad Católica Andrés Bello
Especialista en Derecho Mercantil, Universidad Católica Andrés Bello
Especialización en Derecho Tributario (en tesis),
Universidad Católica Andrés Bello
Miembro, Sociedad Venezolana de Derecho Mercantil
Miembro, Sociedad Venezolana de Compliance

EL PRINCIPIO INDEMNIZATORIO EN EL CONTRATO DE SEGURO
[HACIA UNA NUEVA DIMENSIÓN POR EFECTOS DE LA INFLACIÓN]

COLECCIÓN ESTUDIOS JURÍDICOS
No. 163

editorial jurídica venezolana
international

2024

© ISABELLA PECCHIO BRILLEMBOURG

ISBN: 979-8-89342-854-4

Impreso por: Lightning Source, an INGRAM Content company
para: Editorial Jurídica Venezolana International Inc.
Panamá, República de Panamá.
Email: ejvinternational@gmail.com

Portada por: Alexander Cano

Diagramación, composición y montaje por: Mirna Pinto,
en letra Times New Roman 13, Interlineado 14,
Mancha 11,5x18 (Tamaño libro 6x9 inch.)

Para Papi y Pecco,
mis ángeles que me cuidan desde el cielo.

"Para siempre, por siempre y desde siempre…"

Índice general

Tabla de contenidos

CAPÍTULO II

GENERALIDADES (Y CURIOSIDADES) DE LA REGULACIÓN DEL CONTRATO DE SEGURO

CAPÍTULO III

PARTICULARIDADES DEL CONTRATO DE SEGURO

CAPÍTULO IV

CLASIFICACIÓN DE LOS SEGUROS Y EL SEGURO CONTRA DAÑOS

CAPÍTULO V

EL PRINCIPIO INDEMNIZATORIO (Y EL DERECHO DE SUBROGACIÓN)

CAPÍTULO VI

SOBRE LA CESIÓN DE TITULARIDAD DE LOS BIENES ASEGURADOS Y LAS ATRIBUCIONES DE LA SUDEASEG

CAPÍTULO VII

DEL INFRASEGURO COMO CONSECUENCIA DE LA INFLACIÓN

CAPÍTULO VIII

PROPUESTAS DE SOLUCIONES AL PROBLEMA PLANTEADO: HACIA UNA NUEVA DIMENSIÓN DEL PRINCIPIO INDEMNIZATORIO EN ECONOMÍAS INFLACIONARIAS

CAPÍTULO IX

ANEXOS
CONTRATOS DE SEGURO CONTRA DAÑOS

PRÓLOGO

Tengo el gran honor de prologar la obra que hoy nos presenta la joven abogada Isabella PECCHIO BRILLEMBOURG, a quien tuve el gusto de conocer siendo mi alumna en la catedra de Derecho Procesal Civil, cuando cursó sus estudios de pregrado en la facultad de derecho de la Universidad Católica Andrés Bello, en Montalbán, Caracas, Venezuela. Posteriormente, Isabella ingresó a trabajar en el Departamento de Litigios de Badell & Grau Despacho de Abogados bajo mi supervisión directa, en donde por más de dos (2) años se desenvolvió idóneamente como asistente legal, siempre con un alto nivel de puntualidad, responsabilidad y compañerismo.

Isabella PECCHIO cursó estudios de especialización –de nuevo en la UCAB– en Derecho Financiero y también en Derecho Mercantil; y siendo esta última una de mis áreas de formación profesional, docencia y de ejercicio profesional, tuvo a bien en pedirme que fuese su Tutor del trabajo de grado de Especialista en Derecho Mercantil, y es, precisamente este trabajo de investigación denominado «**El principio indemnizatorio en el contrato de seguro.** *[Hacia una nueva dimensión por efectos de la inflación]*», el que hoy se convierte en su primera obra escrita para beneplácito de toda la comunidad jurídica, así como de los jóvenes estudiantes de derecho, siendo ellos los que mayoritariamente constituyen la generación de relevo tan necesaria en todos los ámbitos del saber humano.

Con Isabella me tocó estudiar la figura del infraseguro que se conoce en doctrina como la asignación de valores de reposición de los bienes objeto de seguro, inferiores a los valores de reposición de dichos bienes, lo cual, en palabras de la investigadora, se ha convertido en Venezuela en la regla y no en un régimen excepcional en materia de seguros.

Es por ello, que advierte PECCHIO, en la obra que hoy prologamos que "…se enfoca, en el análisis e interpretación del *principio indemnizatorio*, y en como la figura del *infraseguro* se ha convertido –en la práctica– en una regla de los seguros en Venezuela, en lugar de un régimen de excepción".

Básicamente al hacer referencia al contenido de la obra que hoy nos presenta su autora, podemos constatar que en la misma se aborda, de manera general, la actividad aseguradora, su concepto, en el entendido que aclara PECCHIO que la materia de seguros estaba inicialmente regulada en el Código de Comercio, dando paso a regulaciones especiales contenidas en la Ley de Reforma del Decreto con Rango, Valor y Fuerza de Ley de la Actividad Aseguradora del 29 de noviembre de 2023.

Luego desarrolla la autora, temas como la regulación del contrato de seguro y sus particularidades, para luego adentrase en la clasificación doctrinaria y legal de los seguros en Venezuela, haciendo énfasis en el seguro contra daños.

Previo el análisis del principio indemnizatorio en materia de seguros así como el derecho de subrogación y la cesión de titularidad de los bienes asegurados, se adentra en el estudio de la figura del infraseguro y las consecuencias de la inflación frente al mismo, no quedándose la autora en un mero análisis teórico de esta figura, sino que dedica un capítulo de su obra a ofrecer propuestas en la búsqueda de soluciones al planteamiento del problema de la afectación de la inflación sostenida de la economía venezolana y el infraseguro.

Puede percibirse en general, que la obra que con estas líneas prologamos, constituirá, sin ninguna duda, un importante aporte bibliográfico para los estudiosos del tema de la actividad aseguradora en general y del infraseguro en particular.

Es de resaltar el enfoque que hace la autora sobre el llamado *principio del contrato-ley,* que en términos del artículo 1.159 del Código Civil, nos acerca a la noción de que el contrato bilateral tiene entre las partes, la misma fuerza vinculante que la ley. Adicionalmente, la conocida *pacta sunt servanda* complementa la noción del contrato ley en los términos expresados y reivindica la buena fe que debe preceder a la conducta de las partes que han acordado suscribir el contrato, conforme al artículo 1.160 *eiusdem.*

Con estas premisas normativas –explica Isabella PECCHIO– que pueden servir para evitar las distorsiones económicas que han estado presentes en nuestro país ya desde hace más de 30 años, para que en suma pueda hablarse de una verdadera y adecuada restitución de la situación patrimonial del asegurado a pesar de las circunstancias inflacionarias presentes en la economía del país.

Aspecto de notorio interés en la obra lo constituye el estudio sobre la posibilidad legal de contratación de pólizas de seguros en divisas, situación a la que dio paso la derogatoria de la Ley del Régimen Cambiario y sus Ilícitos y el Convenio Cambiario N° 1, que estableció la libre convertibilidad de nuestro signo monetario frente a las divisas. Este aporte es bastante notorio y seguros estamos que los lectores interesados en estos temas se ilustrarán y disiparán serias dudas que surgen de la nueva corriente de apertura a la libre convertibilidad de nuestro signo monetario, sobre todo antecedido por un régimen en el que incluso se tipificaba como tipo penal el uso de las divisas en operaciones comerciales ordinarias.

Para cumplir la máxima que debe inspirar al prologuista de no caer en la tentación de hacer del prólogo un capítulo más de la obra prologada, sino reducirlo a exaltar la personalidad del autor de la obra y de su contenido, estimo haber cumplido con ambas directrices, restando únicamente felicitar e instar a la joven y brillante abogada Especialista en Derecho Mercantil Isabella PECCHIO BRILLEMBOURG a seguir adelante en la tarea de formarse siempre para ser más y mejor abogada e ir pensando desde ya en su próxima obra escrita en las áreas de su especialidad.

Álvaro BADELL MADRID

INTRODUCCIÓN

PLANTEAMIENTO DEL PROBLEMA

INTRODUCCIÓN

PLANTEAMIENTO DEL PROBLEMA

Este estudio se enfoca en el análisis e interpretación del *principio indemnizatorio* y en cómo la figura del *infraseguro* se ha convertido –en la práctica– en una regla de los seguros en Venezuela, en lugar de un régimen de excepción, lo que a la postre, como veremos, termina afectando a la figura del seguro propiamente como institución y al mercado asegurador venezolano, en general. En materia de *seguros contra daños*, especialmente cuando es utilizado el Bolívar (Bs.) como moneda de cuenta para la cuantificación de los montos fijos de indemnización[1] o límites de suma asegurada[2], al momento del

---

[1]   Entendida ésta de conformidad con el artículo 4, numeral 17 de la Ley de Reforma del Decreto con Rango, Valor y Fuerza de Ley de la Actividad Aseguradora, como la "principal obligación de las empresas de seguros, de medicina prepagada y administradoras de riesgos, consistente en el pago del monto convenido, la prestación del servicio, reparación del daño o reposición del bien, conforme al contrato". Ley de Reforma del Decreto con Rango, Valor y Fuerza de Ley de la Actividad Aseguradora. *Gaceta Oficial de la República Bolivariana de Venezuela* N° 6.770 (Extraordinario), 29 de noviembre de 2023, (en lo adelante la "LAA").

[2]   "La suma asegurada no sólo actúa como límite (…), sino que se identifica con el valor indemnizable para los siniestros totales. (…) la suma asegurada representa, como en todo seguro de daños, el límite máximo indemnizable, pero en modo alguno predetermina la indem-

pago de la indemnización, en la mayoría de los casos, se convierten los contratos de seguro en un *infraseguro*, como consecuencia de la aplicación limitada (si se quiere) del principio indemnizatorio que rige en esta materia y por razón de la realidad económica inflacionaria del país.

Debe tenerse presente que el objeto principal del *principio indemnizatorio*, como será abordado en detalle, es el de conseguir, a través del seguro, el resarcimiento del patrimonio del asegurado, siempre en función del daño o pérdida efectivamente sufrida. En otras palabras, este principio guía el comportamiento tanto del asegurado como del asegurador, en el sentido que, por un lado, el asegurador tiene la *obligación* de pagar el monto correspondiente de la indemnización el cual idealmente debe ser suficiente para resarcir la pérdida sufrida por el asegurado y, por el otro, el asegurado tiene el *derecho* a exigir dicha indemnización en función del daño o pérdida efectivamente sufrida, es decir, el asegurado no puede exigir más del equivalente al daño ocasionado, a la vez que el asegurador no debería pagar menos de la pérdida sufrida, según haya sido estipulado en el contrato de seguro.

Vale la pena preguntarse de entrada, entonces, ¿en qué consiste el *infraseguro*? En palabras simples, esta figura tiene lugar cuando el valor asignado a la indemnización o suma asegurada resulta ser inferior o menor al valor del bien o cosa asegurada, a otro decir, "existe infraseguro cuando la garantía asumida por el asegurador es inferior a la pérdida que se derivaría de la destrucción total de la cosa"[3]. Ahora bien, aunque, de entrada, y conceptualmente hablando, no pareciera

---

nización, cuyo importe no se sabrá hasta que se verifique el siniestro, pudiendo alcanzar toda o parte de dicha suma". MUÑOZ PAREDES, María Luisa, *El seguro a primer riesgo*, Editoriales de Derecho Reunidas, S.A., Madrid, 2002, p. 42.

[3]   MÁRMOL MARQUÍS, Hugo, *Fundamentos del seguro terrestre*, Ediciones Liber, 4ª edición, Caracas, 1999, p. 363.

encerrar mayores complejidades –ni especial relevancia– esta figura cuando se identifica con su vertiente *voluntaria*, lo que llama particularmente la atención, son los casos en que dicho infraseguro es, más bien, *involuntario* y, por tal razón, genera consecuencias no deseadas, pactadas, ni acordadas por las partes al momento de la suscripción de la póliza.

La situación que se plantea es que, más allá de ser el *infraseguro* una figura jurídica que existe y es permitida en el ordenamiento jurídico venezolano, se trata de una tipología que debe entenderse –a nuestro parecer– como excepcional, para casos muy particulares y específicos, y no como la regla aplicable a cualquier seguro contratado, máxime si la *intención* y *voluntad* de las partes y, especialmente, del tomador o asegurado, es la de contratar una póliza bajo el régimen del *seguro pleno*[4] o con la intención de ser totalmente resarcido.

En este trabajo se estudiarán, en específico, aquellos contratos de seguro en los cuales se busca, desde el inicio de la contratación, una restitución plena en caso de ocurrir el siniestro, a saber, esas situaciones en las que el asegurado pretende ver *plenamente* protegido su patrimonio a través de la contratación del seguro, es decir, de verse –patrimonialmente– en la misma situación en la que estaba antes de ocurrido el daño sobre el interés asegurado. Por ello la especial relevancia de los *infraseguros involuntarios*, que por definición no se ajustarían a la voluntad (al menos de una) de las partes.

Es importante precisar que esta investigación está enfocada únicamente en los contratos de *seguro contra pérdidas* (según

---

[4] El seguro pleno se concibe "cuando la relación entre suma asegurada y valor del interés asegurado es igual 1/1, es decir cuando coinciden ambos, porque son iguales, el seguro es completo o pleno y la consecuencia en caso de siniestro es que se paga íntegramente el daño sufrido, ya se trate de siniestro total o de siniestro parcial". RUÍZ RUEDA, Luis, *El contrato de seguro*, Editorial Porrúa, S.A., México, 1978, p. 176.

los denominaba el Código de Comercio venezolano[5] en sus artículos derogados sobre la materia) o, con mayor rigor, *seguro contra daños patrimoniales*, como comúnmente se identifican en la doctrina y en la legislación venezolana vigente, cuya clasificación será abordada.

La razón de ser de la institución del seguro –como regla– es que los tomadores o asegurados busquen con la contratación de una póliza de seguro, específicamente contra daños, desprenderse del riesgo asociado a la pérdida o daño sobre su interés asegurable y garantizarse, así, la *restitución de su patrimonio*[6] mediante la recepción del pago de una indemnización con ocasión al perjuicio generado por la ocurrencia de un siniestro, esto es, la concreción del riesgo[7]. La restitución del patrimonio que buscan los asegurados o beneficiarios, como se podrá entender, dista de procurarles un *incremento patrimonial* (enriquecimiento) como consecuencia del seguro, cuestión que precisamente se identifica con el referido *principio indemni-*

---

[5] Código de Comercio. *Gaceta Oficial de la República de Venezuela* N° 475 Extraordinario del 21 de diciembre de 1955.

[6] Con excepción de la figura del *infraseguro voluntario*, como será abordada (Capítulo VII).

[7] "Es lógico que al hablar de riesgos se habla en primer lugar de riesgos genéricos, riesgos que hay y que habrá que específicar, concretar, individualizar definiéndolos, mencionándolos, plasmándolos en el elenco de coberturas, sea incluso por exclusión. Labor y tarea que antecede al momento de perfección contractual. Cuáles son las circunstancias y las consecuencias de los riesgos. Qué hechos, qué actividades son o no garantizados por el seguro, en qué circunstancias se cubre el riesgo, si solo con hechos de la circulación o no, qué consecuencias, si cubre la invalidez o incapacidad de trabajo o cualquier tipo de incapacidad. Si se cubren daños directos o incluso también los indirectos, materiales o no. En suma, la actividad de definición del riesgo es nuclear en todo contrato de seguro, un punto de partida que si no existiere simplemente sería un hecho imposible el seguro". VEIGA COPO, Abel B., *Condiciones en el contrato de seguro*, Editorial Comares, 2ª edición, Granada, 2008, p. 305.

zatorio, cuya finalidad (una de ellas) es que el tomador, asegurado o beneficiario no *abuse* de la figura del contrato de seguro y lo convierta en una operación de especulación o de enriquecimiento.

Deben tenerse presente, en este sentido, las enseñanzas de GARRIGUES sobre la naturaleza o esencia misma del seguro, para quien "el seguro es el antídoto o el anticuerpo del riesgo (…) El seguro pone lo seguro en lugar de lo inseguro: esta es la esencia de la institución"[8]. Y es éste, precisamente, uno de los objetivos que se persigue en este estudio: revisitar la naturaleza económica del seguro y del propio principio indemnizatorio, que se identifica –esto es de la esencia de la cuestión– con la *restitución* del patrimonio de los asegurados: poner seguro, lo inseguro.

El problema jurídico-económico aquí planteado implica un perjuicio *directo* o *inmediato* a los asegurados y su derecho a obtener una verdadera indemnización, a razón de la aplicación limitada o estándar del principio indemnizatorio, así como *indirecto* o *mediato* a los aseguradores, por la eventual baja de contratación de pólizas, impactando negativamente a la institución misma del seguro y, por vía de consecuencia, a su normal (y deseada) utilización, en deterioro del mercado venezolano de seguros en general.

Resulta apreciable que el legislador al incorporar la categoría jurídica del principio indemnizatorio en la derogada Ley del Contrato de Seguro[9] y posteriormente al ser retomado en las "Normas que Regulan la Relación Contractual en la

---

[8] GARRIGUES, Joaquín, *Contrato de seguro terrestre*, J. Garrigues, 2ª edición, Madrid, 1982, p. 11.

[9] Ley del Contrato de Seguro (2011) (derogada). *Gaceta Oficial de la República Bolivariana de Venezuela* N° 5.553 (Extraordinario), 12 de noviembre de 2011.

Actividad Aseguradora"[10] (en lo adelante las "Normas"), dejó fuera de su análisis, al menos, dos aspectos que hemos podido identificar, cuales son: (i) la perspectiva o dimensión de dicho principio indemnizatorio en el contexto de economías inflacionarias, y (ii) el supuesto en que sea el asegurador quien (conscientemente o no) se aproveche de la figura del contrato de seguro, al tenerse en cuenta que el principio indemnizatorio está concebido únicamente desde la perspectiva del asegurado o beneficiario.

En este sentido, nuestro enfoque principal recaerá sobre el principio indemnizatorio, tal como se encuentra regulado y cómo, desde nuestra perspectiva, debería concebirse el mismo, a la vez que sobre categorías que –naturalmente– van de la mano del tema o que se dan cita como consecuencia del mismo, entre las cuales destacan el infraseguro, el derecho de subrogación, así como determinadas cláusulas típicas contractuales en materia de seguro, que aplicadas a situaciones económicas de inflación[11],

---

[10] Normas que Regulan la Relación Contractual en la Actividad Aseguradora. *Gaceta Oficial de la República Bolivariana de Venezuela* N° 40.973, 24 de agosto de 2016. Actualmente se encuentran en proyecto unas nuevas "Normas que regulan los contratos de seguro y de medicina prepagada", que serían dictadas con ocasión a la reciente reforma de la LAA. Disponibles en https://www.sudeaseg.gob.ve/descargas/Publicaciones/Normas%20Prudenciales/39.%20NORMAS%20QUE%20REGULAN%20LOS%20CONTRATOS%20DE%20SEGURO%20Y%20DE%20MEDICINA%20PREPAGADA.pdf. El mencionado proyecto de nuevas normas no afecta el desarrollo y contenido de este trabajo, en lo que se refiere a los artículos citados de las vigentes Normas, los cuales mantienen su redacción en iguales o muy similares términos tanto en las vigentes Normas, como en el proyecto.

[11] Sobre las consecuencias de la inflación y las oscilaciones del valor de la moneda, en general, en materia de seguros patrimoniales, GARRIDO desde hace décadas ha explicado lo siguiente: "Si situamos dentro de este encuadre la serie de hechos de orden económico que la desvalorización monetaria implica, fácilmente advertimos que el contrato de seguro de

cuando las indemnizaciones o sumas aseguradas de las pólizas son valoradas en la moneda de curso legal en Venezuela, es decir, en Bs., *pudiera* significar, por un lado, un detrimento patrimonial para el asegurado –en contradicción del fundamento mismo del principio indemnizatorio en materia de seguros– y, por el otro, un potencial beneficio o enriquecimiento para el asegurador –que se experimentaría, de ocurrir, en desatención de la *causa*[12] misma del contrato–, ajeno a la ganancia natural (prima) que se desprende de la relación contractual entre

------

cosas se ve hondamente afectado por consecuencia de las alteraciones producidas en el valor de los bienes. A virtud de aquel fenómeno, los precios suben en proporción al envilecimiento que experimenta el dinero. Y con los precios, asciende parejamente el valor de las cosas. De ahí, pues, que, al acentuarse la curva ascensional de los precios, pierden por minutos congruencia con la realidad las bases sobre las cuales se estipuló la póliza de seguro. Un capital señalado como indemnización en un seguro de incendios, que al momento de celebrarse el convenio guardaba absoluta paridad con el valor real del bien que pretendía protegerse, puede resultar mínimo comparado con el nuevo valor adquirido por dicho bien como consecuencia de la depreciación del dinero". GARRIDO Y COMAS, Juan José, *La depreciación monetaria y el seguro*, José M. Bosch, Barcelona, 1956, p. 104.

[12] En palabras de MÉLICH-ORSINI: "la «causa» responde a la pregunta *¿cur debatur?* (¿por qué nos obligamos?), en tanto que el «objeto» lo haría la pregunta *¿quid debetur?* (¿a qué nos obligamos?)". MÉLICH-ORSINI, José, *Doctrina general del contrato*, Serie Estudios 61, 4ª edición, Caracas, 2006, p. 245. En este sentido, el autor francés BUFNOIR considera que "la causa es un fin o elemento intencional inherente al contrato, implicado por la naturaleza del mismo y que, por lo tanto, fue o debió ser conocido por ambos contratantes al mismo tiempo, y no exclusivamente por el que se obligó". BUFNOIR, Claude, cita tomada en *Ibid.*, p. 246.

tomador y asegurador o, dicho en otras palabras, generándose para el asegurador un posible enriquecimiento *sin causa*[13].

Cuando nos referimos en este estudio al enriquecimiento "sin causa", es importante aclarar que una cosa es el enriquecimiento que –legítimamente– persigue y obtiene el asegurador (cobro de las primas), cuya *causa* es tanto el contrato como la propia actividad económica que realiza, y otra, muy distinta, sería el "enriquecimiento" que obtendría no como consecuencia del contrato o, dicho de otra forma, que carecería de causa contractual. Son dos cosas y "enriquecimientos" diferentes e inconfundibles entre sí.

Todo lo anterior recordando, además, que la figura del seguro es fundamentalmente económica, y así ha sido desarrollado por la doctrina precisándose que esta función económica es "la finalidad esencial y única del seguro, cualquiera que sea la modalidad que revista. Es decir, compensar en dinero, las

---

[13] "El enriquecimiento sin causa supone fundamentalmente el aumento del patrimonio de un sujeto **al tiempo que se empobrece el patrimonio de otro sujeto**, sin que haya justificación amparada por el derecho entre ambos acontecimientos" (resaltado agregado). RODRÍGUEZ FERRARA, Mauricio, *Obligaciones*, Livrosca, 3ª edición, Caracas, 2007, p. 36-37. Según PLANIOL y RIPERT debería denominarse "enriquecimiento a costa ajena sin causa legítima". PLANIOL, Marcel y RIPERT, Georges, *Derecho civil*, Editorial Pedagógica Iberoamericana, México, 1996, p. 812. Sobre el enriquecimiento sin causa en general, *vid.* FÁBREGA PONCE, Jorge, *El enriquecimiento sin causa*, tomo I, Plaza & Janes – Editores Colombia, S.A., Santafé de Bogotá, 1996, *in totum*; ÁLVAREZ-CAPEROCHIPI, José Antonio, *El enriquecimiento sin causa*, Comares editorial, 3ª edición, Granada, 1993, *in totum*; AVILÉS GÓMEZ, Manuel, *El enriquecimiento ilícito*, Editorial Club Universitario, San Vicente, Alicante, 2011, *in totum*; DÍEZ-PICAZO, Luis y GULLÓN, Antonio, *Sistema de Derecho civil*, volumen 2, Editorial Tecnos, S.A., 9ª edición, Madrid, 2001, p. 521-529; y DOMÍNGUEZ GUILLÉN, María Candelaria, *Curso de Derecho civil III. Obligaciones*, Revista Venezolana de Legislación y Jurisprudencia, Caracas, 2017, p. 624-633.

pérdidas que pueda experimentar el asegurado por consecuencia del hecho previsto; o satisfacer una cantidad, al tener lugar aquel último, o llegar una fecha señalada en el contrato. Esta función netamente dineraria –o lo que es igual, de orden económico–, cobra definitivo valor si se atiende al hecho de que sólo es posible merced a la existencia de un mecanismo interno, que funciona y se constituye sobre bases puramente económicas"[14].

Lo anterior permite apreciar, entonces, que situaciones como la de la inflación tienen particular impacto en materia de seguros, ya que, como bien lo indica GARRIDO, "en tal supuesto, no cabe duda que los efectos de la convulsión dineraria se desplomarían sobre el seguro, en toda la línea de su verticalidad, conmoviendo su firmeza desde el punto de mayor altura al más profundo de sus cimientos"[15].

Así, si no se cuenta con un mecanismo interno que funcione, una legislación que soporte el avance y cambios en el sector asegurador y un ente regulador que proteja la institución del seguro –y no sólo a alguna de las partes–, situaciones como la abordada en este estudio, hacen que la propia institución del seguro y del mercado de seguros se vea afectado. Si los asegurados no se sienten protegidos (en situaciones que, objetivamente, no lo estén) con el seguro, la consecuencia lógica es que dejen de contratar pólizas, y si no contratan pólizas, entonces los aseguradores verán su negocio afectado, no teniendo patrimonio suficiente para mantener las empresas a flote y, entre otras cosas, para honrar sus obligaciones e indemnizar los siniestros que ocurran de pólizas previamente contradas, afectándose –en una suerte de círculo vicioso– el mercado asegurador.

---

[14] GARRIDO Y COMAS, Juan José, *La depreciación… cit.*, p. 17.

[15] *Ibid.*, p. 21.

Como hemos adelantado, el problema en cuestión pareciera tener lugar principalmente en las pólizas cuya suma asegurada o monto fijo de indemnización se encuentre denominado o valorado en Bs. que, por razón de los efectos de la inflación y la pérdida de valor de la moneda utilizada para determinar el monto de la indemnización o suma asegurada, el asegurado o beneficiario pudiera ver transformada su póliza –sobrevenida e involuntariamente (aquí lo delicado)– en un *infraseguro*, siendo la consecuencia que no resulte satisfactoria la indemnización que reciba en contravención con la voluntad original de las partes, lo que supondría una afectación del principio indemnizatorio y, a la postre, de la finalidad misma del seguro: lograr la *restitución patrimonial*.

La incidencia de la inflación en los contratos de seguros puede ser tal, que "rompe el equilibrio de las relaciones entre asegurado y asegurador porque el primero hace efectivas sus primas, al menos en un principio, con moneda no desvalorizada, y al final del proceso se le entrega la compensación en un signo desvalorizado"[16]. Es decir, al *momento de la contratación* de la póliza la relación económica entre las partes se presentaría equitativa, el asegurador obtiene el monto de la prima en su totalidad y en una moneda no devaluada, con lo cual, puede hacer uso de la misma al valor real y de manera inmediata, mientras que el asegurado o beneficiario estaría "cubriendo totalmente" el riesgo sobre el interés asegurado.

---

[16] MARTÍN GARCÍA-DORADO, Antonio, "La inflación y su incidencia sobre el seguro", *XI Asamblea Plenaria de la Conferencia Hemisférica, celebrada en Nueva Orleáns, del 12 al 16 de noviembre de 1967*, Centro de Investigaciones y Estudios del Seguro Iberoamericano, Madrid, 1968, p. 20.

Sin embargo, en economías inflacionarias no es necesario que transcurra un largo período de tiempo para que el asegurado o beneficiario pueda verse afectado, teniendo en cuenta que, de ocurrir el siniestro, ya no estaría totalmente cubierto por razón de la desvalorización monetaria, debiendo, además, asumir parte (o cuidado si la mayoría o totalidad) del riesgo, lo cual se alejaría de la finalidad que se busca al contratar un seguro.

Los estragos de la inflación están escasamente regulados en materia de seguros en lo que se refiere a su impacto sobre los montos valorados o determinados en las pólizas al momento de su contratación y a lo largo de su vigencia, no así en lo que se refiere al retraso en los pagos de la indemnización una vez ocurrido el siniestro. En la legislación venezolana no se encuentran referencias a la regulación del impacto de la inflación sobre las sumas aseguradas o montos fijos de indemnización establecidos en las pólizas, como ocurre en el caso de la reciente LAA, al igual que en sus versiones anteriores, así como en las Normas vigentes. De hecho, en un escenario de estabilidad económica y sin distorsiones como las experimentadas en el país en las últimas décadas, no sería realmente necesario estudiar ni plantearse, por lo menos no bajo el enfoque adoptado, el problema inflacionario en los contratos de seguro, en general, ni su incidencia en el principio indemnizatorio, en particular, a la vez que en los infraseguros involuntarios. De ahí el interés de su estudio dentro del contexto venezolano.

En esta línea, y vista la gravedad del impacto de la inflación en los seguros, nos parece que el infraseguro debe tratarse como una *excepción* y no como la regla en estos contratos. Como lo hemos venido indicando, la finalidad u objeto principal de un seguro, en su esencia misma, lo que busca es que el asegurado o tomador al contratar una póliza (y especialmente en los seguros plenos), vea su patrimonio protegido y eventualmente restituido, esto es, que su situación económica y patrimonial, luego de ocurrido el siniestro y sufrido el daño, vuelva a ser exactamente igual a como lo era con anterioridad al detrimento experi-

35

mentado. Así, como ya se indicó, el caso bajo análisis se identifica con aquellos escenarios en que el tomador o asegurado busca –desde el inicio– contratar una póliza de seguro con la intención de ser *plenamente* protegido y restituido en el escenario que ocurra un daño sobre el bien asegurado. No sería el mismo escenario, claro está, en los supuestos que el tomador o asegurado contrate *voluntaria* o *conscientemente* un infraseguro, al pretender, por ejemplo, una reducción en la prima.

Como será desarrollado, sostenemos que el problema jurídico-económico planteado por virtud de la concepción estándar del principio indemnizatorio, en los términos que se encuentra concebido y regulado en la legislación vigente (así como en la derogada), continúa representando un problema para el mercado asegurador, ya que los tomadores, beneficiarios o asegurados, en la medida que las pólizas sean ofrecidas con montos valorados en una moneda afectada por la inflación, lógicamente preferirán no contratar seguros, ya que la consecuencia pareciera ser que las mismas terminarían siendo recalificadas como un infraseguro, desdibujándose la finalidad del principio indemnizatorio y asumiendo el riesgo el asegurado en vez del asegurador.

Esta problemática situación permanecerá, nos parece, en la medida que no se revisite la concepción última del principio indemnizatorio y se introduzcan los cambios necesarios en la legislación que permitan utilizar figuras contractuales diferentes o ajustar las existentes a efectos de tratar de evitar o, por lo menos, minorar este tipo de situaciones. Todo lo anterior, sin entrar en mayores profundidades sobre la inflación que se experimenta en Venezuela, inclusive en la utilización de divisas como moneda de cuenta, de cara a la devaluación del signo monetario del país.

Ahora bien, partiendo del problema planteado sobre el *principio indemnizatorio*, el cual se aprecia nítidamente en economías inflacionarias, develando su paradójica falta de carácter realmente "indemnizatorio", así como la forzada conversión en *infraseguro* de determinadas pólizas, también se plantearán algunas alternativas que, desde una nueva dimensión del estándar en cuestión, supongan un equilibrio contractual, en aras de buscar la verdadera indemnización del asegurado, en definitiva buscando proteger el mercado asegurador venezolano.

Se propondrán mecanismos para que el asegurado o beneficiario pueda intentar ver plenamente restituido su patrimonio de acuerdo con la intención contratada, y/o de no traspasar la propiedad o titularidad del bien asegurado o deducir de la indemnización el "importe"[17] por la conservación del bien, en la medida que esto signifique un enriquecimiento *sin causa* para el asegurador, en vista de la diferencia que se suscita entre el monto asegurado y el valor real del bien, incluso después de ocurridos los daños, que es –precisamente– lo que generaría para el asegurador el enriquecimiento sin causa.

En esta línea, se trae a colación la acertada reflexión de BENÍTEZ DE LUGO, quien explica que "si el asegurado, al concertar su póliza, asegura un riesgo en determinada suma, debemos evitar aquellos obstáculos que puedan oponerse para que, en caso de que se produzca el siniestro, el asegurado no pueda resarcirse exactamente de la pérdida sufrida. Parece, en principio, inadmisible que puedan existir tales obstáculos; pero

---

[17] En las pólizas actuales, no existe *obligación* de ceder o traspasar la propiedad del bien asegurado, es potestativo del asegurado o beneficiario el optar por (i) conservar los restos del bien asegurado declarado pérdida total, en cuyo caso, será deducido un "importe" de la indemnización, pudiendo disponer de los restos a su conveniencia y riesgo, o (ii) traspasar a favor de la empresa aseguradora los correspondientes derechos de propiedad, una vez pagada la indemnización (ver cláusula 8 de las condiciones particulares del Anexo I, "Póliza de Seguro de casco de vehículos terrestres cobertura de pérdida total").

lo cierto es que se ofrecen no ya en la práctica, sino en las propias disposiciones legales y contractuales, y el asegurado resulta defraudado con motivo de la ocurrencia del siniestro"[18].

En el caso de estudio, dichos *obstáculos* se refieren a la inflación y aplicación limitada del principio indemnizatorio expresamente regulado en las Normas que, como bien lo expresa el autor recién citado, parece hasta ilógico que no existan mecanismos de protección contra esos obstáculos y se acepten –sin más ni menos– cuando el objeto y fin esencial del seguro es poder ofrecer como asegurador la seguridad patrimonial que necesita o que busca el asegurado[19]. De lo anterior que propongamos, precisamente, las diferentes alternativas que se desarrollarán como posibles soluciones a la situación planteada.

El planteamiento a ser desarrollado y atendido se realizará con base en las Normas vigentes y la derogada Ley del Contrato de Seguro, desde una perspectiva comparativa, con la finalidad de comprobar si en efecto *existe* en la legislación venezolana un problema jurídico-económico que resulte en un posible doble detrimento para el asegurado y en un potencial *enriquecimiento sin causa* para los aseguradores, por aplicación de la concepción estándar del principio indemnizatorio en los contratos de seguros contra daños, cuando la suma asegurada o monto fijo de indemnización es denominado en Bs., lo cual resulta al momento del pago, en determinados casos, en un *infraseguro* y, por ello, en consecuente aplicación de la regla de proporcionalidad. Se presentará también un necesario e introductorio acercamiento a los conceptos de actividad aseguradora y la técnica de las autorizaciones operativas en el sector seguros, así como del

---

[18] BENÍTEZ DE LUGO, Luis, *Problemas y sugerencias sobre el contrato de seguros, sobreseguro, infraseguro, cláusulas de estabilización*, Instituto Editorial Reus, Madrid, 1952, p. 11.

[19] *Cf. Ibid.*, p. 9.

propio contrato de seguro y su condición de contrato por adhesión, los cuales reportarán utilidad en el ulterior desarrollo de nuestros planteamientos, bajo un estudio comparativo de la vigente LAA publicada a finales de noviembre del 2023 y el derogado Decreto con Rango, Valor y Fuerza de Ley de la Actividad Aseguradora[20] publicado en el 2015 y reimpreso[21] en el 2016 (en lo adelante "LAA 2016").

---

[20]   Decreto con Rango, Valor y Fuerza de Ley de la Actividad Aseguradora (derogada). *Gaceta Oficial de la República Bolivariana de Venezuela* N° 6.211 (Extraordinario), 30 de diciembre de 2015. Reimpreso por "fallas en los originales", según publicado en *Gaceta Oficial de la* República *Bolivariana de Venezuela* N° 6.220 (Extraordinario), 15 de marzo de 2016.

[21]   Sobre las irregularidades de la publicación de este Decreto Ley y su reimpresión "por fallas en los originales", *vid.* MORLES HERNÁNDEZ, Alfredo, "La deslegalización de la materia del contrato de seguro", *Revista Venezolana de Derecho Mercantil*, N° 3, Sociedad Venezolana de Derecho Mercantil, Caracas, 2019, p. 13-32.

CAPÍTULO I

SOBRE
LA ACTIVIDAD ASEGURADORA

Capítulo I

Sobre la actividad aseguradora

1. A modo de introducción. 2. La actividad aseguradora como "servicio privado de interés público o de interés general". 3. La autorización operativa para realizar la actividad aseguradora. 4. Potestades reguladoras y de control de la SUDEASEG. 5. Concepto de actividad aseguradora y principio de exclusividad.

1. *A modo de introducción*

Corresponde en este capítulo adentrarnos en el concepto mismo de *actividad aseguradora*[22], el cual ha formalmente variado en el tiempo a propósito de los cambios de los cuerpos normativos en materia de seguros (reformas, nuevas leyes, etc.), comenzando con la derogatoria de los artículos que regulaban

---

[22] Este desarrollo lo hemos expuesto –en parte y con relación a la LAA 2016–, en: PECCHIO BRILLEMBOURG, Isabella y ABACHE CARVAJAL, Serviliano, "Libertad de empresa y el concepto de actividad aseguradora desde el pensamiento de Alfredo Morles Hernández. Una propuesta interpretativa", *Revista Venezolana de Derecho Mercantil*, edición especial en homenaje al Dr. Alfredo Morles Hernández, Sociedad Venezolana de Derecho Mercantil, Caracas, 2021, p. 509-533.

inicialmente la materia y que se encontraban establecidos en el Código de Comercio.

Como se verá más adelante, actualmente pudiera entenderse –como en efecto se ha entendido– que la *definición* de actividad aseguradora, de acuerdo con la legislación vigente (la LAA actual y también con la derogada), es restrictiva y limitada en virtud del denominado *principio de exclusividad*. En los términos que se encuentran regulados en la ley, las finalidades perseguidas por las empresas de seguros en el desarrollo de sus operaciones económicas sólo pueden ser –en estricto rigor normativo– aquéllas que estén conformes con las correspondientes a las *actividades aseguradoras*, debido a su alta regulación y control mediante la LAA, en lo general, y por la Superintendencia de la Actividad Aseguradora (en lo adelante "SUDEASEG"), en lo particular.

Esto se evidencia, por ejemplo, en el muy específico ámbito operativo de las autorizaciones emitidas por esa Superintendencia a las compañías de seguros y que se explicará con mayor detalle más adelante, mediante las cuales se les puede otorgar el permiso para "operar en los ramos de seguros generales y seguros de vida", el cual delimita *ab initio* su rango de acción en el desarrollo de sus actividades económicas.

2. *La actividad aseguradora como "servicio privado de interés público o de interés general"*

Debe tenerse en cuenta que en Venezuela las actividades de seguro se han considerado "servicios privados de interés público o de intereses generales"[23], lo cual se pudiera constatar, entre

---

[23]   *Cf.* HERNÁNDEZ GONZÁLEZ, José Ignacio, *Libertad de empresa y sus garantías jurídicas. Estudio comparado del Derecho español y venezolano*, Fundación Estudios de Derecho Administrativo-Ediciones IESA, Caracas, 2004, p. 351-356; y HERNÁNDEZ GONZÁLEZ, José Ignacio, *Derecho administrativo y regulación económica*, Editorial

otros aspectos, de su altísimo nivel de regulación y estricto control administrativo, con especial énfasis en la potestad de policía económica de la SUDEASEG, en tanto Administración sectorial del sector de seguros. Esta alta regulación se aprecia en la Exposición de Motivos preparada junto con el proyecto de reforma de la LAA que fue sometido a discusión[24], en los términos siguientes:

"A más de cinco (5) años de la entrada en vigencia del Decreto con Rango, Valor y Fuerza de Ley de la Actividad Aseguradora, dictado por el Ejecutivo Nacional en el marco de la Ley Habilitante y en ejercicio de las atribuciones conferidas en la Constitución de la República Bolivariana de Venezuela, con el propósito de ajustar el ejercicio de la actividad aseguradora a las necesidades reales de la economía y de la sociedad venezolana, **garantizando así los intereses colectivos**, mediante normas **que limitaran o redujeran las conductas inapropiadas que para entonces ejecutaban los sujetos regulados**; en esta oportunidad el Estado venezolano, frente al constante desarrollo del mercado asegurador y fiel a la actitud de vanguardia, realiza un nuevo esfuerzo normativo para mantener su legislación adaptada a los cambios que amerita el desenvolvimiento del sector asegurador, con la intención de **mejorar el sistema de control** por parte del Órgano de supervisión.// Es así que **la Superintendencia de la Actividad Aseguradora debe estar dotada de los medios necesarios para el ejercicio eficiente y eficaz de sus funciones de regulación, inspección, vigilancia y control**, por ello en complemento

---

Jurídica Venezolana, Colección Estudios Jurídicos N° 83, Caracas, 2006, p. 122.

[24] Publicado en la página web de la Asamblea Nacional. Disponible en: https://www.asambleanacional.gob.ve/leyes/proyecto/proyecto-de-ley-de-reforma-del-decreto-con-rango-valor-y-fuerza-de-ley-de-la-actividad-aseguradora.

a los mecanismos ya establecidos se adiciona un capítulo de recaudación a través de tasas por los servicios prestados por el Órgano de supervisión, cuyo fin contribuirá al financiamiento de las inversiones tecnológicas que permitan una fiscalización oportuna y real de los sujetos regulados, mayor presencia física en las sedes regionales de éstos, así como hacer justicia social con los compromisos laborales y beneficios con el personal técnico, administrativo y obrero de dicha institución.// Se profundiza la **protección de los derechos** de los tomadores, asegurados, beneficiarios, contratantes, usuarios y afiliados, al reducir los plazos de indemnización y respuesta oportuna, con la finalidad de impedir un perjuicio en su patrimonio por el transcurso del tiempo. Se evita el acceso de capitales de dudosa procedencia, al reincorporar la prohibición de la participación de sujetos y operaciones que provengan de jurisdicciones de baja imposición fiscal; asimismo, se otorga fuerza de ley a la obligación de diseñar, implementar y mantener un Sistema Integral de Administración de Riesgos de Legitimación de Capitales, Financiamiento al Terrorismo y Financiamiento de la Proliferación de Armas de Destrucción Masiva, para los sujetos regulados y el propio Órgano de control, ajustando así las normas a los estándares internacionales emitidos por el Grupo de Acción Financiera Internacional, dando el Estado venezolano un paso esencial en la lucha contra la delincuencia organizada.// La ley desarrolla aspectos importantes referidos al funcionamiento de las empresas de medicina prepagada y financiadoras de primas o de cuotas, que se encontraba normado de manera incompleta, otorgándole de esta forma mayor **seguridad jurídica al establecerse los requisitos para el acceso y límites en el ejercicio de la actividad** (…)" (resaltado y subrayado agregado).

Así, como también se apreciaba en la Exposición de Motivos de la reformada LAA 2016, según la cual se indicaba que:

"Es urgente e imperiosa la transformación del metabolismo de la actividad aseguradora, para disponer de un rumbo y un ritmo cónsonos con los Grandes Objetivos Históricos estratégico del Plan de la Patria. Un rumbo que se ajuste a las necesidades reales de la economía y de la sociedad venezolana y un ritmo que acelere sus tiempos **en procura de los intereses colectivos**. Esta transformación deviene por dos necesidades; una que emerge del pueblo por su clamor por mejor atención, trato más humano, defensa oportuna y efectiva, eliminación de prácticas discriminativas, respeto por los derechos, mayor conocimiento y cultura, y **otra que nace del justo acompañamiento de la actividad aseguradora como mecanismo de protección de los bienes del Estado** ante eventualidades menores o catastróficas. La actividad aseguradora históricamente ha estado al margen de las políticas de cualquier gobierno, siendo un sector que por su metabolismo genera buenos niveles de rentabilidad a cambio de poca inversión, como lo demuestra el manejo de casi 11.000.000 de asegurados en HCM con sólo 10.500 trabajadores, es decir, 1047 asegurados por trabajador, **esta situación amerita el aumento de la capacidad de supervisión** de la Superintendencia de la Actividad Aseguradora con la finalidad de garantizar la suficiencia y eficacia de la atención (…).// Es por ello, que respetuosamente y al calor del inmanente compromiso Bolivariano, Revolucionario, Socialista y Chavista, tomando en consideración lo establecido en el Plan de la Patria, concebido por el Comandante Eterno Hugo Chávez, y en las 12 líneas estratégicas de trabajo dispuestas por el Presidente de la República que incluye consolidar y acelerar la recuperación de la economía nacional, así como **la inaplazable necesidad de tomar medidas que conduzcan a la definitiva transición al Sistema Público Nacional de Salud establecido como un derecho social fundamental en la Constitución** de la

República Bolivariana de Venezuela en su artículo 83, entendiendo que **la actividad aseguradora debe <u>supeditarse como sector económico a las políticas</u> dictadas por el Gobierno Nacional y al proyecto de país inmerso en el Plan de la Patria** (…)" (resaltado y subrayado agregado).

Por su parte, también son varios los enunciados en el propio cuerpo de la LAA que hacen referencia *expresa* a los intereses generales o interés público que supone la actividad aseguradora, dentro de los cuales destacan los artículos 1 (al indicar "en tutela del interés general"), 7 numeral 10 (cuando se refiere "a la protección del interés general tutelado"), 7 numeral 15 (al indicar "amenaza al interés general tutelado"), 8 numeral 6 (al establecer por un lado, "cuando el interés común así lo requiera", y por otro, "con sentido de inclusión, equidad y de justicia social"), 30 (al referirse a "cuando existan razones que en procura del interés general tutelado por la presente Ley, así lo justifiquen"), 84 (al mencionar "a los fines de mantener el interés general tutelado"), 94 (también al indicar "la protección del interés general tutelado"), entre otros.

En la reformada LAA 2016 las referencias al "interés general" o "interés público" se encontraban, por ejemplo, en los artículos 1 ("en tutela del interés general"), 8 numeral 17 ("control, supervisión y fiscalización de la actividad aseguradora y la protección del interés general tutelado"), 8 numeral 33 ("irregularidades o faltas graves que advierta en las operaciones de los sujetos regulados y que constituyan una amenaza al interés general tutelado"), 93 ("a los fines de mantener el interés general tutelado").

3. *La autorización operativa para realizar la actividad aseguradora*

Como recién se indicaba, y visto, entonces, que este tipo de actividades se identifican con la "justicia social", el "interés social" o "interés general", las empresas que pretendan realizar actividades aseguradoras están obligadas, de acuerdo con la normativa de la materia, a la tramitación y obtención de una autorización para operar como tal (autorización operativa), tal como se desprende expresamente de la LAA en sus artículos 3 (sobre los "sujetos regulados"), 13 (relativo a los "Requisitos para las empresas de seguros, de reaseguros, de medicina prepagada y administradoras de riesgos") y 19 (referente a la "Solicitud de constitución y funcionamiento"). De acuerdo con estas normas:

Artículo 3 de la LAA: "Sólo **podrán realizar actividad aseguradora** en el territorio de la República, **previa autorización de la Superintendencia de la Actividad Aseguradora**, los siguientes sujetos regulados:// 1. Las empresas de seguros.// 2. Las empresas de reaseguros.// 3. Las empresas de medicina prepagada.// 4. Las empresas administradoras de riesgos.// 5. Las empresas financiadoras de primas o de cuotas.// 6. Los intermediarios de la actividad aseguradora.// 7. Las asociaciones cooperativas que realicen actividad aseguradora.// 8. Los auxiliares de seguro: Los inspectores de riesgos, los peritos avaluadores y los ajustadores de pérdidas en actividades de seguros.// 9. Las oficinas de representación o sucursales de empresas de reaseguros extranjeras y las sucursales de sociedades de corretaje de reaseguros del exterior.// Se consideran también sujetos regulados: los actuarios independientes; los defensores del tomador, asegurado, beneficiario, contratante, usuario y afiliado; los oficiales de cumplimiento y los auditores externos, incluyendo los que ejerzan funciones en materia de activos de información y de administración de riesgos de legitimación de capitales, financiamiento al terrorismo y financiamiento de la proliferación de armas de destrucción masiva (…)" (resaltado y subrayado agregado).

Artículo 13 de la LAA: "Son requisitos indispensables para obtener y mantener **la autorización para operar como empresa de seguros**, de medicina prepagada, de reaseguros o administradora de riesgos, los siguientes (…)" (resaltado agregado).

Artículo 19 de la LAA: "La **solicitud de autorización** para la constitución y funcionamiento de una empresa de seguros, de reaseguros, de medicina prepagada o administradora de riesgos, debe estar acompañada de todos los documentos necesarios para comprobar que los accionistas y los miembros de la junta directiva de la empresa que se proyecta constituir cumplan con los requisitos establecidos en esta Ley, su reglamento y las normas que al efecto dicte la Superintendencia de la Actividad Aseguradora (…)" (resaltado añadido).

Ahora bien, es importante destacar sobre la autorización operativa en referencia, que su otorgamiento no puede ser discrecional por parte del ente regulador, ya que de ser así se traduciría en una revisable limitación al acceso al mercado, en directa desatención del derecho a la libertad de empresa. Como lo sostuvo MORLES HERNÁNDEZ: "las autorizaciones para acceder al ejercicio de la actividad aseguradora son actos reglados, no actos discrecionales, porque se está frente al ejercicio del derecho constitucional de libertad económica, caso en el cual se podrán establecer limitaciones –legislativamente– por razones de interés social, pero no se podrá negar la habilitación por razones de oportunidad o conveniencia"[25].

Estas potestades se otorgan, en definitiva, con la finalidad de controlar y supervisar las actividades realizadas por las empresas de seguro, teniendo las mismas como franco límite el señalado contenido esencial del mencionado (e importantísimo) derecho constitucional a la libertad de empresa.

---

[25] MORLES HERNÁNDEZ, Alfredo, *Derecho de seguros*, Universidad Católica Andrés Bello, Caracas, 2013, p. 56.

4. *Potestades reguladoras y de control de la SUDEASEG*

Aun partiendo del denominado "interés social" con el que se identifica –tanto en la Ley, como en la práctica– a la actividad aseguradora, lo cierto es que las potestades reguladoras de la Administración sectorial en cuestión no son –bajo concepto alguno– ilimitadas, como recién se adelantara. Sobre este tema MORLES HERNÁNDEZ ha explicado que:

"La potestad de regulación del órgano superior tiene como finalidad, lo mismo que las otras potestades, garantizar que el uso e inversión de los recursos del sistema financiero nacional responda a criterios de interés público y de desarrollo económico y social, en el marco de la creación real de un Estado democrático y social de Derecho y de Justicia (artículo 1°). Esta intervención puede limitar el ejercicio de la libertad económica bajo la cual se realiza la actividad financiera, más no el contenido de este derecho, lo cual le está vedado a la autoridad administrativa (…)"[26].

En esta misma línea, y sobre el riesgo de otorgar amplias facultades al ente regulador, MORLES precisa lo siguiente:

"Además de que se corre el riesgo de que facultades aparentemente regladas se transformen en facultades discrecionales, se pone en peligro la libertad económica o libertad de empresa utilizando un mecanismo de facultades genéricas no permitido constitucionalmente, como es el de establecer restricciones o limitaciones a este derecho fundamental por una vía distinta a la ley formal. La ley puede establecer limitaciones a la libertad económica en función de la proyección de la cláusula de estado social sobre ese derecho público subjetivo, cláusula que se concreta en las razones de desarrollo humano, seguridad,

---

[26] *Ibid.*, p. 51.

sanidad, protección del ambiente u otras de interés social que menciona el artículo 112 constitucional, pero los poderes públicos no pueden moldear ese derecho, es decir, no pueden afectar su contenido (…)"[27].

Como se aprecia, MORLES HERNÁNDEZ fue, con toda razón, muy crítico sobre las amplias potestades de control, supervisión y fiscalización otorgadas a la Administración sectorial de seguros[28], inclusive sobre la extrema regulación legal de la actividad aseguradora, debido a que vacía de contenido o, como bien dice, *desnaturaliza* la esencia misma de la actividad de seguros, enseñando a letra que:

"(…) la concepción de la actividad aseguradora como actividad reglada **desnaturaliza la esencia de la actividad aseguradora como actividad propia de la libre iniciativa**, sujeta únicamente a las restricciones expresas que puedan ser impuestas mediante ley por razones de interés social, conforme al artículo 112 de la Constitución. No se puede pretender que «para entender la regulación del sector asegurador en Venezuela debe uno deslastrarse de los viejos conocimientos, de las teorías de siglos anteriores y comenzar a analizar la legislación como quien se enfrenta a algo por primera vez». Esa actitud arrogante es antijurídica. Por ejemplo, no se puede incluir el principio de legalidad y el derecho fundamental de libertad económica entre los viejos conocimientos de los cuales hay que deslastrarse o de ser teorías de siglos anteriores, porque la Constitución no ha sido derogada (…)"[29] (resaltado agregado).

---

[27] *Ibid.*, p. 51-52.

[28] "La regla es la restricción de la actividad y no la libertad de actuación. Esta regla le otorgaría a la Superintendencia poderes, facultades o competencias no explícitas, contrariando el principio de legalidad". *Ibid.*, p. 48.

[29] *Ibid.*, p. 49.

Sin embargo, la realidad regulatoria actual de esta materia es otra. Bajo la justificación de que se trata de "servicios privados de interés público o de intereses generales", y en desatención de la libertad económica, se establecen cuestionables mecanismos –al margen de toda racionalidad y constitucionalidad– para discrecionalmente otorgar (o no) la mencionada autorización operativa a los particulares, en violación del derecho constitucional de la libertad de empresa, otorgándole injustificadas facultades genéricas a la Superintendencia, en desmedro del principio de legalidad administrativa y, con ello, de la Carta Magna.

Así, debe tenerse como regla que las facultades otorgadas a la SUDEASEG no deben entenderse discrecionales, máxime cuando hay derechos constitucionales en juego, y mucho menos, otorgarles la entidad de solventar situaciones intrínsecas de la propia ley (como lo es el inconveniente jurídico-económico que aquí se plantea en relación con el principio indemnizatorio), precisamente porque, en los términos planteados, de entenderse discrecionales estas facultades, se pondría en tela de juicio la libertad económica o libertad de empresa de los particulares, de por sí bastante limitada en esta materia por la legislación vigente y el intenso control ejercido por la Administración sectorial.

5. *Concepto de actividad aseguradora y principio de exclusividad*

De acuerdo con la legislación vigente, las empresas de seguro, una vez que obtienen la mencionada autorización operativa, estarán sometidas tanto a la supervisión del órgano de control –cuyas facultades deben entenderse regladas: limitadas y restringidas–, como a las disposiciones normativas aplicables al sector asegurador, como lo son, entre otras, la LAA y las Normas.

Con lo anterior se empieza a ver, de entrada, que las empresas de seguro no pudieran realizar actividades económicas distintas a las estrictamente permitidas, de conformidad con la ley y la autorización respectiva.

Ahora bien, en referencia al concepto mismo de actividad aseguradora, debe entenderse, en primer término, lo que se conoce como el *principio de exclusividad*, según el cual las sociedades de seguros: (i) sólo pueden realizar actividades de seguros, y (ii) dichas actividades de seguros sólo pueden realizarse por sociedades de seguros.

Así lo explican, con rigor, ACEDO MENDOZA y ACEDO SUCRE: "El principio de exclusividad del ejercicio tiene alcance absoluto en otro sentido: el seguro sólo puede ser ejercido por empresas de seguros autorizadas conforme a la ley y de acuerdo con sus previsiones; se excluye del ejercicio de la actividad aseguradora a quien no sea una empresa de seguros o reaseguros autorizada conforme a la ley"[30].

Este principio se encuentra actual y expresamente establecido en los artículos 23, y 13 numeral 1 de la LAA, de acuerdo con los cuales:

Artículo 23 de la LAA: **"Las empresas de seguros, de reaseguros y de medicina prepagada deben realizar única y exclusivamente las operaciones propias de la actividad aseguradora a que se refiere la autorización** que se otorga de acuerdo con las disposiciones establecidas en la presente Ley y su reglamento. Adicionalmente, las empresas de seguros y de medicina prepagada podrán realizar administración de fondos.// En aquellos seguros o ramos en los cuales estén autorizadas, las empresas de seguros podrán realizar operaciones de reaseguros que amparen riesgos de otras empresas de seguros, de reaseguros o de medicina prepagada, así como retroceder los riesgos asumidos en reaseguro.// Únicamente las empresas de seguros que operen en seguros generales, podrán realizar

---

[30] ACEDO MENDOZA, Manuel y ACEDO SUCRE, Carlos Eduardo, *Temas sobre Derecho de seguros*, Editorial Jurídica Venezolana, Colección Estudios Jurídicos N° 68, Caracas, 1998, p. 44.

fideicomisos, fianzas y reafianzamientos.// Serán aplicables a las empresas de medicina prepagada, en cuanto correspondan, las normas previstas para las empresas de seguros y las que se dicten para regular sus operaciones" (resaltado y subrayado agregado).

Artículo 13 de la LAA: "Son requisitos indispensables para obtener y mantener la autorización para operar como empresa de seguros, de medicina prepagada, de reaseguros o administradora de riesgos, los siguientes:// 1. Adoptar la forma de sociedad anónima y **tener como objeto único, conforme a las normas dictadas a tal efecto, la realización de operaciones permitidas por esta ley** para empresas de seguros, de reaseguros, de medicina prepagada y administradoras de riesgos, según corresponda" (resaltado y subrayado agregado).

Lo señalado se encontraba igualmente regulado en los artículos 35, 20 numeral 3 y 15 de la reformada LAA 2016, de acuerdo con los cuales:

Artículo 35 de la LAA 2016: "**Las empresas de seguros y las administradoras de riesgos deben realizar única y exclusivamente operaciones propias de la actividad aseguradora a que se refiere la autorización** que se otorga de acuerdo con las disposiciones establecidas en el presente Decreto con Rango, Valor y Fuerza de Ley y su Reglamento. Igualmente, podrá realizar operaciones de reaseguros, retrocesiones en los ramos para los cuales han sido autorizadas para realizas operaciones de seguros, administración de fondos, fideicomiso relacionado en materia de seguro, fianzas y reafianzamientos" (resaltado y subrayado agregado).

Artículo 20 de la LAA 2016: "Son requisitos indispensables para obtener y mantener la autorización para operar como empresa de seguros y empresas administradoras de riesgos las siguientes: (…)// 3. **Tener como objeto único la**

realización de operaciones permitidas por este Decreto con Rango, Valor y Fuerza de Ley, para empresas de seguros y administradoras de riesgos. A tales fines la Superintendencia de la Actividad Aseguradora dictará las normas necesarias para verificar y garantizar el cumplimiento de este requisito" (resaltado y subrayado agregado).

Artículo 15 de la LAA 2016: "**La actividad aseguradora <u>sólo</u> podrá ser ejercida por los <u>sujetos regulados</u>**[31], **una vez autorizados o registrados por ante la Superintendencia de la Actividad Aseguradora**, salvo excepción prevista en el presente Decreto con Rango, Valor y Fuerza de Ley.// Las autorizaciones y registros previsto en la presente Ley tienen carácter personalísimo y en tal sentido son intransferibles" (resaltado agregado).

---

[31]   Artículo 3 de la LAA 2016: "**Son <u>sujetos regulados</u> por el presente Decreto con Rango, Valor y Fuerza Ley, y en consecuencia, <u>sólo</u> podrán realizar <u>actividad aseguradora</u> en el territorio de la República Bolivariana de Venezuela, previa autorización de la Superintendencia de la Actividad Aseguradora, <u>las empresas de seguros</u>**, las de reaseguros, las asociaciones cooperativas que realizan actividad aseguradora, las empresas de medicina prepagada, las empresas de reaseguros, las empresas financiadoras de primas o cuotas, las empresas administradoras de riesgos, los intermediarios de la actividad aseguradora, los intermediarios de la actividad aseguradora, los auditores externos, los actuarios independientes, los inspectores de riesgos, los peritos avaluadores, los ajustadores de pérdidas, que realicen operaciones de seguro, administración de riesgos y las oficinas de representación o sucursales de empresas de reaseguros extranjeras, las sucursales de sociedades de corretaje de reaseguros del exterior (…)" (resaltados agregados). Artículo 4 de la LAA 2016: "A los efectos del presente Decreto con Rango, Valor y Fuerza de Ley, se entenderá:// 22. **Sujeto Regulado: Son aquellas personas naturales o jurídicas que <u>solo</u> podrán realizar <u>actividad aseguradora</u> en el territorio nacional previa autorización de la Superintendencia de la Actividad Aseguradora**" (sic) (resaltado agregado).

En el pasado, de conformidad con la derogada Ley de Empresas de Seguros y Reaseguros (en lo adelante "LESR")[32], las sociedades de seguros debían tener como *objeto principal* – esto es, debían realizar fundamental pero no exclusivamente– actividades propias de seguros (artículo 73[33] de la LESR), razón por la cual podían ejecutar otras operaciones que no fueran propiamente (o en sentido estricto) de seguros[34]. En compara-

---

[32] Ley de Empresas de Seguros y Reaseguros (derogada). *Gaceta Oficial de la República de Venezuela* N° 5.561 Extraordinario, 28 de noviembre de 2001.

[33] Artículo 73 de la LESR 2001: **"Las empresas de seguros deberán realizar de <u>manera principal</u> las operaciones de seguros a que se refiere la autorización que exige este Decreto Ley.** Igualmente, podrán realizar operaciones de reaseguros, fianzas, reafianzamientos, fondos administrados y fideicomiso, mandatos, comisiones y otros encargos de confianza. Se requerirá autorización previa para todas aquellas que sean análogas o conexas con esas actividades" (resaltado agregado).

[34] Así lo enseñan ACEDO MENDOZA y ACEDO SUCRE: "La ley venezolana es más amplia: el literal b del artículo 42 de la Ley de Empresas de Seguros y Reaseguros establece que estas empresas deben tener como «objeto fundamental» la realización de operaciones de seguros o de reaseguros. El legislador venezolano utiliza a conciencia las palabras «objeto fundamental», toda vez que, al referirse el artículo 43 a las sociedades de corretaje, exige que éstas tengan como «único objeto» la realización de las actividades de intermediación de seguros. De allí se sigue que el sistema venezolano sea algo más flexible que los de exclusividad de objeto; la ley sólo exige que las empresas realicen operaciones de seguros y reaseguros, como objeto fundamental; de donde se colige que pueden hacer otras operaciones distintas a la actividad aseguradora propiamente dicha, como serían, a título de ejemplo, ciertas inversiones en bienes no afectados a la cobertura de reservas. No obstante, siendo «fundamental» el objeto, debe concluirse que actividades distintas al seguro propiamente dicho deben ser de naturaleza marginal o accesoria o estar subordinadas al cumplimiento de su objeto fundamental; o, por lo menos, estar relacionadas con él o servir a su realización". ACEDO MENDOZA, Manuel y ACEDO SUCRE, Carlos Eduardo, *op. cit.*, p. 44.

ción con lo establecido en la derogada LESR, se puede apreciar cómo varió en la legislación venezolana la concepción del *principio de exclusividad* de una noción de objeto *principal* a un objeto *único* que pueden (o, mejor dicho, *deben*) ejercer las empresas de seguro.

Este principio de la legislación de seguros, incorporado –en una versión más "estricta" del mismo– tanto en la vigente LAA como en la recién reformada, marca lo que, de entrada, pudiera considerarse un cambio de paradigma en la delimitación de las operaciones económicas que pueden llevar a cabo las sociedades de seguros, en la medida que pareciera que sólo pueden realizar actividades *propias* de seguros.

Si bien se da la impresión de haberse reducido el ámbito de desarrollo de actividades económicas por parte de las empresas de seguro, a propósito de la inclusión –tanto en la reformada como en la vigente LAA– de una versión más estricta del indicado principio de exclusividad, no es menos cierto que dicha "exclusividad" no tiene la rigidez que pudiera pensarse.

Esto se evidencia de la definición misma de actividad aseguradora, a propósito de que se incluyó en el ámbito del desarrollo de tales actividades económicas, a las operaciones *relativas* a las actividades *propias* del contrato de seguro, tal como expresamente lo establece el artículo 2 de la LAA. De conformidad con esta norma:

> Artículo 2 de la LAA: "**La actividad aseguradora es toda relación u operación <u>relativa</u>[35] al contrato de seguro,** de reaseguro, de medicina prepagada y de administración de riesgos, a la intermediación, las fianzas, el financiamiento de primas o cuotas, los fondos administra-

---

[35] En el artículo 2 de la reformada LAA 2016, se hacía referencia a "toda relación u operación **relativa o conexa** al contrato de seguro" (resaltado agregado).

dos, el fideicomiso en el mercado asegurador, la inspección de riesgos, el peritaje avaluador y el ajuste de pérdidas en actividades de seguros, en los términos establecidos en las normas que regulen la materia" (resaltado agregado).

De esta manera se observa, que al incluirse *todas* las relaciones u operaciones *relativas* al contrato de seguro, las cuales por definición no son (evidentemente) las *propias* de seguros (como son las indicadas en el citado artículo 23 de la LAA, y antes en el 35 de la LAA 2016), en la medida que son *relativas* a éstas (*"Que guarda **relación** con alguien o **con algo**"*[36]), se hace entonces evidente que el pretendido principio de exclusividad no se concreta o materializa como de entrada pudiera pensarse –y, más bien, se alinea con la fórmula adoptada de este principio en otros países[37]–, habida cuenta la propia

---

[36] Palabra *relativo, va*: "Que guarda relación con alguien o con algo". Real Academia Española, *Diccionario de la lengua española*, Editorial Espasa Calpe, 22ª edición, Madrid, 2001, p. 1937.

[37] "En muchas legislaciones, se establece que las empresas de seguros sólo pueden ejecutar operaciones de seguros; esto es que el ejercicio del seguro sería su objeto exclusivo. En España la ley prohíbe a las empresas de seguro realizar «cualquier industria o negocio distinto de los seguros» (Benítez de Lugo: obra citada, tomo III, p. 89); y en Argentina la Ley de Entidades de Seguros de 1973 establece que las empresas de seguros deberán tener como «objeto exclusivo» la ejecución de operaciones de seguros. **Dentro del sistema de la exclusividad se consideran operaciones de seguros, no sólo la celebración de contratos de seguros, sino los demás actos inherentes, conexos o relacionados con la actividad aseguradora**; así, la citada ley argentina dispone que las empresas podrán en la realización de su objeto, **disponer y administrar los bienes** en que tengan invertidos su capital y reservas (Halperin: obra citada, tomo I, p. 130); y Benítez de Lugo, al referirse a la ley española, dice que **la prohibición de ejecutar operaciones o negocios distintos de los seguros no es absoluta**, toda vez que la empresa de seguros puede realizar otras inversiones que sean «negocios distintos del de seguros, pero que por reputarlos lucrativos y beneficiosos para su objeto, puede

definición legal de la actividad aseguradora introducida por el artículo 2 de la LAA, que, además de comprender las actividades *propias* de seguros delimitadas por el citado artículo 23 *eiusdem*, incluye a las *relativas* a éstas.

Así también lo llegó a entender, en términos generales, MORLES HERNÁNDEZ, para quien: "De conformidad con el artículo 2° de la Ley, la actividad aseguradora es toda relación u operación relativa al contrato de seguros y al de reaseguro, así como también toda relación u operación relativa a la intermediación, la inspección de riesgos, el peritaje avaluador, el ajuste de pérdidas, los servicios de medicina prepagada, las fianzas y el financiamiento de primas"[38].

Lo cierto es que, como puede apreciarse, las sociedades de seguro, de acuerdo con la legislación vigente, no pueden realizar las actividades económicas que consideren y en la forma que consideren, sino sólo aquéllas establecidas en su *objeto social*, y que se encuentren delimitadas en la propia LAA, así como concretadas en la autorización operativa o permiso por parte de la SUDEASEG, que no es otra cosa que la realización de *operaciones propias de la **actividad aseguradora***, que incluye *toda operación **relativa** al contrato de seguro*.

Por lo anterior, se analiza en el caso que nos ocupa, por ejemplo, si la enajenación de bienes adquiridos por las empresas aseguradoras producto de las recuperaciones y salvamento de siniestros debe entenderse o no como "actividad aseguradora", en los términos restrictivos de la ley y si, en consecuencia, se trata de una actividad "permitida" o no para las empresas aseguradoras y, de ser el caso, en qué extensión o forma.

---

hacerlos al amparo de otras disposiciones legales que le permiten otras inversiones» (obra citada, tomo IV, p. 89)" (resaltado agregado). ACEDO MENDOZA, Manuel y ACEDO SUCRE, Carlos Eduardo, *op. cit.*, p. 43.

[38] MORLES HERNÁNDEZ, Alfredo, *Derecho… cit.*, p. 32.

Si se adopta una posición estricta sobre cómo debe interpretarse el modificado *principio de exclusividad*, pudiera entenderse que, de plano, las empresas de seguro no estarían autorizadas para realizar actividades distintas a las *propias* –estrictamente hablando– de seguro, quizás abarcando, por ejemplo, la venta misma de bienes adquiridos de sus asegurados.

Ahora bien, y de acuerdo con la interpretación que sostenemos, esto es, que la *actividad aseguradora* incluye la ejecución de operaciones o negocios *distintos* a los *propios* de la actividad aseguradora (operaciones *relativas* a ésta), debe entenderse comprendida entonces, entre otras, la venta de bienes producto de las recuperaciones y salvamento de siniestros. Estas operaciones que, aun cuando posibles –y legales– para la empresa aseguradora, dada la anómala realidad económica del país, pudieran verse encontradas con los derechos del asegurado o beneficiario, por una parte, así como desdibujar el objeto y naturaleza misma del principio indemnizatorio, por la otra. He aquí el dilema, el cual se atenderá más adelante.

CAPÍTULO II

GENERALIDADES (Y CURIOSIDADES) DE LA REGULACIÓN DEL CONTRATO DE SEGURO

Capítulo II

Generalidades (y curiosidades) de la regulación del contrato de seguro

1. A modo de introducción. 2. Regulación del contrato de seguro. 3. Derogatoria de la Ley del Contrato de Seguro y el vacío legal generado. 4. Sustitución de una Ley por un instrumento normativo de rango sub-legal.

1. A modo de introducción

En este capítulo, se estudiará particularmente sobre la regulación del contrato de seguro, se adentrará sobre la derogatoria de la Ley del Contrato de Seguro y el vacío legal que, de manera sobrevenida, se generó, con algunas particularidades que abordaremos y propondremos, para luego encargarnos brevemente de la sustitución de la ley de la materia por unas Normas de rango sub-legal, cuyas implicaciones se advertirán sin mayores precisiones.

2. Regulación del contrato de seguro

Actualmente la regulación del contrato de seguro es materia de las Normas que mencionáramos en la introducción, publicadas en el 2016, estando antes regulado por la Ley del Contrato de Seguro, publicada en el año 2001. La regulación de los contratos de seguro, entre otras cosas, en virtud de la existencia de la derogada Ley del Contrato de Seguro, se ha venido dejando fuera del contenido de la ley general de la materia, siendo la vigente para la publicación de este trabajo, la LAA (2023). A efectos de este estudio, se han revisado igualmente las disposiciones contenidas tanto en la recién reformada LAA 2016, como en la anterior Ley de la Actividad Aseguradora del 2010[39] (LAA 2010).

En el pasado existían diferentes y dispersas regulaciones en materia de seguros, y fue con la mencionada y derogada Ley del Contrato de Seguro que, en el año 2001, se recogió por *primera vez* en un sólo instrumento de *rango legal* toda la normativa aplicable a los contratos de seguro, disposición que mantuvo su vigencia y aplicabilidad desde el 2015 hasta su derogatoria por la LAA 2016, hoy reformada –a su vez– por la vigente LAA.

3. *Derogatoria de la Ley del Contrato de Seguro y el vacío legal generado*

Ahora bien, resulta de interés recordar que la LAA 2016, fue reimpresa "por fallas en los originales", siendo su fecha original de publicación el 30 de diciembre de 2015 (LAA 2015[40]), así la derogatoria[41] de la Ley del Contrato de Seguro, realmente fue con la publicación de la LAA 2015, siendo reiterada esta

---

[39] Ley de la Actividad Aseguradora (derogada). *Gaceta Oficial de la República Bolivariana de Venezuela* N° 39.481, agosto 5, 2010.

[40] Decreto con Rango, Valor y Fuerza de Ley de la Actividad Aseguradora (2015) (reimpresa y derogada). *Gaceta Oficial de la República Bolivariana de Venezuela* N° 6.211 (Extraordinario), diciembre 30, 2015.

[41] Disposición Derogatoria Segunda de la LAA 2015: "Se deroga el Decreto con Fuerza de Ley del Contrato de Seguro, publicado en la Gaceta Oficial de la República Bolivariana de Venezuela N° 5.553 de fecha 12 de noviembre de 2001".

derogatoria[42] –evidentemente– en la reimpresión de ésta en el 2016. En esta línea y como es sabido, la LAA 2015 y 2016 dejó fuera de su articulado a los contratos de seguro (como lo hace igualmente la vigente LAA), remitiendo su regulación[43] a unas normas que debía dictar la SUDEASEG (las vigentes Normas), las cuales fueron dictadas, como se explicará, fuera del lapso legalmente establecido a esos fines.

Sin detenernos en las delicadas implicaciones, desde la perspectiva de la reserva legal, del dictado de las Normas por la SUDEASEG[44] –para no desviarnos de nuestro objeto de estudio–, lo cierto es que la LAA 2015 otorgó a la SUDEASEG 180 días desde la entrada en vigencia de la ley para dictar las

---

[42] Disposición Derogatoria Segunda de la LAA 2016: "Se deroga el Decreto con Fuerza de Ley del Contrato de Seguro, publicado en la Gaceta Oficial de la República Bolivariana de Venezuela N° 5.553 de fecha 12 de noviembre de 2001, **reimpresa por error de trascripción y publicada en la Gaceta Oficial de la República Bolivariana de Venezuela N° 39.481 de fecha 05 de agosto de 2010 y toda norma que contravenga el presente Decreto con Rango, Valor y Fuerza de Ley**" (resaltado agregado). Aquí nos encontramos con uno de los tantos problemas de técnica legislativa dentro del ordenamiento jurídico venezolano, al colocarse los datos de la reimpresión de la LAA 2010, al hacer referencia a la Ley del Contrato de Seguro, que no ha experimentado reimpresión alguna.

[43] Disposición Transitoria Primera de la LAA 2015 y 2016: "Dentro de los ciento ochenta días siguientes a la entrada en vigencia de este Decreto con Rango, Valor y Fuerza de Ley, la Superintendencia de la Actividad Aseguradora dictará las normas que regulen el contrato de seguro y otros contratos y relaciones de la actividad aseguradora".

[44] Sobre la deslegalización que suponen las Normas y la distorsión del contrato de seguro, *vid.* MORLES HERNÁNDEZ, Alfredo, "La deslegalización…" *cit.*, p. 25-26; y SALAZAR REYES-ZUMETA, Leonel, "El contrato de seguro: el tránsito de la legalidad a la anomia", *Revista Venezolana de Derecho Mercantil*, edición especial en homenaje al Dr. Alfredo Morles Hernández, Sociedad Venezolana de Derecho Mercantil, Caracas, 2021, p. 413-442.

mencionadas Normas, y siendo que la ley se entiende vigente a partir de su *primera* publicación[45], los 180 días debían contarse desde el 30 de diciembre de 2015[46], con lo cual al haber sido las Normas finalmente publicadas el 24 de agosto de 2016[47], tuvo lugar un indudable *vacío legal* de casi dos meses después de derogada la Ley del Contrato de Seguro y transcurridos los 180 días que otorgaba la Ley para dictarse las Normas.

---

[45] De conformidad con el artículo 4 de la derogada Ley de Publicaciones Oficiales (*Gaceta Oficial de la República de Venezuela* N° 20.546 del 22 de julio de 1941), y del artículo 12 de la vigente Ley de Publicaciones Oficiales (*Gaceta Oficial de la República Bolivariana de Venezuela* N° 6.688 Extraordinario del 25 de febrero de 2022), según los cuales:

Artículo 4 de la Ley de Publicaciones Oficiales (derogada): "Cuando haya evidente discrepancia entre el original y la impresión de una ley se la volverá a publicar corregida en la GACETA OFICIAL DE LOS ESTADOS UNIDOS DE VENEZUELA; pero entonces deberá acompañar a dicha publicación un Aviso Oficial firmado por el Ministro a cuyo ramo corresponda la materia de la Ley indicando en que consistió el error de la publicación primitiva. En este caso, **la Ley se tendrá por promulgada desde su primera publicación**, pero no podrá darse efecto retroactivo a la corrección" (resaltado agregado).

Artículo 12 de la vigente Ley de Publicaciones Oficiales: "Cuando exista discrepancia entre el original y el acto jurídico publicado se procederá a la reimpresión del mismo en la Gaceta Oficial de la República Bolivariana de Venezuela, indicando que se trata de una nueva publicación. **En estos casos el acto jurídico generará efectos desde su publicación inicial**" (resaltado agregado).

[46] Fecha de publicación y entrada en vigencia de la LAA 2015, antes de su "reimpresión por fallas en los originales". Disposición Final Única de la LAA 2015 (LAA 2016 antes de su reimpresión): "Este Decreto con Rango, Valor y Fuerza de Ley entrará en vigencia a partir de su publicación en la Gaceta Oficial de la República Bolivariana de Venezuela".

[47] Aun cuando la Resolución que dicta las Normas tenga fecha 11 de julio de 2016, debe tomarse la fecha de publicación en Gaceta como la correspondiente a su entrada en vigencia.

Durante los mencionados 180 días, queda claro que lo que debía aplicarse durante ese período, era –evidentemente– lo establecido en la derogada Ley del Contrato de Seguro, hasta tanto fuesen dictadas las Normas y las mismas hubiesen entrado en vigor. Sin embargo, queda la duda de ¿qué debía aplicarse durante el mencionado vacío legal (tiempo adicional a los 180 días)?

Por analogía y por uso de la costumbre, según indica expresamente el Código de Comercio[48], debe concluirse que debían seguir siendo aplicadas las disposiciones normativas contenidas en la Ley del Contrato de Seguro derogada hasta tanto fueran dictadas, *publicadas* y entradas en vigor las Normas referidas en la LAA 2015 y 2016.

4. *Sustitución de una Ley por un instrumento normativo de rango sub-legal*

Por otra parte, luce igualmente conveniente mencionar –así sea brevemente– el tema de la derogatoria de un instrumento con rango de ley y su "reemplazo" por un instrumento normativo de rango sub-legal emanado de la SUDEASEG. Ciertamente poco se entiende el "reemplazo" de una ley por unas Normas administrativas cuando, además, su contenido es prácticamente el mismo (con excepciones muy puntuales), al margen de la violación al principio constitucional de reserva legal, antes resaltado.

Como se verá más adelante, los cambios entre la derogada Ley del Contrato de Seguro y las Normas, con especial atención en las disposiciones que nos ocupan en este estudio, en algunos

---

[48] Artículo 9 del Código de Comercio: "Las costumbres mercantiles suplen el silencio de la Ley cuando los hechos que las constituyen son uniformes, públicos, generalmente ejecutados en la República o en una determinada localidad y reiterados por un largo espacio de tiempo que apreciarán prudencialmente los Jueces de Comercio".

69

aspectos son imperceptibles y en otros simplemente no afectan –en lo absoluto– la esencia o el fondo de las disposiciones que se encontraban contenidas en la derogada ley. Parecía más lógico, reformar la Ley vigente, si lo que se buscaba era actualizar ciertos términos, que derogarla y sustituirla por una norma de rango sub-legal.

CAPÍTULO III

PARTICULARIDADES DEL CONTRATO DE SEGURO

Capítulo III

Particularidades del contrato de seguro

1. A modo de introducción. 2. Definición del contrato de seguro. 3. Condición de contrato por adhesión del contrato de seguro. 4. Caracterización del asegurado en el contrato de seguro. 5. Interpretación de las cláusulas del contrato de seguro.

1. A modo de introducción

Enseguida nos adentraremos en el análisis de algunas particularidades del contrato de seguro, se abordará su definición, interpretación, clasificación y naturaleza como contrato *por* adhesión, con la finalidad de profundizar en esta figura contractual para analizar, en definitiva, cómo se afectaría el principio de indemnización.

2. Definición del contrato de seguro

Como bien lo precisan ACEDO MENDOZA y ACEDO SUCRE, "el seguro está contenido en un contrato llamado póliza"[49]. Este contrato fue inicialmente definido por el Código de Comercio en sus artículos 548 y 549, los cuales fueron derogados –junto con el resto de los enunciados en materia de

---

[49] ACEDO MENDOZA, Manuel y ACEDO SUCRE, Carlos Eduardo, *op. cit.*, p. 193.

seguro incluidos en ese Código (artículos 548 al 611)– por la anterior Ley del Contrato de Seguro (2001), norma ésta a su vez derogada, como ha sido señalado, por la recién reformada LAA 2016. Los mencionados artículos 548 y 549 indicaban lo siguiente:

Artículo 548 (derogado) del Código de Comercio: "El seguro es un contrato por el cual una parte se obliga, mediante una prima, a indemnizar las pérdidas o los perjuicios que puedan sobrevenir a la otra parte en casos determinados, fortuitos o de fuerza mayor; o bien a pagar una suma determinada de dinero, según la duración o las eventualidades de la vida o de la libertad de una persona".

Artículo 549 (derogado) del Código de Comercio: "El seguro se perfecciona y prueba por un documento público o privado que se llama póliza (…)".

Por su parte, la derogada Ley del Contrato de Seguro (2001), indicaba en su artículo 5 lo siguiente:

Artículo 5 Ley del Contrato de Seguro (derogada): "El contrato de seguro es aquél en virtud del cual una empresa de seguros, a cambio de una prima, asume las consecuencias de riesgos ajenos, que no se produzcan por acontecimientos que dependan enteramente de la voluntad del beneficiario, comprometiéndose a indemnizar, dentro de los límites pactados, el daño producido al tomador, al asegurado o al beneficiario, o a pagar un capital, una renta u otras prestaciones convenidas, todo subordinado a la ocurrencia de un evento denominado siniestro, cubierto por una póliza.// Las disposiciones del contrato de seguro se aplicarán a los convenios mediante los cuales una persona se obliga a prestar un servicio o a pagar una cantidad de dinero en caso de que ocurra un acontecimiento futuro e incierto y que no dependa exclusivamente de la voluntad del beneficiario a cambio de una contraprestación, siempre que no exista una ley especial que los regule".

Y, finalmente, las Normas vigentes en su artículo 6, traen como definición del contrato de seguro, la siguiente:

Artículo 6 de las Normas: "El contrato de seguro es aquel en virtud del cual una empresa de seguros o la asociación cooperativa que realiza actividad aseguradora, a cambio de una prima, **asume las consecuencias de riesgos ajenos** que no se produzcan por acontecimientos que dependan enteramente de la voluntad del tomador, del asegurado o del beneficiario, **comprometiéndose a indemnizar, dentro de los límites pactados**, el daño producido al asegurado o a pagar un capital, una renta u otras prestaciones convenidas, todo subordinado a la ocurrencia del evento cubierto por la póliza.// Las disposiciones del contrato de seguro se aplicarán a los convenios mediante los cuales **una persona se obliga a prestar un servicio o a pagar una cantidad de dinero en caso de que ocurra un acontecimiento futuro e incierto**, y que no dependa exclusivamente de la voluntad del beneficiario a cambio de una contra prestación" (resaltado agregado).

Como puede apreciarse de las normas transcritas, la definición del contrato de seguro ha variado con el transcurrir de los años, evolucionando con –o, por lo menos, adaptándose a– los cambios de la materia y las modificaciones de la normativa aplicable. No pocas han sido, además, las definiciones propuestas por la doctrina[50], siendo de gran complejidad lograr una definición integral u omnicomprensiva de esta institución, visto

---

[50] A este respecto, RODRÍGUEZ sistematiza algunas definiciones que presentan varios autores sobre la institución del contrato de seguro, haciendo mención a categorías como la "prima", "póliza", "riesgo", entre otros elementos claves de este contrato. *Cf.* RODRÍGUEZ R. DE BELLO, Gladys J., "Observaciones sobre el contrato de seguro", *Revista de la Facultad de Ciencias Jurídicas y Políticas*, N° 76, Universidad Central de Venezuela, Caracas, 1988, p. 53-108.

que existen dos tipos contractuales distintos[51] relacionados con el seguro: uno que tiene *función indemnizatoria*, y otro que *no la tiene*[52]; de ahí que pueda apreciarse, como en efecto, que en muchas legislaciones se han abstenido de definir el contrato de seguro. De manera nocional y sin pretensiones definitorias, tal como lo establecen las Normas, el contrato de seguro sería aquél en el cual una persona (denominada asegurador) se obliga, a cambio del pago de una prima por parte de otra persona (denominada tomador), a asumir un riesgo que, de material-zarse, estaría obligada a pagar una cantidad de dinero (indemni-zación) para resarcir a este último.

Precisamente en esa línea, MÁRMOL MARQUÍS llegó a considerar, con razón, que "definir el seguro no es una labor fácil. Casi todas las definiciones propuestas adolecen en efecto, de algún vicio"[53]. Así también lo ha planteado la doctrina

---

[51]   *Cf.* MORLES HERNÁNDEZ, Alfredo, *Curso de Derecho mercantil. Los contratos mercantiles. Derecho concursal*, tomo IV, Abediciones – Universidad Católica Andrés Bello, Colección Cátedra, Caracas, 2017, p. 124.

[52]   "A excepción del Seguro de Vida y otros de carácter personal, **tradicionalmente el seguro ha sido un contrato de indemnización**, según el cual el asegurador asume frente al tomador de la póliza, la obligación de indemnizarle total o parcialmente a éste o a quien éste designe, una retribución predeterminada por un daño futuro e incierto. Por su naturaleza, el seguro es un contrato oneroso, cuya causa vista desde cualesquiera de las partes conlleva un interés, en virtud del cual el tomador del seguro trata de procurarse como ventaja la garantía del riesgo que depende de un hecho aleatorio, y el asegurador, obtener la prima". OBERTI NARANJO, Ivania, "La elusión en el contrato de seguros", en BAUMEISTER TOLEDO, Alberto (Coord.), *Estudios sobre Derecho de seguros*, Asociación Venezolana de Derecho de Seguros (AVEDESE-AIDA) – Universidad Católica Andrés Bello, Caracas, 2003, p. 206-207.

[53]   MÁRMOL MARQUÍS, Hugo, *op. cit.*, p. 17.

europea[54], especialmente la española, donde doctrinarios de la talla de GARRIGUES precisan que "el contrato de seguro es un contrato de contenido heterogéneo, imposible de reconducir a un concepto válido para todos los posibles tipos de seguro. Las peculiaridades de cada tipo son tan acusadas que no se puede hablar de un contrato único, sino de un semillero de contratos diversos sometidos a normas jurídicas radicalmente distintas. (…) La definición unitaria del contrato de seguro tropieza con grandes obstáculos, supuesta la gran diversidad de contenido de los distintos tipos de seguro"[55].

Sobre esto, recuerda LE BOULENGÉ que "es en materia de seguros donde definir es quizás lo más difícil y lo más peligroso,

---

[54]   Al respecto, entre otros, *vid*. GARCÍA GIL, Francisco Javier, *Las pólizas de seguro. Legislación comentada, jurisprudencia, formularios*, La Ley, Madrid, 2011, p. 27-29; GARRIDO Y COMAS, Juan José, *El contrato de seguro*, Publicaciones y ediciones Spes, S.A., Barcelona, 1954, p. 62-73; SOLER ALEU, Amadeo, *El nuevo contrato de seguro*, Editorial Astrea, Buenos Aires, 1978, p. 1-9; BENÍTEZ DE LUGO, Luis, *Tratado de seguros*, volumen 1, Instituto Editorial Reus, Madrid, 1955, p. 5-15; RUÍZ RUEDA, Luis, *op. cit.*, p. 45-51; VEIGA COPO, Abel B., *Tratado del contrato de seguro*, tomo I, Civitas – Thomson Reuters, 6ª edición, Pamplona, 2019, p. 35-53; ELGUERO MERINO, José M., *El contrato de seguro*, Editorial Mapfre, S.A., Madrid, 2004, p. 43-46; DEL CAÑO ESCUDERO, Fernando, *Derecho español de seguros*, tomo I – Parte General, S/E, 3ª edición, Madrid, 1983, p. 393-399; DONATI, Antigono, *Los seguros privados. Manual de Derecho*, Librería Bosch, Barcelona, 1960, p. 167-180; DONATI, Antigono y VOLPE PUTZOLU, Giovanna, *Manuale di Diritto delle assicurazioni*, Giuffre Editore, 7ª edición, Milán, 2002, p. 107-109; HERRMANNSDORFER, Fritz, *Seguros privados*, Editorial Labor, S.A., Barcelona – Madrid – Buenos Aires, 1933, p. 1-7; VASQUES, José, *Contrato de seguro. Notas para uma teoria geral*, Coimbra Editora, Portugal, 1999, p. 90-94; y MONETTE, Félix, DE VILLÉ, Albert y ANDRÉ, Robert, *Traité des assurances terrestres*, tomo I, Etablissements Emile Bruylant, 3ª edición, Bruselas, 1949, p. 41-46.

[55]   GARRIGUES, Joaquín, *Contrato de seguro terrestre*, J. Garrigues, 1ª edición, Madrid, 1973, p. 38-39.

debido a la evolución constante de la institución del seguro a través de los años"[56], no sin antes ofrecer igualmente su propia definición, de acuerdo con la cual: "El seguro es un contrato por el cual el asegurador toma sobre sí, mediante una remuneración, todo o parte de los riesgos a que están expuestos ciertos intereses ajenos"[57]. Según el autor, en esta definición –aunque breve– se incluyen los tres elementos fundamentales que debe tener este contrato: interés, riesgo y prima[58].

Enfocándose en los seguros con función indemnizatoria, que en definitiva son los que interesan a efectos del enfoque planteado en este estudio, CHANG DE NEGRÓN y NEGRÓN CHACÍN identifican qué elementos debe contener una definición del contrato de seguro para ser completa, a saber, indican lo siguiente:

"a. Existen dos partes: una que se llama asegurador, que en Venezuela sólo pueden ser las empresas de seguros y las cooperativas de seguros, del otro lado de la relación existe el tomador quien a su vez puede o no ser el mismo asegurado o beneficiario.// b. En virtud del contrato el asegurador recibe una prima a cambio de asumir riesgos ajenos.// c. El asegurador se obliga a pagar una indemnización, siempre que el riesgo se materialice, es decir, ocurra el siniestro, pero éste no puede depender enteramente de la voluntad del beneficiario. d. Lo que el asegurador paga es un daño que se

---

[56] LE BOULENGÉ, Jean-Marie, *El Derecho venezolano de los seguros terrestres y sus fuentes extranjeras*, S/E, Caracas, 1983, p. 4.

[57] *Ibid.*, p. 7.

[58] *Cf. Idem.*

ocasiona en el patrimonio, que es el siniestro, distinguiéndose el seguro de vida, en el cual la obligación de la aseguradora es la de pagar un capital o renta"[59].

En suma, debe incluirse en todo contrato de seguro con carácter indemnizatorio (y en su definición), como mínimo los elementos siguientes: 1. Las partes (el asegurador y el tomador); 2. El objeto de asumir un riesgo ajeno; 3. A cambio de un pago (la prima); 4. Obligándose a indemnizar; y 5. El daño (ocurrencia del siniestro).

Como cualquier contrato y en términos generales, las partes son –en principio– libres de obligarse como quieran, con la excepción de que en esta materia (i) hay normas de orden público y derechos irrenunciables que, como tales, no pueden ser relajados por las partes (a menos que se pacten cláusulas más beneficiosas a favor del tomador, beneficiario o asegurado[60]), y (ii) que, en el caso de los contratos de seguro en Venezuela, su

---

[59] CHANG DE NEGRÓN, Kimlen y NEGRÓN CHACÍN, Emilio, *Seguros en Venezuela*, Vadell Hermanos Editores, C.A., 2ª edición, Caracas, 2014, p. 165.

[60] Artículo 2 de las Normas: "Los derechos de los tomadores, asegurados, contratantes, beneficiarios y usuarios o afiliados son irrenunciables. Será nula toda acción, acuerdo o estipulación que implique renuncia, disminución o menoscabo.// En caso de duda se aplicarán las cláusulas contractuales que sean más beneficiosas para el tomador, asegurado, contratante, beneficiario y usuario o afiliado".

texto debe ser previamente aprobado por la SUDEASEG (artículo 29 de la LAA[61] –antes 42 de la LAA 2016[62]–).

---

[61] Artículo 29 de la LAA: "Las condiciones generales, condiciones particulares, cuadros recibos o cuadros pólizas, solicitudes, finiquitos o recibos de indemnización, notificaciones de siniestros, anexos, arancel de comisiones, bonos, planes de estímulos y demás documentos, así como las tarifas, utilizados por los sujetos regulados en sus relaciones comerciales, con ocasión de los contratos de seguros o de medicina prepagada, **deben ser aprobados previamente por la Superintendencia de la Actividad Aseguradora**, quien decidirá sobre la solicitud de aprobación en un plazo de cuarenta y cinco (45) días hábiles.// Los documentos mencionados deben ser presentados a la Superintendencia de la Actividad Aseguradora a través de los medios electrónicos, condiciones y términos que ésta determine.// Las tarifas y documentos utilizados por las empresas de seguros o de medicina prepagada deben cumplir con los principios, condiciones, requisitos y lineamientos establecidos en el reglamento de esta Ley y las normas que se dicten al efecto. En cualquier caso, los reglamentos actuariales que sirvan de fundamento para la elaboración de las tarifas deben estar suscritos por actuarios residentes en el país e inscritos en la Superintendencia de la Actividad Aseguradora" (resaltado agregado).

[62] Artículo 42 de la LAA 2016: "Los modelos de pólizas, cuadros recibos o cuadros pólizas, solicitudes de seguro, finiquitos o recibos de indemnización, notificaciones de siniestros, anexos y demás documentos utilizados con ocasión de los contratos de seguros y las tarifas que las empresas de seguros utilicen en sus relaciones con el público, **deben ser aprobados previamente por la Superintendencia de la Actividad Aseguradora**, quien decidirá en un lapso no mayor de cuarenta y cinco días hábiles.// Las pólizas, cuadros recibos o cuadros pólizas, solicitudes de seguro, finiquitos o recibos de indemnización, notificaciones de siniestros, anexos y demás documentos o tarifas **que no hayan sido aprobadas** previamente por la Superintendencia de la Actividad Aseguradora o la modificación de aquellos que hayan sido aprobados, **serán nulos** en lo que perjudiquen al tomador, al asegurado o al beneficiario, en cuyo caso, se aplicarán las condiciones aprobadas o aquellas que reposen en los archivos de la Superintendencia de la Actividad Aseguradora que se ajusten a la tarifa aplicada por la empresa de seguros, sin menoscabo de las sanciones administrativas previstas en el presente Decreto con Rango, Valor y Fuerza de Ley" (resaltado agregado).

3. *Condición de contrato por adhesión del contrato de seguro*

Con ocasión a lo anterior, se ha discutido en doctrina si el contrato de seguro es o no un contrato *por* adhesión[63], entre otras razones, vista la obligación de que toda póliza debe ser previamente aprobada por la SUDEASEG, so pena de ser considerado nulo el contrato, al margen de la nueva "facultad" que tiene ahora la SUDEASEG de permitir el uso de pólizas que no han sido previamente autorizadas por dicho ente regulador (artículo 6.10 LAA), lo cual se atenderá más adelante.

Debe tenerse presente que en Venezuela "el único instrumento con rango de Ley que contuvo una calificación de lo que ha de entenderse por contrato de adhesión fue, precisamente, la Ley en materia de protección al consumidor. En efecto, el artículo 70 de la derogada Ley para la Defensa de las Personas en el Acceso a los Bienes y Servicios dispuso que «[s]e entenderá como contrato de adhesión, a los efectos de esta Ley, los contratos tipos o aquellos cuyas cláusulas han sido aprobadas por la autoridad competente por la materia o establecidas unilateralmente por la proveedora o el proveedor de bienes y servicios, **sin que las personas puedan discutir o modificar**

---

[63] En opinión de KUMMEROW –posición que suscribimos–, luce revisable la denominación "contrato *de* adhesión", siendo que el mismo no se trata de un tipo contractual en sí mismo, sino más bien de una forma particular de formación del contrato y de manifestación de la voluntad, que en este caso sería (dicha manifestación) *por* adhesión. *Cf.* KUMMEROW, Gert, *Algunos problemas fundamentales del contrato por adhesión en el Derecho privado*, Universidad Central de Venezuela – Facultad de Derecho, Caracas, 1981, p. 67-68. Esta denominación de "contrato *por* adhesión" ha sido igualmente acogida sin reservas por MÁRMOL MARQUÍS, quien afirma –además– que el rótulo de "contrato *de* adhesión" es *manido* e *inexacto*. *Cf.* MÁRMOL MARQUÍS, Hugo, *op. cit.*, p. 117.

substancialmente su contenido al momento de contratar» (resaltado agregado)"[64].

En esta línea expresa USTÁRIZ que "en general, la doctrina alude a que la derogación del régimen de protección al consumidor y usuario que representaba una continuidad en la materia dejó sin efecto reglas contractuales relativas al régimen de (…) interpretación de los contratos de adhesión en forma favorable al débil jurídico; de reflexión y desistimiento del contrato, y de prohibición de cláusulas abusivas"[65], y que, por lo tanto, "ante esta situación de parcial carencia de normas reguladoras, es que la doctrina encabezada por el Dr. Acedo Sucre propone encontrar en los principios generales del derecho los mecanismos de protección para los sujetos que entren a formar parte de los contratos de adhesión, así como los perjudicados por cláusulas abusivas, concretamente en la exigencia de la buena fe, el respeto a la equidad y la atención al orden público"[66].

---

[64] MADRID MARTÍNEZ, Claudia, "Las cláusulas abusivas y los contratos de adhesión. Una mirada desde el silencio del Derecho venezolano de los contratos", *Revista Venezolana de Derecho Mercantil*, edición especial en homenaje al Dr. Alfredo Morles Hernández, Sociedad Venezolana de Derecho Mercantil, Caracas, 2021, p. 237-263.

[65] USTÁRIZ FORERO, Nasly, "El contenido dispositivo en los contratos de adhesión", *Revista Venezolana de Derecho Mercantil*, edición especial en homenaje al Dr. Alfredo Morles Hernández, Sociedad Venezolana de Derecho Mercantil, Caracas, 2021, p. 288. Al respecto, también *vid.* MORLES HERNÁNDEZ, Alfredo, "La total desaparición del contenido dispositivo del contrato en los contratos de adhesión", *Revista de la Facultad de Ciencias Jurídicas y Políticas*, N° 132, Universidad Central de Venezuela, Caracas, 2008, p. 130-152; y MORLES HERNÁNDEZ, Alfredo, "Las cláusulas abusivas y los contratos de adhesión", *Boletín de la Academia de Ciencias Políticas y Sociales*, N° 157, Academia de Ciencias Políticas y Sociales, Caracas, 2018, p. 921 y siguientes.

[66] USTÁRIZ FORERO, Nasly, *op. cit.*, p. 288-289.

En lo que se refiere a los contratos de seguros, entre los que los entienden como contratos por (o de) adhesión tenemos, por ejemplo, a ACEDO MENDOZA y ACEDO SUCRE, quienes afirman directamente que "las pólizas de seguro son contratos de adhesión"[67], bajo el razonamiento de que sus cláusulas deben ser previamente aprobadas por la SUDEASEG y que el contrato es únicamente redactado por una sola de las partes, en este caso, la empresa aseguradora, y la otra parte, el tomador, sólo puede aceptar o rechazar el mismo[68].

Por su parte, LE BOULENGÉ considera que la simple necesidad de contar con autorización previa y tener un texto predeterminado, pre redactado e impreso "no basta por sí solo para dar el carácter de contrato de adhesión"[69], explicando que al ser uno de los requisitos esenciales de los contratos de adhesión el que no pueda realizarse modificación alguna por el aceptante al documento pre-redactado, que el mismo no se satisface en los contratos de seguro ya que en éstos sí se admiten discusiones para la redacción de cláusulas particulares, alegando que a tal efecto el papel de los agentes y corredores es primordial[70].

En esta línea, KUMMEROW ha considerado que "en el contrato formado por adhesión lo importante no es el momento en que la predisposición de sus cláusulas tiene lugar ni la forma en que ésta se realiza"[71], señalando a letra que la "característica sobresaliente del «contrato por adhesión», radica en la imposibilidad de discutir las cláusulas predispuestas por uno de

---

[67] ACEDO MENDOZA, Manuel y ACEDO SUCRE, Carlos Eduardo, *op. cit.*, p. 195.

[68] *Cf. Idem.*

[69] LE BOULENGÉ, Jean-Marie, *op. cit.*, p. 11.

[70] *Cf. Idem.*

[71] KUMMEROW, Gert, *op. cit.*, p. 91.

los contratantes, lo que implica indefectiblemente para la otra parte elegir entre dos soluciones extremas: o acoger en bloque las cláusulas prefijadas, o rechazarlas, también en bloque, absteniéndose de participar en el proceso de producción normativa a través del contrato"[72].

Así, no importaría si el contrato es o no pre-elaborado, más bien dependiendo tal caracterización en todo caso en si una de las partes, el que no pre-elabora el contrato (el adherente), se suma a éste de forma incondicional o no al contenido total del mismo[73], por oposición a aquellos contratos cuyo contenido es elaborado, discutido y acordado entre ambas partes, o si es elaborado por una sola parte, pueda ser modificado de común

---

[72] *Ibid.*, p. 111.

[73] Sin menoscabo de la revisable posición sostenida recientemente por la Sala de Casación Civil, de acuerdo con la cual se afirma que no es requerida la firma del "proveedor", o de quien impone las cláusulas en los "contratos de adhesión" a efectos de ser éste vinculante, el Tribunal Supremo de Justicia se ha manifestado sobre la definición de los "contratos de adhesión" en los términos siguientes: "De lo anterior, esta Sala evidencia que –ciertamente– la parte actora se acogió a las cláusulas establecidas por la demandada en el aludido contrato; entendiéndose que el contrato de adhesión **es aquel cuyas cláusulas han sido establecidas unilateralmente por el proveedor de bienes o servicios sin que las personas pudieran discutir o modificar su contenido al momento de contratar**; es decir, es la relación en la que una de las partes, usualmente una persona jurídica que provee al público determinados bienes o servicios, exige del otro contratante aceptar un conjunto de normas que rigen la relación entre ésta y el consumidor; por lo tanto, **la firma del proveedor del servicio no es requerida en estos contratos**" (resaltado agregado). Sentencia dictada por la Sala de Casación Civil del Tribunal Supremo de Justicia el 8 de noviembre de 2022. Ponencia de la Magistrada Carmen Eneida Alves Navas. Caso: Carrasquel, Márquez y Asociados vs. Soluciones de Localización Tracker, C.A. Expediente N° 2022-000346.

acuerdo entre ellas. Los contratos por (o de) adhesión[74], en definitiva, se identifican con aquellos contratos cuyo "contenido, o lo que es lo mismo, las condiciones de reglamentación son obra de una sola de las partes, de tal modo que el otro contrayente no presta colaboración alguna a la formación del contenido contractual, quedando así sustituida la ordinaria determinación bilateral del contenido del vínculo por un simple acto de aceptación o adhesión al esquema predeterminado unilateral-mente"[75].

Abonando a lo anterior, MÁRMOL MARQUÍS ha sido muy crítico de aquéllos que sostienen la posición que justifica que los contratos de seguro no son contratos por adhesión, más bien considerando que no debería haber duda al respecto. Así lo explica:

"El seguro, normalmente, se contrata por adhesión. Es inútil alegar, para demostrar lo contrario, que «las discusiones son mucho más frecuentes de lo que el público se

---

[74] Para más sobre los contratos por (o de) adhesión, en general, *vid.* BERLOIZ, Georges, *Le contrat d'adhesion*, Libraire Generale de Droit et de Jurisprudence – R. Pichon y R. Durand-Auzias, 12ª edición, Paris, 1976, *in totum*; STIGLITZ, Rubén S. y STIGLITZ, Gabriel A., *Contratos por adhesión, cláusulas abusivas y protección al consumidor*, Ediciones Depalma, Buenos Aires, 1985, *in totum*; IBARRA, María Beatriz, "La peculiaridad de la adhesión en el contrato de seguro", *USFQ Law Review*, volumen 4, N° 1, 2017, p. 87-102; TRIVISONNO, Julieta Belén, "Los contratos por adhesión: retrospectiva y prospectiva de la debilidad contractual en el Derecho argentino", *Revista de la Facultad de Ciencias Económicas*, volumen 23, N° 2, Chaco (Argentina), 2019, p. 109; HERRERA-TAPIAS, Belinha y ÁLVAREZ-ESTRADA, Jassir, "El mercado y la libertad contractual de los consumidores en los contratos por adhesión", *Jurídicas*, volumen 12, N° 2, Universidad de Caldas, 2015, p. 26-41; y GUISASOLA PAREDES, Aitor, *Cláusulas limitativas de derechos y delimitadoras del riesgo en el contrato de seguro*, Editoriales de Derecho Reunidas, S.A., Madrid, 2000, p. 19-24.

[75] GARCÍA GIL, Francisco Javier, *op. cit.*, p. 29.

imagina, y a este respecto, el papel de los agentes y corredores es primordial». Porque, por más frecuentes que ellas sean, nunca pueden versar sobre ciertos elementos básicos: la prima ha de ser la fijada por los principios técnicos y nunca una menor; no se podrá acordar la cobertura de riesgos prohibidos por la ley, etc. No se nos diga que esas cláusulas tampoco son impuestas, ya que es el Estado, a través de sus organismos administrativos y de sus leyes, quien las establece con carácter obligatorio para las dos partes. En primer lugar, porque en definitiva el Estado sólo recoge en sus leyes, en esta materia, lo que la práctica utilizada por los propios aseguradores revela correcto. En segundo lugar, porque esta intervención estatal se justifica precisamente en virtud de la contratación por adhesión, en función de protección al débil jurídico contra cláusulas demasiado onerosas o vejatorias.// Esta aceptación por adhesión de las cláusulas que el otro preconcierta es el único elemento típico de estos contratos; existiendo en los seguros, no cabe ninguna duda acerca de lo acertado de la calificación"[76].

Sobre este tipo de contratos el Tribunal Supremos de Justicia, por medio de la Sala de Casación Civil, en sentencia del 7 de noviembre de 2003 (Exp. 01-213), se ha pronunciado así:

"El acuerdo sobre la celebración de un contrato va generalmente **precedido de una libre discusión** entre las partes contratantes. Sin embargo, a veces la posición respectiva de éstas es totalmente distinta, porque una de las partes **se limita a ofrecer sus condiciones a la otra, a la cual solamente le queda la elección entre someterse a las mismas o simplemente dejar de contratar**. A esta clase de contratos, **la doctrina los ha calificado como contratos de adhesión**, cuyas características esenciales podrían ser las

---

[76] MÁRMOL MARQUÍS, Hugo, *op. cit.*, p. 117-118.

siguientes: 1) la oferta tiene un carácter general y permanente, dirigida a persona indeterminada y siendo mantenida por tiempo ilimitado; 2) la oferta generalmente emana de un contratante dotado de cierto poder económico, bien sea originado por sus propias fuerzas o como consecuencia de la unión con otras empresas análogas; 3) el objeto del contrato es la prestación de un servicio privado, pretendido por un sector privilegiado de la comunidad y que solamente la persona jurídica puede proporcionar; 4) la oferta puede aparecer bajo la forma de un contrato tipo o formato cuyas condiciones generales se presentan en bloque a los futuros adherentes particulares; y 5) el contrato comprende una serie de cláusulas establecidas generalmente en interés del oferente y en pequeña monta a favor del futuro adherente particular"[77] (resaltado agregado).

Igualmente, en sentencia de la Sala de Casación Civil del 25 de mayo de 2000, se argumenta que:

"Así ocurre en el caso de la aplicación de las llamadas cláusulas exorbitantes, con particular aplicación en los contratos de adhesión, en los cuales **la libertad de contratación para el adherente está seriamente limitada**, bien por la actividad regulada por el contrato, mediante la intervención del Estado, o por otra circunstancia que de manera importante disminuye a una de las partes la facultad de pactar en pie de igualdad, acorde con las necesidades particulares del adherente en el momento, y que circunscribe su voluntad a la simple aquiescencia con condiciones, formas impresas o tarifas impuestas y a la suscripción real

---

[77] Sentencia recopilada en: CASTAGNINO, Diego Thomás, *Decisiones del Tribunal Supremo de Justicia en materia mercantil (2000-2020)*, Abediciones – Universidad Católica Andrés Bello – Instituto de Investigaciones Jurídicas – Sociedad Venezolana de Derecho Mercantil, Caracas, 2021, p. 266.

solamente de fechas de inicio y terminación de la relación.// **El contrato de seguros es uno de los clásicos ejemplos**.// La mejor doctrina nacional en la materia, **lo caracteriza como un contrato** «nominado, mercantil, solemne, oneroso, aleatorio, de buena fe, sucesivo, de indemnización, **de adhesión**».// Con relación a la nota de adhesión, esa doctrina expresa: «A los efectos que nos interesan, **el contrato de seguros es contrato por adhesión** cada vez que en su conclusión se den los elementos de imposición, utilidad pública y **documento prerredactado** (…)»// Así, **la nota caracterizadora de la adhesión** en el seguro de vida impone un proceder, un nivel más ceñido a la buena fe por parte del asegurador, que cualquier otra situación contractual por parte de su co-contratante, primeramente, **por ser la parte generalmente más fuerte en la relación**; y en segundo lugar, por cuanto la indemnización es una cuestión muchas veces de supervivencia para el asegurado o sus causahabientes"[78] (resaltado y subrayado agregado).

En suma, se puede concluir que los contratos de seguro son –en efecto– contratos por adhesión[79], en los términos desarrollados por la doctrina y jurisprudencia, precisamente por:

---

[78] Sentencia dictada por la Sala de Casación Civil del Tribunal Supremo de Justicia el 25 de mayo de 2000. Ponencia del Magistrado Franklin Arriechi G. Caso: Ermogeno Mario Casarella vs. Compañía Anónima Seguros La Previsora. Expediente N° 98-750.

[79] Como también se le considera en otros países, por ejemplo, en España. Al respecto, GEMENO MARÍN indica que: "Decir que el contrato de seguro es un contrato de adhesión no es una novedad, puesto que siempre ha sido citado como paradigma de esta forma de contratación". GEMENO MARÍN, Juan Ramón, "Condiciones generales y contratos de seguro", *Revista Española de Seguros*, N° 117, enero-marzo, Editorial Española de Seguros, Madrid, 2004, p. 78.

1. Tratarse de un documento genérico dirigido a personas indeterminadas (el mismo formato aprobado por la SUDEASEG va dirigido de forma general a cualquier persona interesada);

2. Consistir en un contrato elaborado por una de las partes del contrato de seguro, cual es la empresa aseguradora;

3. Identificarse con un "contrato tipo" aplicable a cualquier interesado, con cláusulas establecidas generalmente en interés del propio asegurador;

4. Tener como objeto del contrato la prestación de un servicio privado de interés público o general, como se explicó anteriormente (capítulo I); y

5. A razón de que el tomador, beneficiario o asegurado no tiene participación alguna en la elaboración del contrato o en modificación alguna de sus cláusulas y sólo le queda la opción de adherirse totalmente al mismo o, simplemente, rechazarlo totalmente, que se traduciría en no suscribirlo.

4. *Caracterización del asegurado en el contrato de seguro*

En sintonía con lo que se viene planteando, con apoyo en la doctrina y jurisprudencia referidas, no pareciera admitir mayores reparos que el tomador, asegurado o beneficiario se identifica con el débil jurídico de la relación jurídica en materia de seguros. En palabras de CHANG y NEGRÓN[80], esta caracterización de débil jurídico se evidencia de las razones siguientes:

---

[80] *Cf.* CHANG DE NEGRÓN, Kimlen y NEGRÓN CHACÍN, Emilio, *op. cit.*, p. 29.

1. El contrato de seguro es un contrato complejo con muchos elementos técnicos;

2. En donde el tomador, beneficiario o asegurado cumple su obligación de pagar la póliza, sin recibir nada tangible a cambio;

3. Difícilmente el tomador, beneficiario o asegurado pueda llegar a tener los conocimientos técnicos sobre las reglas que regulan el funcionamiento de estas operaciones, no pudiendo conocer que es lo más conveniente a sus intereses; y

4. La ley claramente trata de resolver esa desigualdad en protección al tomador, beneficiario o asegurado.

Las Normas, por su parte, establecen en su artículo 2[81] que, en caso de cualquier duda, deben siempre aplicarse aquellas cláusulas que resulten más beneficiosas para el asegurado o beneficiario, así mismo delimitándose en el artículo 4, como principio general de interpretación a todo contrato de seguro, que cuando una cláusula sea ambigua u oscura, la misma debe interpretarse a favor del tomador, asegurado o beneficiario.

Al respecto, también se ha indicado que "con ello se busca que exista la mayor claridad y precisión en el contenido del condicionado en sus cláusulas, a fin de que hasta la parte menos conocedora del área [*el asegurado*] pueda tener acceso a la información de una manera sencilla y directa"[82] (corchetes añadidos).

---

[81] Artículo 2 de las Normas: "(...) En caso de duda se aplicarán las cláusulas contractuales que sean más beneficiosas para el tomador, asegurado, contratante, beneficiario y usuario o afiliado".

[82] ÁVILA MERINO, Luis, *La actividad aseguradora venezolana*, Universidad Católica Andrés Bello, Caracas, 2013, p. 31-32.

90

Se permite apreciar de esta manera que, en la propia ley, así como en las Normas del ente regulador, de manera expresa se puntualiza y deja ver la posición desventajosa que tiene el asegurado, tomador o beneficiario, lo que, en consecuencia, permite apreciar que el ejercicio interpretativo de las disposiciones de los contratos de seguro debe hacerse a favor de éste, es decir, de esa parte que se encuentra en una posición menos favorable frente a la otra.

La calificación del tomador, beneficiario o asegurado del contrato de seguro como el débil jurídico de la relación, aparte de hacerse entendible de acuerdo con las razones anteriormente expuestas, se evidencia aún más si se repara en que éste carece de "poder de negociación" al momento de suscribir cualquier contrato de seguro, como fuera explicado anteriormente, limitando su actuación a –precisamente– adherirse en bloque o no, como lo enseña KUMMEROW[83], a las disposiciones contractuales previamente autorizadas y aprobadas por la SUDEASEG, en los términos expuestos. En palabras llanas: la manifestación de la voluntad del tomador parece en buena medida reducirse o limitarse a la mera aceptación o no del contrato. Nada más.

Por ello, se ha considerado que "en el contrato de seguro, la manifestación autónoma de la voluntad se encuentra bastante desdibujada, por eso existe un control previo de la Superintendencia sobre los condicionados a fin de proteger al débil jurídico de esta relación, el asegurado (…)"[84]. El problema se da cuando ese "control previo" del ente regulador, más que ayudar puede hasta entorpecer y afectar los verdaderos intereses del mencionado "débil jurídico".

---

[83] *Cf.* KUMMEROW, Gert, *op. cit.*, p. 111.

[84] ÁVILA MERINO, Luis, *op. cit.*, p. 21.

En esta línea de pensamiento, se observa que la necesidad de protección que se le brinda a la parte débil se asocia, en materia de manifestación de voluntad, con la existencia de un contrato por adhesión, por cuanto no se puede conocer –por lo menos no inequívocamente– que la voluntad de la parte que se adhiere estuvo totalmente conforme con los términos y condiciones a los cuales se plegó, precisamente porque, en atención a la naturaleza de este tipo contractual, los mismos no son debidamente discutidos entre las partes contratantes, sino delimitados por una de ellas y aceptados –o rechazados– en su totalidad por la otra.

Tan extendida y aceptada resulta la idea en la doctrina que caracteriza al tomador, beneficiario o asegurado como el débil jurídico en materia de seguros, que MORLES HERNÁNDEZ la da por entendida en diferentes partes de su libro sobre *Derecho de Seguros* (entre otras, en las páginas 36[85], 46[86] y 48[87]), partien-

---

[85] "La protección de **los débiles jurídicos, la inclusión de los asegurados dentro de esa categoría protegida**, la construcción del derecho del consumidor y del usuario como elemento indispensable el funcionamiento de la economía de mercado y la tesis de la función social del contrato y del equilibrio negocial, forman parte de la teoría general del contrato del mundo capitalista contemporáneo. Ante el mercado se tiene una postura *capitalista moral*. Ningún sistema jurídico distinto ha formulado ni llevado a la práctica un conjunto de reglas y principios más humanista. Sobre todo, el sistema jurídico del modelo de economía plantificada del socialismo real, una *lucus a non lucendo*, es decir, una luz que nunca ha iluminado" (resaltado agregado). MORLES HERNÁNDEZ, Alfredo, *Derecho… cit.*, p. 36.

[86] "(…) El primer grupo de guías de interpretación estaría vinculado a la naturaleza de las normas y al carácter de la actividad o de la situación (…); (v) lo anterior no se opone a la **consideración del usuario como un débil jurídico** y en consecuencia en la interpretación de los contratos deberá adoptarse la interpretación más favorable a ellos (…)" (resaltado agregado). *Ibid.*, p. 46.

[87] "Los partidarios de la tesis de la redefinición del rol que la aseguradora tiene en el mercado y de la forma en que el servicio debe ser prestado

do de la premisa –sin necesidad de desarrollo o justificación alguna– que los tomadores, asegurados o beneficiarios son considerados, en efecto, como el débil jurídico de la relación jurídica en los seguros.

En sentencia Nº RC. 000469 de la Sala de Casación Civil del Tribunal Supremo de Justicia, del 28 de julio de 2014, se confirma una vez más la posición del débil jurídico del asegurado y el principio *indubio pro* asegurado. Así lo planteó el fallo:

"El hecho de que la cláusula en cuestión indique la frase «Institución hospitalaria Afiliada», en modo alguno se puede interpretar que a las no afiliadas no se les pague directamente, ya que en la póliza, ni en ningún documento traído a los autos como prueba, existe una lista de las llamadas por el contrato «Institución hospitalaria Afiliada»; pero al **«in dubio pro asegurado» se debe aplicar la norma más beneficiosa para el asegurado**, y por analogía, ésta es la norma y la interpretación más favorable para el **asegurado, débil jurídico en esta relación contractual**; además, quedó demostrado en los autos por medio de la información suministrada por el Centro Médico (…)"[88] (resaltado agregado).

---

sostienen que la actividad de seguros se encuentra regida por una serie de principios que, según ellos, pueden deducirse de las disposiciones legales que rigen la materia, los cuales deben tenerse en cuenta para interpretar el contenido de las leyes y en general de toda la normativa que lo regula y de las capacidades del órgano de supervisión. Esos principios serían:// a. la actividad aseguradora es una actividad económica reglada; b. **el usuario de la actividad aseguradora se considera un débil jurídico** con mayor énfasis que otros usuarios y se extreman los controles en esta actividad, más que en ninguna otra del sector financiero, todo en protección de los asegurados (…)" (resaltado agregado). *Ibid.*, p. 48.

[88] Sentencia dictada por la Sala de Casación Civil del Tribunal Supremo de Justicia el 28 de julio de 2014. Ponencia del Magistrado Aurides

Por su parte, en sentencia N° 033 de la Sala Político-Administrativa, del 2 de febrero de 2017, se reconoce la necesidad de proteger los derechos e intereses económicos de los asegurados por su condición de débiles jurídicos en la relación contractual, de la manera siguiente:

"Para resolver el argumento se observa que en el acto administrativo se señaló que era responsabilidad de Proseguros, S.A. garantizar la promoción y protección de los intereses económicos de **los asegurados, en reconocimiento de su condición de débil jurídico** y que la mencionada empresa había incumplido con su obligación de pagar en el plazo de los 30 días hábiles contados a partir de la fecha en que el denunciante entregó todos los requisitos para el pago del siniestro ante la empresa denunciada[89]" (resaltado agregado).

En definitiva, no cabe mayor duda, desde la perspectiva explicada de la doctrina y jurisprudencia, sobre la posición de débil jurídico del asegurado, tomador o beneficiario en la relación contractual en materia de seguros, lo cual va de la mano, como veremos a continuación, con la interpretación de los contratos de seguro.

5. *Interpretación de las cláusulas del contrato de seguro*

En lo que se refiere a la interpretación de los contratos de seguro, y como ya lo hemos adelantado, el artículo 4 de las Normas indica los principios o lineamientos que deben guiar tal

---

Mercedes Mora. Caso: Evelyn Sampedro de Lozada vs. Multinacional de Seguros, C.A. Expediente N° 2013-000738.

[89] Sentencia N° 00033 dictada por la Sala Político-Administrativa del Tribunal Supremo de Justicia el 2 de febrero de 2017. Ponencia del Magistrado Inocencio Antonio Figueroa Arizaleta. Caso: Proseguros, S.A. Expediente N° 2012-0601.

ejercicio de desentrañamiento del sentido de estos acuerdos y sus cláusulas, señalando a letra lo siguiente:

"Cuando sea necesario interpretar los contratos a los que se refieren estas Normas, se utilizarán los principios siguientes:// 1. **Se presumirá que los contratos han sido celebrados de buena fe**, quien alegue la mala debe probarla.// 2. Las relaciones derivadas de los contratos se rigen por estas Normas y por las disposiciones que convengan las partes a falta de disposición expresa o cuando estas normas o la ley así lo permita. En caso de duda, se aplicará la analogía, cuando no sea posible aplicarla el intérprete recurrirá a la costumbre, a los usos y a la práctica generalmente observada en el mercado asegurador venezolano. Solo se acudirá a las normas de derecho civil cuando no exista disposición expresa en la normativa que regula la actividad aseguradora o en la costumbre mercantil.// 3. Los hechos de los contratantes anteriores, coetáneos y subsiguientes a la celebración del contrato que tengan relación con lo que se discute serán la mejor explicación de la intención de las partes al tiempo de celebrarse la convención.// 4. Cuando una cláusula sea ambigua u oscura **se interpretará a favor del tomador, asegurado, contratante, beneficiario y usuario o afiliado**.// 5. Las cláusulas relativas a la caducidad de derechos del tomador, asegurado, contratante, beneficiario y usuario o afiliado deben ser de interpretación restrictiva, **a menos que la interpretación extensiva los beneficie**" (resaltado agregado).

Vale acotar, que la norma citada es –en esencia– la misma que se encontraba contenida en el artículo 4[90] de la derogada Ley

---

[90] En relación con esta norma, BAUMEISTER consideró que la misma "solo reitera principios tradicionales en la materia que ya tenían aplicación en el ordenamiento actual y tradicionalmente regían la

del Contrato de Seguro con algunos pocos cambios, como por ejemplo la adición en el numeral 2 (sobre la buena fe[91] de los contratos de seguro) de la frase "quien alegue la mala debe probarla".

Así las Normas (y antes la Ley del Contrato de Seguro), establecen "como principio general de interpretación, aplicable a todas las pólizas en caso de normas o cláusulas ambiguas que éstas serán interpretadas a favor del tomador, asegurado o beneficiario. Con ello, se busca que exista la mayor claridad y precisión en el contenido del condicionado en sus cláusulas, a

---

actividad aseguradora mundial". BAUMEISTER TOLEDO, Alberto, "Nuevo régimen de seguros en el Derecho venezolano", *Derecho mercantil. Memorias de las XXIX Jornadas J. M. Domínguez Escovar*, Instituto de Estudios Jurídicos del Estado Lara, Barquisimeto, 2004, p. 506-507. Las contradicciones y críticas en general de esta norma, aun cuando se hacen en referencia al proyecto de la hoy derogada Ley del Contrato de Seguro, mantienen plena vigencia habida cuenta que el texto de la norma del proyecto fue incluido en la Ley, la cual –además– fue prácticamente copiada en las vigentes Normas. Al respecto, *vid. Idem.*

[91] Sobre el principio de buena fe en los contratos, en general, y en los contratos mercantiles, en particular, entre otros, *vid.* ORDOQUI CASTILLA, Gustavo, *Buena fe en los contratos*, Editorial Temis – Editorial Ubijus – Editorial Zavalía – Editorial Reus, Buenos Aires – Bogotá – México D.F. – Madrid, 2011, *in totum*, pero, en especial, p. 67-72; GONZÁLEZ CARVAJAL, Jorge I., "Notas dispersas sobre la buena fe en el Derecho venezolano, casos paradigmáticos y «nuevas» dimensiones", *Revista Derecho y Sociedad*, N° 7, Universidad Monteávila – Facultad de Ciencias Jurídicas y Políticas, Caracas, 2016, p. 167-206; y RAMÍREZ PAESANO, Juan Carlos, "La buena fe en los seguros mercantiles", *Revista Venezolana de Derecho Mercantil*, N° 3, Sociedad Venezolana de Derecho Mercantil, Caracas, 2019, p. 131-147.

fin de que, hasta la parte menos conocedora del área, pueda tener acceso a la información de una manera sencilla y directa"[92].

Y así ha sido recientemente reconocido por la Sala de Casación Civil, al indicar –reiterando la posición de débil jurídico del asegurado–, lo que sigue:

"De igual forma, el usuario de la actividad aseguradora, es decir el contratante asegurado, es considerado de manera especial por nuestro legislador como débil jurídico de esta actividad, **por ende la Ley *in commento*, garantiza que la interpretación del contrato de seguros, se haga a favor del tomador, asegurado o beneficiario**, por lo cual, el juzgador de alzada tenía la obligación en atención a lo previsto en el artículo 4 de la Ley del Contrato de Seguro, de garantizar una motivación equilibrada para satisfacer el derecho demandado por el asegurado, de ser el caso"[93] (resaltado agregado).

Por su parte, en un voto salvado de la sentencia N° 21-0477 del 7 de julio de 2022, se manifestó que:

"Esta protección no es una formulación legal teórica, es un mandato de inexcusable cumplimiento que se ha de concretar conforme al principio constitucional establecido en el artículo 21.2 de la Constitución de la República Bolivariana de Venezuela que dispone que «[l]*a ley garantizará las condiciones jurídicas y administrativas para que la igualdad ante la ley sea real y efectiva, adoptará*

---

[92] RODRÍGUEZ R. DE BELLO, Gladys J., *Ley del Contrato de Seguro y Ley de la Actividad Aseguradora comentadas*, Ediciones Paredes, Caracas, 2011, p. 35.

[93] Sentencia dictada por la Sala de Casación Civil del Tribunal Supremo de Justicia el 11 de noviembre de 2022. Ponencia del Magistrado Henry José Timaure Tapia. Caso: Multiservicios Gran Prix, C.A. vs. Seguros Guayana, C.A. Expediente N° 2020-000089.

medidas positivas a favor de personas o grupos que puedan ser discriminados, marginados o vulnerados; protegerá especialmente a aquellas personas que por alguna de las condiciones antes especificadas, se encuentren en circunstancias de debilidad manifiesta y sancionará los abusos o maltratos que contra ellas se cometan», dispositivo que contiene una especial garantía en materia de seguros, en el sentido, de que **las pólizas deben en todo momento interpretarse en beneficio del asegurado o asegurada, por ser éste –por lo general– la parte más débil en el contrato**"[94] (cursivas del texto y resaltado agregado).

En definitiva, lo que nos interesa resaltar en este punto es que tanto las Normas, como la derogada Ley del Contrato de Seguro y la jurisprudencia, reiteran la necesidad de que cualquier interpretación de estos contratos siempre debe hacerse *en beneficio* del tomador, beneficiario o asegurado, destacándose su condición de débil jurídico, entre otras razones, por su falta de participación en la elaboración del contrato.

---

[94] Voto salvado por el Magistrado Calixto Ortega Ríos, en la sentencia dictada por la Sala Constitucional del Tribunal Supremo de Justicia el 7 de julio de 2022. Ponencia de la Magistrada Lourdes Benicia Suárez Anderson. Caso: Inversiones J.P.K., C.A. vs. Seguros Altamira, C.A. Expediente N° 21-0477.

CAPÍTULO IV

CLASIFICACIÓN DE LOS SEGUROS Y EL SEGURO CONTRA DAÑOS

CLASIFICACIÓN DE LOS SEGUROS Y
EL SEGURO CONTRA DAÑOS

1. *A modo de introducción*

Corresponde ahora comentar, así sea brevemente, la cuestión de las múltiples clasificaciones que en doctrina se han presentado en cuanto a los contratos de seguros, así como la definición del seguro contra daños y su carácter indemnizatorio, aspecto éste que dará lugar al importantísimo tema, en general y a nuestros fines, en particular, del principio indemnizatorio, por lo cual se revisarán también conceptos relevantes, como lo son el interés asegurable, su valor y la relación con la suma asegurada.

2. *Clasificación de los seguros*

Son varias las clasificaciones que se han efectuado de los seguros, en atención a diferentes elementos, características o propiedades de estos, como lo son: (i) los objetos del seguro, (ii) sus sistemas de explotación y organización, (iii) la cantidad de riesgos que abarque el contrato; y (iv) el lugar en donde puedan ocurrir los siniestros[95]. En esta misma línea se ha pronunciado la doctrina comparada, en definitiva, acordando que son muchas las clasificaciones que se pueden hacer de los seguros[96].

Las Normas, aun cuando no establecen una clasificación como tal[97], dividen los seguros en dos grandes grupos: (i) seguros contra daños, y (ii) seguros de personas.

Dentro de los *seguros contra daños*, las Normas incluyen en su Título III (Del Seguro contra los Daños), los seguros de:

1.   Daños en general (capítulo I de las Normas);

2.   Incendio (capítulo II de las Normas);

3.   Sustracción ilegítima (capítulo III de las Normas); y

4.   Transporte terrestre (capítulo IV de las Normas).

Por su parte, dentro de los *seguros de personas*, se incluyen en el Título IV de las Normas (Del Contrato de Seguro de Personas) los de:

---

[95]   *Cf.* CHANG DE NEGRÓN, Kimlen y NEGRÓN CHACÍN, Emilio, *op. cit.*, p. 175.

[96]   Al respecto, entre otros, *vid.* GARRIGUES, Joaquín, *op. cit.* (1ª edición), p. 43 y siguientes; GUARDIOLA LOZANO, Antonio, *Manual de introducción al seguro*, Editorial Mapfre, Colección Universitaria, Madrid, 2001, p. 63-96; MANES, Alfred, *Tratado de seguros. Teoría general del seguro*, Editorial Logos, Ltda., Madrid, 1930, p. 13-18; HARDY IVAMY, Edward Richard, *General principles of insurance law*, Butterwoth & Co., 4ª edición, Londres, 1979, p. 7-10; MONETTE, Félix, DE VILLÉ, Albert y ANDRÉ, Robert, *op. cit.,* p. 46-67; DONATI, Antigono, *op. cit.*, p. 181-184; ELGUERO MERINO, José M., *op. cit.*, p. 25-30; y VASQUES, José, *op. cit.*, p. 37-55.

[97]   Al igual que se encontraba dispuesto en la derogada Ley del Contrato de Seguro, dividido en dos títulos: (i) Título III "Del seguro contra los daños" (artículos 57 y siguientes); y (ii) Título IV "Del contrato de seguro de personas" (artículos 88 y siguientes).

1. Vida (capítulo II de las Normas);

2. Accidentes personales (capítulo III de las Normas);

3. Salud (capítulo IV de las Normas); y

4. Colectivos (capítulo V de las Normas).

Como lo recuerda MORLES, "la distinción entre seguros de daños y seguros de personas es común"[98], considerando que los primeros (seguros de daños o, como han sido denominados en la legislación vigente, "seguros contra daños"), a su vez se dividen[99] en:

1. Seguros de cosas (dentro de los cuales se encuentran el de incendio, robo o transporte);

2. Seguros de crédito;

3. Seguros de responsabilidad;

4. Seguro de responsabilidad civil de automóvil; y

5. Seguro de lucro cesante.

3. *Definición del seguro contra daños y su carácter indemnizatorio*

Sobre la definición del seguro contra daños, se encuentra la propuesta de SUPINO, quien indica que se trata de:

"(…) un contrato por el que una persona, generalmente una compañía, se obliga mediante una retribución, que se llama prima, a resarcir las pérdidas o los daños que puedan sobrevenir a otra persona por determinados casos fortuitos o de fuerza mayor. De lo cual resulta que el seguro contra los daños es un **contrato de indemnización**, el cual, teniendo por carácter esencial **el resarcimiento de un daño**, no puede

---

[98] MORLES HERNÁNDEZ, Alfredo, *Curso… cit.*, p. 126.

[99] *Cf. Ibid.*, p. 147-153.

procurar al asegurado un beneficio, o sea resolverse en una indemnización superior al daño mismo"[100] (resaltado agregado).

Los seguros contra daños, en definitiva, "responden al sistema de la concreta cobertura de necesidad, esto es, de la prestación del asegurador ajustada al daño realmente sufrido"[101].

De otro lado, CRUZ SUÁREZ ha considerado que "el seguro contra los daños es aquel que, como su nombre lo indica, busca resarcir el perjuicio o detrimento patrimonial sufrido por el asegurado en virtud de la materialización del riesgo asegurado", razón por la cual agrega que "en concordancia con la definición de seguro contra los daños ya explicada, éstos resultan ser **seguros de indemnización objetiva o estricta**, por lo cual se limitan a la mera compensación del daño sufrido por el asegurado"[102] (resaltado agregado).

En suma, los seguros de daños, como bien lo permite apreciar su propia nomenclatura, tienen como finalidad reparar o indemnizar un daño o, dicho en otras palabras, "preservar incólume el patrimonio del asegurado"[103]. Por ello "la categoría del seguro contra daños se fundamenta en el llamado principio *indemnizatorio*, conforme al cual el asegurado debe ser resar-

---

[100] SUPINO, David, *Derecho mercantil*, La España Moderna, Madrid, 1895, p. 319-320.

[101] GARRIGUES, Joaquín, *op. cit.* (1ª edición), p. 47.

[102] CRUZ SUÁREZ, Andrea, "El seguro contra la interrupción de los negocios en el marco de la pandemia del Covid-19", *Revista Venezolana de Derecho Mercantil*, Nº 4, Sociedad Venezolana de Derecho Mercantil, Caracas, 2020, p. 483-503.

[103] ACEDO MENDOZA, Manuel y ACEDO SUCRE, Carlos Eduardo, *op. cit.*, p. 201.

cido en función de las pérdidas efectivamente sufridas y en correspondencia con el interés asegurado"[104].

En este sentido, el seguro contra daños "es un contrato de indemnización cuya finalidad, excluida toda idea de lucro, es restablecer las cosas garantizadas en el ser y estado en que se encontraban antes del siniestro, mediante la reparación del valor de las pérdidas. El asegurado, en virtud del contrato, se mantendrá en la misma posición que tenía al sobrevenir el desastre; el asegurador, para indemnizar los daños, debe colocarse, por tanto, donde estaba el asegurado en aquel momento, reemplazándole en la situación en que se hallaba inmediatamente antes de producirse el siniestro"[105].

Por lo tanto, queda en evidencia que en este tipo de contrato de seguro es de carácter *fundamental* –y aquí la clave respecto a nuestro objeto de estudio–, la noción de *indemnización*, es decir, el resguardo o restitución del *patrimonio* del asegurado, en caso de que ocurra un siniestro, a la misma situación que tenía previo a ello. En esta línea, se ha pronunciado recientemente la Sala de Casación Civil, en los términos siguientes:

"Una de las características fundamentales del contrato de seguros es la indemnización, la cual busca el asegurado, una vez ocurrido el siniestro, para **obtener el reintegro o restitución, de su patrimonio de inmediato**, hasta las cantidades ofrecidas en la cobertura (…) En consecuencia, la naturaleza jurídica de este especial contrato estipulado de manera consensual, **persigue de manera inequívoca** para el asegurado, garantizar a través de la relación con la empresa

---

[104] MORLES HERNÁNDEZ, Alfredo, *Curso… cit.*, p. 142.

[105] BENÍTEZ DE LUGO, Luis, *Tratado de seguros. III. Los seguros de daños*, volumen 2, Instituto Editorial Reus, Madrid, 1955, p. 11.

aseguradora y el pago de una prima, **resguardar su patrimonio en casos de siniestros**"[106] (resaltado agregado).

Por lo tanto, insistimos en esta importante característica de los contratos de seguros (la indemnización), la cual busca proteger al asegurado de un atentado a sus derechos patrimoniales[107] y que, en definitiva, "el asegurado busca, una vez ocurrido el siniestro, el reintegro de su patrimonio o la restitución de su patrimonio, de inmediato, hasta las cantidades ofrecidas en la cobertura, a fin de restituir o reparar su patrimonio al estado original antes de que se produjera el siniestro"[108].

4. *Del interés asegurable*

El interés asegurable es esencial en los seguros contra daños, ya que lo que busca este tipo de seguro es proteger o resguardar la cosa asegurada de cualquier riesgo de daño o pérdida, y de eso justamente se trata el *interés asegurable* o, dicho en otras palabras, "el objeto del seguro es el interés. En un sentido económico y con especial aplicación a los seguros contra daños, el interés es la relación por virtud de la cual alguien sufre un daño patrimonial como consecuencia de un hecho determinado (…). Por ello, el interés está estrechamente ligado al riesgo, pues solamente implican riesgo para el sujeto los bienes respecto de los que tiene interés en su conservación"[109].

---

[106] Sentencia dictada por la Sala de Casación Civil del Tribunal Supremo de Justicia el 11 de noviembre de 2022. Ponencia del Magistrado Henry José Timaure Tapia. Caso: Multiservicios Gran Prix, C.A. vs. Seguros Guayana, C.A. Expediente N° 2020-000089.

[107] *Cf.* MAZEAUD, Henri, MAZEAUD, León y MAZEAUD, Jean, *Lecciones de Derecho civil. Los principales contratos (continuación)*, parte III, volumen 4, Ediciones Jurídicas Europa-América, Buenos Aires, 1974, p. 564.

[108] RODRÍGUEZ R. DE BELLO, Gladys J., *Ley… cit.*, p. 33.

[109] DEL CAÑO ESCUDERO, Fernando, *op. cit.*, p. 429.

En Venezuela, las Normas y también la derogada Ley del Contrato de Seguro, establecen sobre el interés asegurable, lo siguiente:

Artículo 59 de las Normas: "Puede ser materia del seguro contra los daños **todo interés económico, directo o indirecto, en que un siniestro no se produzca**.// La ausencia de interés asegurable al momento de la celebración produce la nulidad del contrato.// En un mismo contrato podrán estar incluidas coberturas para amparar diversos riesgos o tipos de seguro; sin embargo, deberán cumplir con las disposiciones establecidas para cada seguro en particular" (resaltado añadido).

Artículo 57 de la Ley del Contrato de Seguro (derogada): **"Todo interés económico, directo o indirecto, en que un siniestro no se produzca**, puede ser materia del seguro contra los daños. La ausencia de interés asegurable al momento de la celebración del contrato produce la nulidad del mismo.// En un mismo contrato podrán estar incluidas coberturas para amparar diversos riesgos o tipos de seguro; pero deberán cumplir con las disposiciones establecidas para cada seguro en particular" (resaltado agregado).

Se puede apreciar, nuevamente, como no hay cambio sustancial relevante entre el artículo de las Normas y el de la Ley del Contrato de Seguro (más allá de un cambio en el orden de las palabras). Reiterándose –una vez más– el sinsentido del cambio de un instrumento de rango legal (la Ley del Contrato de Seguro), por un instrumento de rango sub-legal (las Normas dictadas por la SUDEASEG).

Este elemento particular del contrato de seguro (el interés) es esencial, entre otras razones, a efectos de fijar la indemnización en los seguros contra daños. BROSETA PONT define así al interés asegurable como "la relación entre una persona (asegurado) y una cosa, derecho o patrimonio (objeto asegurado) susceptible de valoración pecuniaria, relación que puede sufrir un daño por consecuencia de un evento o suceso determinado"[110]. Se aprecia que diferentes autores definen al interés asegurable de forma muy similar, por ejemplo, para LE BOULENGÉ "es la relación susceptible de valoración económica entre un sujeto y una cosa para satisfacer una necesidad"[111], mientras que, según MORLES, "se llama *interés* la relación de contenido económico o susceptible de valoración económica entre un sujeto y un bien"[112].

En definitiva, "por interés se ha venido entendiendo tanto doctrinal como jurisprudencialmente la relación jurídica-económica que une a un sujeto con un bien o cosa, pero también con su propia persona, la cual es susceptible de valoración económica, por lo que su pérdida, su detrimento o su minusvaloración habrá de ser compensada, en la medida de lo posible, por la indemnización del seguro. Dañado el bien, la cosa, como consecuencia de un siniestro, el interés a la conservación y utilidad de la cosa se transforma en un interés al resarcimiento y, por consiguiente, a obtener una indemnización del asegurador que **tiene una clara función reintegradora** de la utilidad fenecida y ahora sustituida bien en dinero, bien en otra cosa siempre que la póliza o el condicionado lo hubiere previsto. Como bien se ha dicho, no son las personas o las cosas las que se aseguran, sino los intereses que estas personas tienen y proyectan sobre esas cosas o en su caso sobre su persona y vida"[113] (resaltado agregado).

---

[110] BROSETA PONT, Manuel, *Manual de Derecho mercantil*, Tecnos, 10ª edición, Madrid, 1994, p. 578-579.

[111] LE BOULENGÉ, Jean-Marie, *op. cit.,* p. 38.

[112] MORLES HERNÁNDEZ, Alfredo, *Derecho... cit.*, p. 320.

[113] VEIGA COPO, Abel B., *Tratado del contrato de seguro*, Civitas – Thomson Reuters, 2ª edición, Madrid, 2012, p. 558-559.

Sobre este tema, DEL CAÑO aclara que "la significación jurídica del interés asegurable en los seguros contra daños consiste en que sólo puede contratar este seguro quien tenga interés en que el siniestro no se produzca por encontrarse en alguna relación económica con la cosa asegurada; de aquí se deduce que nadie pretenderá asegurar contra daños una cosa en la que no tenga interés alguno"[114].

Y como bien lo deja claro FERRI, "sin interés no puede haber riesgo, no puede haber por tanto aquella asunción del riesgo en que se sustancia el seguro. Si en cualquier forma, directa o indirectamente, el asegurado no tuviera interés, tampoco podría correr para él el riesgo alguno lo que haría nulo o inválido el contrato"[115].

Algunos autores consideran el interés asegurable como la *causa* del contrato de seguros, y otros como el *objeto*. Ahora bien, independientemente de esta doble caracterización del interés, y como bien indica PISANI, lo cierto es que el mismo constituye un elemento fundamental del contrato y "centra en sí los propósitos fundamentales de la institución: no permitir su transformación en figuras afines e impedir el siniestro voluntario"[116].

Haciéndonos de las nociones presentadas por GÓMEZ SÁNCHEZ y MARTÍNEZ DEL RÍO[117], se puede decir que son dos los requisitos indispensables del interés asegurable, a saber:

---

[114] DEL CAÑO ESCUDERO, Fernando, *op. cit.*, p. 429.

[115] Cita obtenida en RUÍZ RUEDA, Luis, *op. cit.*, p. 166.

[116] PISANI RICCI, María Auxiliadora, *Contratos de seguro y reaseguro. Observaciones al Proyecto de Ley*, Ediciones Libra – Universidad Central de Venezuela, Caracas, 1990, p. 144.

[117] *Cf.* GÓMEZ SÁNCHEZ, Carlos Andrés y MARTÍNEZ DEL RÍO, Natalia, "El interés asegurable como un elemento esencial del contrato

1. Debe ser lícito y

2. Debe ser cuantificable, estimable en dinero.

Por su parte, es importante recordar, por un lado, que "distinto del interés es el riesgo, que es aquel evento negativo que puede amenazar la cosa o bien asegurado sobre la que el sujeto tiene un interés y que, de llegar a materializarse en un futuro, daría lugar al siniestro"[118].

En definitiva, se quiere resaltar que la finalidad del contrato de seguro, especialmente contra daños, radica en el interés o, mejor dicho, en el aseguramiento de intereses, "entendiendo el interés, según se ha visto, como relación, o mejor situación relacional, entre una persona y cosas o derechos, que sea susceptible de valoración económica y de verse afectada por un daño, la titularidad del mismo es imprescindible para la obtención de la reparación o de la suma en la que se estima el daño. Sin esta titularidad no hay indemnización, aunque esto es más cierto en los seguros de daños que en los de vida"[119].

5. *Del valor del interés y la suma asegurada*

Es importante entender, como ya se indicó, que distinto son el *valor del interés* y la *suma asegurada* (monto máximo de indemnización asumida por el asegurador), siendo ésta última una cantidad determinada por la voluntad de las partes en el contrato de seguro suscrito por ellas (sin olvidar el carácter de contrato por adhesión estudiado en este tipo de contrato).

---

de seguro de daños", *Revista ibero-latinoamericana de seguros*, volumen 21, N° 36, Bogotá, 2012, p. 21-25.

[118] GARCÍA GIL, Francisco Javier, *op. cit.*, p. 128.

[119] LACRUZ MANTECÓN, Miguel Luis, *Formación del contrato de seguro y cobertura del riesgo*, Editorial Reus, Madrid, 2013, p. 83-84. Disponible en: https://elibro-net.ezbusc.usc.gal/es/ereader/busc/4652 9?page=84.

Y cómo ya mencionáramos anteriormente, el *interés asegurable* es la relación que existe entre el asegurado y la cosa, derecho o patrimonio (bien asegurado), el cual se quiere proteger o resguardar de un potencial daño por consecuencia de un evento o suceso determinado[120], siendo en consecuencia el *valor del interés*, la cuantificación o valor económico que se le da a ese interés sobre determinados bienes. Es importante aclarar que ese interés asegurable tampoco se refiere al objeto en riesgo en sí mismo, como se ha indicado se trata de una relación entre una persona y un bien que ha de ser el objeto del seguro, de manera que el interés de conservar ese bien le sea beneficioso a la persona, y su deterioro o pérdida signifique un quebranto patrimonial, evidentemente expresable en dinero[121].

Por su parte, "la suma asegurada, puede reflejar o no el valor efectivo de los objetos y el importe de la indemnización, y constituye solamente una apreciación subjetiva por parte del asegurado del valor que atribuye a la cosa en el momento del contrato, y por ello es el límite máximo de la garantía que cubre el asegurador, cualquiera que sea la extensión del siniestro que pueda ocurrir"[122].

La suma asegurada viene a ser el límite máximo de la garantía o responsabilidad que asume la empresa aseguradora, "no representa, por tanto, el valor del interés asegurable, sino la cifra en que ese interés es asegurado como máximo en el contrato de seguro para el caso de siniestro"[123].

---

[120]   *Cf.* BROSETA PONT, Manuel, *op. cit.*, p. 578-579.

[121]   DE LA CAMPA, Olga, *Léxico de seguros*, Premio Ancla 1982, Biblioteca Técnica Segurosca, Caracas, 1982, p. 149.

[122]   BENÍTEZ DE LUGO, Luis, *Problemas... cit.*, p. 14-15.

[123]   SÁNCHEZ CALERO, Fernando, "Comentario art. 27 LCS", en SÁNCHEZ CALERO, Fernando (Dir.), *Ley de Contrato de Seguro. Comentarios a la Ley 50/1980, de 8 de octubre, y a sus modificaciones*, Aranzadi, 4ª edición, Pamplona, 2010, p. 626.

En palabras de BATALLER GRAU: "el otro límite que encuentra la indemnización es la suma asegurada, la cual viene determinada en el contrato de seguro. Frente al valor del interés y al valor del daño que son apreciados objetivamente, siendo realidades constatables con independencia de la voluntad de las partes, la suma asegurada es una cantidad fijada en el contrato de seguro y, por tanto, fruto de una declaración de voluntad. La suma asegurada es el valor máximo que el asegurador se compromete contractualmente a pagar y manifiesta la voluntad de aseguramiento del tomador. Si el valor del interés es el valor asegurable, la suma asegurada es el valor asegurado"[124].

Así, en los seguros en los que se pretende la restitución plena, tanto el valor del *interés asegurable* como el monto fijo de indemnización o *suma asegurada* determinada en el contrato, coinciden a plenitud y es que precisamente, como lo hemos venido demostrando, es esto lo que busca en principio el tomador, asegurado o beneficiario al contratar un seguro. Distinto es, si los asegurados, beneficiarios o tomadores de forma consciente o voluntaria contratan un seguro bajo la figura de *infraseguro (voluntario)*, con la finalidad (entre otras posibles) de obtener una prima reducida, en cuyo caso –sin duda– no habrá relación alguna (no puede haberla) entre el valor del interés asegurable y la suma asegurada. Éste no el caso de estudio, como se ha indicado y que se profundizará más adelante.

---

[124] BATALLER GRAU, Juan, *La liquidación del siniestro en los seguros de daños*, Mutua de Seguros – Valencia de Taxis – Tirant Lo Blanch, Valencia, 1997, p. 91.

CAPÍTULO V

EL PRINCIPIO INDEMNIZATORIO
(Y EL DERECHO DE SUBROGACIÓN)

Capítulo V

El principio indemnizatorio (y el derecho de subrogación)

1. *A modo de introducción*. 2. *Sobre el principio indemnizatorio*. A. Tratamiento del principio indemnizatorio en la derogada Ley del Contrato de Seguro y en las Normas vigentes. B. Definición del principio indemnizatorio. C. Perspectiva (estándar) adoptada del principio indemnizatorio en la normativa: ¿potencial generación de un detrimento económico? 3. *Sobre el derecho de subrogación*. A. Tratamiento del derecho de subrogación en la derogada Ley del Contrato de Seguro y en las Normas vigentes. B. Nociones del derecho de subrogación. C. El principio indemnizatorio como fundamento del derecho de subrogación.

1. *A modo de introducción*

En sintonía con lo que se ha venido indicando hasta ahora, es oportuno abordar en esta oportunidad el tratamiento en la legislación venezolana (y también comparada) de la figura del *principio indemnizatorio*, como principio base de la institución del seguro, así como el *derecho de subrogación* que, como veremos, se encuentra íntimamente ligado al mismo.

A continuación, estudiaremos dichas categorías, tanto en la normativa vigente como en la inmediatamente anterior, hoy derogada, a fines de presentar un análisis comparativo de las mismas y poder evidenciar la compleja situación que se presenta.

2. Sobre el principio indemnizatorio

Se empieza, entonces, por atender el principio indemnizatorio, para luego de plantear algunas consideraciones sobre el mismo, y así continuar con el tratamiento y alcance del derecho de subrogación.

A. Tratamiento del principio indemnizatorio en la derogada Ley del Contrato de Seguro y en las Normas vigentes

Con relación al referido *principio indemnizatorio*, se aprecia que la Ley del Contrato de Seguro, en su artículo 58, establecía a letra que:

"**El seguro no puede ser objeto de enriquecimiento para el asegurado o el beneficiario**. Para la determinación del daño **se atenderá al valor del interés asegurado** en el momento inmediatamente anterior a la ocurrencia del siniestro. El beneficiario tendrá derecho a la corrección monetaria en el caso de retardo en el pago de la indemnización.// Si el valor del interés asegurado al momento inmediatamente anterior a realizarse el siniestro es inferior a la suma asegurada, la empresa de seguros deberá devolver la prima cobrada en exceso, salvo pacto en contrario.// **Las partes podrán sin embargo establecer previamente que la indemnización será una cantidad determinada independientemente del valor del interés asegurado**" (resaltado agregado).

Las vigentes Normas, por su parte, regulan este *principio indemnizatorio* en el artículo 60, según el cual:

116

"**El seguro no puede ser objeto de enriquecimiento para el asegurado o el beneficiario**. Para la determinación del daño **se atenderá al valor del interés asegurado** al momento de la ocurrencia del siniestro.// Si el valor del interés asegurado al momento de la ocurrencia del siniestro es inferior a la suma asegurada, la empresa de seguros o la asociación cooperativa que realiza actividad aseguradora deberá devolver la prima cobrada en exceso, salvo pacto en contrario, deducida la comisión pagada al intermediario de la actividad aseguradora, dentro del plazo de quince (15) días continuos siguientes a la fecha de ocurrencia del siniestro.// **Las partes podrán establecer previamente que la indemnización será una cantidad determinada, independientemente del valor del interés asegurado**" (resaltado añadido).

Aun con sus ligeras diferencias, como se podrá apreciar, la esencia del *principio indemnizatorio* capturada en ambos cuerpos normativos se mantiene intacta, especialmente en lo que se refiere a que el seguro *nunca podrá ser objeto* (aunque realmente debería referirse a causa o fuente) *de enriquecimiento*, expresamente estableciendo tal prohibición en relación únicamente con el *asegurado o el beneficiario*, y que las partes pueden, como comúnmente se hace en los seguros contra daños de cosas, establecer previamente un monto fijo de indemnización, independientemente del valor del interés asegurado.

Ahora bien, se ha considerado que "en la actualidad jurídica aseguradora, puede parecer inútil prestar atención al significado que desempeña el principio indemnizatorio en dicha sede. La razón de ser de este desinterés parece subyacer en la frecuencia con que, en caso de siniestro, la indemnización se encuentra firmemente determinada por los acuerdos alcanzados previamente entre las partes, conforme a unos criterios no estrictamente indemnizatorios"[125].

Por realidades como la referida, si bien en el contexto español, se evidencia la relevancia del estudio, aunado a las situaciones económicas inflacionarias (como la que afecta a Venezuela), en general, y a los contratos de seguro en los cuales se ha fijado firmemente el monto de indemnización en Bs., en lo particular. Ya que, si bien los montos de indemnización se encuentran firmemente determinados "conforme a criterios no estrictamente indemnizatorios", los mismos, en esencia y en principio, buscan la restitución del daño causado. Es decir, el que se determine un monto fijo de indemnización, más allá que no se hayan utilizado criterios objetivos indemnizatorios, no le quita al seguro su carácter propiamente indemnizatorio y de restitución patrimonial, particularmente si esa era la voluntad original de las partes.

B. *Definición del principio indemnizatorio*

Es importante adentrarse, en primer lugar, en el significado y finalidad de este principio tan arraigado en materia de seguros[126] y, especialmente, en el contexto de los seguros contra daños[127]. MORLES enseña que el *fundamento* del seguro contra

---

[125] GIRGADO PERANDONES, Pablo, *El principio indemnizatorio en los seguros de daños. Una aproximación a su significado*, Editorial Comares, S.L., Granada, 2005, p. 1.

[126] Sobre la evolución histórica y origen del principio indemnizatorio, *vid. Ibid.*, p. 11-74.

[127] "Así, se han perfilado dos conocidas direcciones doctrinales (…). La primera (teoría unitaria) se caracteriza por el despliegue del principio indemnizatorio en todas las modalidades contractuales; en cambio, la segunda (teoría dualista) entiende que tal presencia se delimita a los seguros de daños, mientras que se descarta su manifestación en los seguros de personas, entendidos como meros seguros de *sumas*". *Ibid.*, p. 147.

los daños se basa –precisamente– en el principio indemnizatorio, "conforme al cual el asegurado debe ser resarcido en función de las pérdidas efectivamente sufridas y en correspondencia con el interés asegurado. El seguro, en consecuencia, no debe ser motivo para enriquecer al asegurado, ocasión para producir siniestros voluntarios o pretexto para realizar apuestas o especulaciones"[128].

Y en términos similares se encuentra la posición de BROSETA PONT, para quien "la indemnización tan sólo se percibirá si el daño se produce efectivamente y en la medida en que la póliza cubra el daño sufrido. En ningún caso podrá el asegurado percibir una indemnización superior al daño efectivamente producido por el siniestro, porque un principio de carácter imperativo prohíbe que el seguro, a consecuencia de la indemnización excesiva, se convierta en fuente de lucro para él"[129]. Como podemos ir viendo, el principio indemnizatorio lo han venido limitando y restringiendo de cara a la prohibición de que el asegurado reciba una indemnización superior al daño sufrido, como es lógico pensarlo.

A este respecto se encuentra, por su parte, la sentencia dictada por la Sala de Casación Civil del Tribunal Supremo de Justicia, del 1 de agosto de 2012 que, con relación al principio indemnizatorio, establece que el mismo debe siempre regir a favor del asegurado, en el sentido de que éste debe ser resarcido en función de las pérdidas efectivamente sufridas. Así lo plantea:

"De la transcripción parcial de la norma *ut supra* [artículo 58 de la derogada Ley del Contrato de Seguro], se infiere el principio indemnizatorio **la cual debe regir a favor del asegurado o tomador, en el sentido de que se**

---

[128] MORLES HERNÁNDEZ, Alfredo, *Curso... cit.*, p. 142.

[129] BROSETA PONT, Manuel, *Manual de Derecho mercantil*, Tecnos, Madrid, 2006, p. 578.

deberá reconocer la pérdida del valor adquisitivo y ajustar monetariamente el valor del objeto como consecuencia del incumplimiento o retardo en el cumplimiento de la obligación contraída, **pero sin generar ventajas o especulaciones que resulte injusta y contraria a los derechos de los aseguradores**"[130] (resaltado y corchetes agregados).

De las definiciones citadas y la sentencia, se puede identificar –al menos– dos elementos comunes y notas distintivas, de acuerdo con las cuales (i) por un lado, el objeto del principio indemnizatorio es *resarcir* el daño o las pérdidas realmente sufridas, es decir, *restituir* plenamente el patrimonio del asegurado, en la medida que así haya sido acordado, y (ii) por el otro, que como consecuencia de lo anterior, el mismo busca *prohibir* que el seguro se convierta en una fuente de enriquecimiento para el asegurado, por lo tanto, el asegurado debe recibir por concepto de indemnización –ni más, ni menos– lo necesario para cubrir o compensar el daño efectivamente sufrido.

C. *Perspectiva (estándar) adoptada del principio indemnizatorio en la normativa: ¿potencial generación de un detrimento económico?*

Los artículos 58 de la derogada Ley del Contrato de Seguro y 60 de las vigentes Normas, arriba citados, permiten aprehender la razón de ser del tantas veces mencionado *principio indemnizatorio*, a la vez que la intención del legislador de regular la figura del seguro para que no se utilice con el fin de generar un enriquecimiento extracontractual para el asegurado o beneficiario.

---

[130] Sentencia dictada por la Sala de Casación Civil del Tribunal Supremo de Justicia el 1 agosto de 2012. Ponencia de la Magistrada Isbelia Pérez Velásquez. Caso: Clímaco Antonio Marcano vs. Compañía Nacional Anónima de Seguros La Previsora. Exp. N° AA20-C-2012-000094.

A este respecto, MÁRMOL explica sobre la prohibición de enriquecimiento del asegurado que "si el beneficiario pudiera actuar contra el tercero en procura de una indemnización basada en los artículos 1.185 y siguientes del Código Civil, no obstante haber recibido el pago de la garantía dada por el asegurador, en definitiva, por el mismo daño, recibiría una doble indemnización que superaría en su patrimonio el monto de la pérdida"[131]. La intención del legislador venezolano al positivizar este principio en la derogada Ley del Contrato de Seguro, que luego vendría a ser retomado en las vigentes Normas, era evitar que el asegurado se hiciera más rico después del siniestro que antes del mismo, mediante la indemnización de su asegurador[132], como ha sido explicado por la doctrina y jurisprudencia.

Y es que esto tiene pleno sentido: no puede permitírsele al asegurado o beneficiario que desnaturalice la figura del seguro y lo convierta en fuente de lucro, ya que la razón de ser que asiste al tomador para contratar una póliza de seguro contra daños, como lo hemos venido precisando, es garantizar la *restitución* patrimonial mediante la recepción de la indemnización del daño generado por la ocurrencia del siniestro, esto es, la concreción del riesgo, lo cual dista –por definición– de procurarle un *incremento* patrimonial (enriquecimiento) al asegurado o beneficiario como consecuencia del mismo.

Sin embargo, identificamos que el legislador al incorporar este principio en la Ley del Contrato de Seguro, y luego la administración sectorial al retomarlo en las Normas, no tuvieron en cuenta, por un lado, el supuesto que aquí se trae a discusión, que tiene que ver con el caso en el que el asegurado o beneficiario no se vea *realmente indemnizado*, habiendo contratado una póliza (cualquiera que sea) con la intención de ser plenamente restituido, situación que se ve encontrada con la

---

[131] MÁRMOL MARQUÍS, Hugo, *op. cit.*, p. 375.

[132] *Cf.* LE BOULENGÉ, Jean-Marie, *op. cit.*, p. 90.

naturaleza misma del principio indemnizatorio (en su vertiente *indemnizatoria* según e explicara), y por otro lado, tampoco el legislador analizó el supuesto en el que fuese la empresa aseguradora quien –a través de la figura del contrato de seguro– se aprovechase o lucrase por generarse un enriquecimiento *sin causa* (limitándose sólo al asegurado o beneficiario, la otra vertiente del fundamento del principio indemnizatorio, la cual es *prohibir* un enriquecimiento extracontractual).

O lo que es igual, no se ha tenido en cuenta en el pasado –ni se tiene en cuenta en la actualidad– que lo que se pretende evitar del lado del tomador, asegurado o beneficiario de la póliza de seguros, también puede ocurrir del lado de la empresa aseguradora por razones de cuño jurídico-económico, poniéndose en tela de juicio el derecho a obtener una verdadera indemnización por parte del débil jurídico de la relación contractual aseguradora. Esto, evidentemente, no tiene sentido.

Como se pudo constatar anteriormente, los análisis doctrinales y jurisprudenciales sobre el principio indemnizatorio apuntan a que el mismo fue creado para evitar el enriquecimiento –por el uso abusivo de la figura del contrato de seguro– por parte del asegurado o beneficiario, bajo la premisa de que el objeto de este principio es el de garantizar la *restitución* patrimonial del asegurado (no incrementarlo), es decir, que el asegurado o beneficiario se encuentre en una situación patrimonial *idéntica* a la que tenía *antes* de producirse el daño por la ocurrencia del siniestro. Entonces, no pareciera alinearse con la razón misma del principio indemnizatorio que, así como el asegurado no puede enriquecerse a partir de la compensación del daño experimentado, que el asegurador sí experimente un posible incremento patrimonial a partir de una *restitución* que no sea tal, que no indemnice efectivamente y que, con ello, se pudiera hacer más rico después de la ocurrencia del siniestro.

Ni la Ley, las Normas, ni la doctrina o jurisprudencia venezolanas han tratado este problema y estudiado el principio indemnizatorio desde esa dimensión, para analizar (i) su eventual afectación e incidencia en economías inflacionarias, y (ii) desde la perspectiva del posible enriquecimiento del asegurador a costa del asegurado o beneficiario con ocasión a la ocurrencia del siniestro. Y es aquí donde entra en juego el impacto de la realidad económica inflacionaria del país, en los contratos de seguro contra daños con montos de indemnización y sumas aseguradas en Bs., y su posible afectación al patrimonio del asegurado o beneficiario por no verse realmente indemnizado/restituido, y el potencial beneficio o enriquecimiento *sin causa* que experimentaría el asegurador.

Se trae a colación la reflexión que GARRIGUES plantea en esta línea, para precisar que "el íntegro respeto al principio indemnitario exigiría que no sólo cuando el daño efectivo es menor que la suma asegurada se tomase aquél y no ésta como cifra para la indemnización, sino, a la inversa que, si el daño es mayor que la suma asegurada, la indemnización coincidiese con la cuantía de aquél y no con la de ésta. Pero el criterio legislativo no es éste. El principio indemnitario funciona a favor, pero no en contra de los aseguradores"[133].

Debe tenerse en cuenta que los montos fijos de indemnización y/o sumas aseguradas se definen –principalmente– con base en el valor que tiene el bien o interés asegurable en el momento de la suscripción del contrato de seguro, se tomen o no criterios objetivos indemnizatorios, así cuando dichos montos son valorados en Bs. (es decir, que la moneda de cuenta, y también de pago, es el Bs.), por razón de la inflación experimentada en la economía, dicha indemnización al momento de un siniestro (incluso en el transcurso de la vigencia de la póliza) no se corresponderá con la realidad del valor de

---

[133] GARRIGUES, Joaquín, *op. cit.* (1ª edición), p. 173.

dicho bien, lo que se traduce en que la indemnización o suma asegurada fijada en la póliza para la fecha de pago en caso de un siniestro, no cumpliría su finalidad última, cual es –como ha sido explicado–, la *restitución* patrimonial en cualquiera de sus vertientes: (i) bien sea para reparar el daño *parcial* experimentado en el bien asegurado, o (ii) bien sea para reparar el daño *absoluto* (pérdida total) ocasionado en el bien asegurado mediante su reemplazo con la adquisición de uno similar. En palabras de GARRIDO, "la esencia económica del seguro reside en la seguridad de obtener un bien futuro o en conservar un bien presente"[134].

El criterio general de los seguros de daños es el sostener que existe (como en efecto) y aplica el aquí estudiado principio indemnizatorio, en virtud del cual la indemnización a pagar al asegurado debe ajustarse (coincidir) al daño efectivamente causado. Sin embargo, y a pesar de tal reconocimiento, tanto en la doctrina nacional como en la extranjera, la realidad ha demostrado que por diversas circunstancias se afecta y altera el alcance de tal principio[135]. Se reconoce que la indemnización debe *coincidir* con el daño efectivamente sufrido, pero únicamente en la medida que éste sea menor a la máxima garantía asumida por el asegurador, no se reconoce así que la indemnización en verdad *coincida* –punto– con el daño causado (en fiel entendimiento del principio indemnizatorio), ni si quiera en los casos en que esa haya sido la verdadera voluntad de las partes.

Se enfoca la doctrina y la normativa aplicable en *limitar* el pago al monto fijamente establecido como indemnización, en vez de hacer énfasis en que dicho monto debe más bien *coincidir*

---

[134] GARRIDO y COMA, Juan José, *La depreciación… cit.*, p. 18.

[135] *Cf.* GIRGADO PERANDONES, Pablo, *La póliza estimada. La valoración convencional del interés en los seguros de daños*, Marcial Pons, Madrid, 2015, p. 21.

con el daño sufrido y no hablar de *limitaciones* buscando sólo justificar que no le sea pagado al asegurado un monto superior al daño realmente causado. Pareciera, entonces, que actualmente los contratos de seguros y, especialmente, aquéllos en los cuales se determina un monto fijo de indemnización o se limita la suma asegurada, dejan totalmente de lado el principio indemnizatorio, particularmente en su vertiente de garantizar la real y efectiva *restitución* del patrimonio del asegurado, manteniendo –eso sí– la *prohibición* de enriquecimiento de éste, sin analizarlo, además, desde la perspectiva del asegurador.

El de por sí indeseable detrimento patrimonial (daño) experimentado por la ocurrencia del siniestro, paradójicamente se incrementaría –en lugar de restituirse– con el pago de una "indemnización" que no es tal, esto es, con un pretendido "resarcimiento" sustancialmente *inferior* al valor del bien asegurado (además de haberse pagado una prima por una contraprestación prácticamente nula), lo que a su vez y, consecuentemente, operaría como una suerte de "incentivo" para las aseguradoras de calificar como "pérdida total" cualquier siniestro en este tipo de pólizas y un desincentivo para los asegurados de contratar pólizas, afectándose en consecuencia todo el mercado asegurador.

Por lo tanto, se aprecia que, la falta de cumplimiento de la garantía de restitución (o limitación a la garantía), en desvirtuación del principio que acabamos de estudiar, especialmente en economías inflacionarias, sumado a las limitaciones del *sobreseguro* en Venezuela, y la salida fácil, como veremos, del *infraseguro* junto con la aplicación de la regla de proporcionalidad, resultan en un claro sinsentido de la figura del seguro contra daños, y la desvirtualización de su naturaleza jurídica. Sobre esta problemática, se volverá más adelante.

3. *Sobre el derecho de subrogación*

Estando estrechamente vinculado al principio indemnizatorio, recién abordado, se pasa a continuación al análisis del derecho de subrogación.

A. *Tratamiento del derecho de subrogación en la derogada Ley del Contrato de Seguro y en las Normas vigentes*

En este sentido, encontramos que el entonces artículo 71 de la derogada Ley del Contrato de Seguro (2001) establecía, sobre la *subrogación*, lo siguiente:

> "La empresa de seguros **que ha pagado la indemnización queda subrogada de pleno derecho**, hasta la concurrencia del monto de ésta, en los derechos y acciones del tomador, del asegurado o del beneficiario contra los terceros responsables.// Salvo el caso de dolo, la subrogación no se efectuará si el daño hubiese sido causado por los descendientes, por el cónyuge, por la persona con quien mantenga unión estable de hecho, por otros parientes del asegurado o personas que conviven permanentemente con él o por las personas por las que deba responder civilmente" (resaltado agregado).

Por su parte, el artículo 72 de las vigentes Normas, establece que:

> "La empresa de seguros o la asociación cooperativa que realiza actividad aseguradora **que ha pagado la indemnización queda subrogada de pleno derecho**, hasta la concurrencia del monto de ésta, en los derechos y acciones del tomador, del asegurado o del beneficiario contra los terceros responsables.// Salvo el caso de dolo, la subrogación no se efectuará contra las personas de cuyos hechos debe responder civilmente el asegurado, ni contra el causante del siniestro vinculado con el asegurado hasta el segundo grado

de parentesco por consanguinidad o que sea su cónyuge o la persona con quien mantenga unión estable de hecho" (resaltado agregado).

Como se puede apreciar, no existen diferencias significativas, al menos no en la esencia o fondo de los enunciados, entre lo establecido en la derogada Ley del Contrato de Seguro y las vigentes Normas, más allá de la inclusión de la figura de la "asociación cooperativa que realiza actividad aseguradora".

Tenemos entonces que, de conformidad con ambas normas citadas, la *subrogación*: (i) opera de pleno Derecho, (ii) una vez que se ha pagado la indemnización correspondiente, y (iii) hasta la concurrencia de la indemnización.

B. *Nociones del derecho de subrogación*

En virtud de las disposiciones citadas, en lo que se refiere al *derecho de subrogación*, se desprende que, en consecuencia, en los contratos de seguro contra daños se activa –*ipso iure*– el derecho de la empresa de seguros de subrogarse, una vez pagada la respectiva indemnización, en los derechos y acciones del asegurado o beneficiario contra el tercero responsable, hasta la concurrencia del monto de la indemnización.

Así las cosas, se puede entender o concebir el derecho de subrogación "como una salvaguarda del principio indemnizatorio que rige en los seguros de daños. De este modo, se evita que el asegurado pueda lucrarse ejerciendo satisfactoriamente el derecho de crédito frente al asegurador y frente al responsable del siniestro. La doctrina ha entendido que existe una íntima vinculación entre el principio indemnizatorio y la prohibición del cúmulo de prestaciones en la persona del asegurado, lo que justifica el establecimiento legal de la subrogación del asegurador"[136]. En otras palabras: mediante el derecho de subrogación se garantizaría el cumplimiento del principio indemnizatorio, en tanto en cuanto el asegurado no obtendría una *doble compensación*, tanto del asegurador como del tercero responsable y, con ello, un indebido enriquecimiento por razón del daño experimentado.

La subrogación, como se pudo apreciar en las normas citadas, opera de pleno derecho (*ipso iure*), lo cual además ha sido expresamente ratificado por la jurisprudencia[137].

---

[136] ISERN SALVAT, María Rosa, *El derecho de subrogación en el seguro de transporte terrestre de mercancías por carretera*, Marcial Pons, Madrid – Barcelona – Buenos Aires – Sao Paulo, 2013, p. 28.

[137] "En sentencia del 16 de abril de 2008, ESTEBAN ALBERTO SÁNCHEZ VILLEGAS contra la Compañía de SEGUROS CARACAS DE LIBERTY MUTUAL, C.A., el Juzgado Superior Primero Civil, Mercantil y de Menores del Estado Lara señaló: «En relación a esta defensa, –la aseguradora había invocado la excepción de contrato no cumplido señalando que **el asegurado no la había subrogado**– quien juzga considera oportuno citar lo que adujo el tribunal a-quo en cuanto a esta excepción opuesta por la demandada, lo cual es del tenor siguiente: '2.2) Sobre la excepción alegada por la demandada referida a la *Exceptio Non Adimpleti Contractus*, porque considera que existe una obligación simultánea en cuanto al pago de la indemnización debida por el siniestro y el traspaso de los derechos que le corresponden al asegurado o beneficiario de la póliza a favor de la aseguradora, tiene este Tribunal las siguientes consideraciones: a) En el punto b) de **la sección 2.1) del presente fallo se especificó debidamente cómo opera la subrogación en materia de derecho de seguros**, el cual a los fines de evitar reiteraciones innecesarios, las damos por reproducidas en esta sección, de tal manera que, a criterio de quien juzga, y después del análisis realizado a la doctrina la ley y el contrato de seguros suscrito, se determinó que **la subrogación no constituye una obligación simultánea**, por lo que de conformidad con lo establecido en el artículo 1.168 del Código Civil, la *Exceptio Non Adimpleti Contractus*, no es procedente en el presente caso ya que esta excepción no prospera cuando el incumplimiento obedece a la propia conducta de la

No obstante, lo anterior, para que opere la subrogación automática igualmente deben cumplirse ciertas condiciones o respetarse determinadas limitaciones, a saber:

1. La empresa aseguradora debe haber *pagado* la indemnización correspondiente;

2. El daño debe haberse causado por una acción dolosa o culposa de un *tercero*;

3. La subrogación será hasta por la *concurrencia* del monto pagado por la empresa aseguradora;

4. En caso de *dolo*, la subrogación no se efectuará contra las personas de cuyos hechos debe responder civilmente el asegurado, ni contra el causante del siniestro

---

aseguradora excepcionante, y a la luz de lo que específica la cláusula 6 del condicionado general y en el segundo párrafo de la cláusula 11 de las condiciones particulares de la póliza contratada, **después de recibir la indemnización el tomador, el asegurado o beneficiario, es que le nace la obligación a éstos de realizar todos los actos necesarios para traspasar la propiedad** del vehículo a la aseguradora. Y así se decide. b) En los contratos de seguros, **por imperio de la ley**, en toda indemnización pagada por el asegurador, **éste queda subrogado *ipso iure*** en los derechos que le correspondan al asegurado o beneficiario hasta el monto efectivamente pagado, tal como quedó ut supra establecido. En síntesis, **una vez que la aseguradora pague la indemnización correspondiente, surge <u>automáticamente</u> el derecho a la subrogación, sin que sea necesaria alguna otra formalidad** o alguna actuación por parte del beneficiario de una póliza, por lo que la defensa opuesta en este sentido por la demandada no debe prosperar, y así se establece'. En este sentido, este Juzgador hace suyo dicho argumento, porque tal como lo establece el artículo 71 del Decreto Con Fuerza de Ley del Contrato de Seguros, es decir, **una vez que la aseguradora paga la indemnización correspondiente, se produce la subrogación, sin que sea necesaria alguna actuación por parte del beneficiario de la póliza,** por lo que esta excepción se desestima, así se decide»" (resaltado y subrayado agregado). Cita tomada en: CHANG DE NEGRÓN, Kimlen y NEGRÓN CHACÍN, Emilio, *op. cit.*, p. 226-227.

vinculado con el asegurado hasta el segundo grado de parentesco por consanguinidad o que sea su cónyuge o la persona con quien mantenga una unión estable de hecho.

Todo ello, sin duda, es razonable –*como deber ser*– en el caso de los seguros contra daños, es decir, cuando el tomador asegura un bien, y de ocasionarse cualquier daño parcial o total por causa de un tercero, el mismo es cubierto por la empresa aseguradora, asumiendo que el monto de la indemnización busca la reposición del bien como nuevo por cualquier reparación parcial o la sustitución por uno similar en casos de pérdida total, en otras palabras, para lograr la *restitución* del detrimento patrimonial experimentado, ni más ni menos. Habiendo tenido lugar lo anterior, puede entonces la aseguradora –una vez pagada la indemnización y hasta la concurrencia de ésta– subrogarse en las acciones y derechos del asegurado contra el tercero que generó el daño indemnizado como consecuencia del siniestro ocurrido.

C. *El principio indemnizatorio como fundamento del derecho de subrogación*

Se puede decir que el derecho de subrogación tiene una *doble finalidad o función*[138]. Así, ISERN SALVAT explica que

---

[138] Al respecto, *vid*. TATO PLAZA, Anxo, *La subrogación del asegurador en la Ley de contrato de seguro*, Tirant Lo Blanch, Valencia, 2002, p. 35-38; SÁNCHEZ CALERO, Fernando, "Comentario art. 43 LCS", en SÁNCHEZ CALERO, Fernando (Dir.), *Ley... cit.*, p. 948-981; GARRIGUES, Joaquín, *op. cit.* (2ª edición), p. 197-198; IGLESIAS PRADA, Juan Luis, "La subrogación del asegurador en el seguro marítimo", *Revista Española de Seguros*, N° 25, Editorial Española de Seguros, Madrid, 1981, p. 19-37; DONATI, Antigono, *Trattato del Diritto delle assicurazione private*, volumen 2, Dott. Antonino Giuffré Editore, Milán, 1954, p. 465-466; VIVANTE, Cesare, *Il Contratto di assicurazione. Le assicurazioni terrestri*, volumen 1, Ulrico Hoepli

"tradicionalmente, el establecimiento de la figura de la subrogación del asegurador ha descansado sobre una doble finalidad. Por un lado, evitar que el asegurado pueda enriquecerse ejercitando los dos derechos de crédito que la producción de un siniestro amparado por la cobertura del seguro y del que se deriva la responsabilidad de un tercero, le confieren. Por otro lado, impedir que el tercero quede liberado, a costa de la existencia de un contrato de seguro del que no es parte, de las consecuencias patrimoniales que se deriven de su responsabilidad en la producción del siniestro"[139].

En Venezuela, PISANI RICCI, en su estudio sobre el primer Proyecto de Ley sobre los Contratos de Seguro y Reaseguro, ya indicaba que "la subrogación está instituida en salvaguarda del principio indemnitario. En efecto, ante la acumulación de indemnizaciones (frente al asegurador, por el hecho ilícito –art. 1185 del Código Civil–) el asegurado encontraría en el seguro una fuente de enriquecimiento. Pero también busca que el tercero no escape a su responsabilidad, aprovechándose indebidamente de un contrato de seguro del cual no fue parte, en contravención del art. 1166 del Código Civil"[140].

Editore – Librario, Milán – Napole – Pisa, 1885, p. 436; GÓMEZ CALERO, Juan, "Los derechos de reintegro del asegurador en la Ley de Contrato de Seguro", en VERDERA Y TUELLS, E. (Dir.), *Comentarios a la Ley de Contrato de Seguro*, Colegio Universitario de Estudios Financieros, Madrid, 1982, p. 745-752; PICARD, Maurice y BESSON, André, *Les assurances terrestres en Droit francais. Le contrat d'assurance*, tomo I, Libraire Générale de Droit et de Jurisprudence, 4ª edición, París, 1975, p. 500-503.

[139]   ISERN SALVAT, María Rosa, *op. cit.*, p. 25-26.

[140]   PISANI RICCI, María Auxiliadora, *op. cit.*, p. 201.

Más allá de que se suele hablar de una "doble finalidad" del derecho de subrogación, MORLES HERNÁNDEZ presenta una tercera. Según el autor, la fundamentación de la regla de la subrogación se basa en varias razones: (i) evitar, como hemos dicho, que el asegurado se enriquezca injustamente, cobrando tanto de parte del asegurador como del tercero responsable del daño; (ii) impedir que, por la existencia de un seguro, el verdadero causante del daño deje de responder; y (iii) permitir a los aseguradores disminuir el costo de los siniestros y, por ende, el valor de las primas que cobran a los asegurados[141].

Así podemos verificar que, el derecho de subrogación establece la prohibición o limitación, en concordancia con el principio indemnizatorio, de que el asegurado, beneficiario o tomador pueda beneficiarse por doble vía, siempre y cuando esto suponga –necesariamente– una reparación superior a la cuantía del verdadero daño sufrido. En este sentido, TATO PLAZA señala, con razón, que "el principio indemnitario sí impide que el asegurado pueda acumular dos reparaciones del mismo daño (la procedente del asegurador y la procedente del tercero responsable) en la medida en que la suma de ambas supere la cuantía del daño sufrido"[142].

En palabras de LE BOULENGÉ, "el legislador quiso quitar al asegurado indemnizado su acción contra el tercero responsable, para garantizar al contrato de seguro su carácter indemnizatorio. De haber permitido la acumulación de la indemnización del asegurador con la del tercero responsable, el asegurado hubiese encontrado, en el contrato de seguro, una fuente de enrique-cimiento"[143].

---

[141] *Cf.* MORLES HERNÁNDEZ, Alfredo, *Derecho... cit.*, p. 395.
[142] TATO PLAZA, Anxo, *op. cit.*, p. 48.
[143] LE BOULENGÉ, Jean-Marie, *op. cit.*, p. 106.

Así, las dos finalidades principales del *derecho de subrogación*, en complemento del *principio indemnizatorio*, son la de (i) prohibir que el asegurado se genere un enriquecimiento por motivo de una doble indemnización con ocasión al contrato de seguro y de su derecho de crédito frente al tercero causante del siniestro, así como la de (ii) impedir que el causante del daño deje de responder por el sólo hecho de la existencia de un contrato de seguro.

CAPÍTULO VI

SOBRE LA CESIÓN DE TITULARIDAD DE LOS BIENES ASEGURADOS Y LAS ATRIBUCIONES DE LA SUDEASEG

CAPÍTULO VI

SOBRE LA CESIÓN DE TITULARIDAD DE LOS BIENES ASEGURADOS Y LAS ATRIBUCIONES DE LA SUDEASEG

1. A modo de introducción. 2. La cesión al asegurador de la titularidad de los bienes asegurados: ¿potencial generación de un beneficio económico (sin causa)? 3. Atribuciones de la SUDEASEG y del Superintendente. A. Atribuciones de la SUDEASEG. B. Atribuciones del Superintendente de la SUDEASEG. *4. Atribuciones administrativas y ¿su "solución" del problema?*

1. A modo de introducción

En este punto, se analizarán ciertas cláusulas contractuales dirigidas a la opción que tienen los asegurados de ceder al asegurador la titularidad de los bienes asegurados, y si esto pudiera o no significar un potencial enriquecimiento *sin causa* para los aseguradores, en los términos que se ha venido adelantando.

Así mismo, se entrará en el detalle de algunas atribuciones otorgadas a la SUDEASEG, con la finalidad de comprobar si son o no suficientes en aras de atender o resolver la problemática planteada en este estudio.

2. *La cesión al asegurador de la titularidad de los bienes asegurados: ¿potencial generación de un beneficio económico (sin causa)?*

Como se desprende de uno de los modelos de póliza anexos a este estudio (véase cláusulas 8 y 9 de las condiciones particulares del Anexo I. "Póliza de Seguro de casco de vehículos terrestres cobertura de pérdida total"), naturalmente aprobado, en los términos explicados arriba (Capítulo III), por la SUDEASEG, y actualmente utilizado por los aseguradores para las coberturas de pérdida total, existen en este tipo de pólizas unas cláusulas típicas, según las cuales el asegurado o beneficiario, en un caso puede (i) *optar* por ceder o traspasar la titularidad del bien asegurado a la empresa aseguradora o conservarlo, cuando el mismo es declarado como "pérdida total"; y en el otro (ii) *optar* por lo que se denomina "pérdida constructiva" o por la "pérdida arreglada", cuando la suma de los daños resulta ser igual o superior a la suma asegurada (lo que siempre ocurrirá en el caso planteado), no siendo considerado del todo como "pérdida total", cuyos particulares enseguida se atenderán.

Así leen los ejemplos de cláusulas:

"CLÁUSULA 8. AJUSTE DE LOS DAÑOS Y PAGO DE LA INDEMNIZACIÓN: (…) Una vez realizado el ajuste de daños y cumplida la entrega de los recaudos exigidos, si el Asegurador determina que el vehículo asegurado es considerado como Pérdida Total, se indemnizará la Suma Asegurada Indicada en el Cuadro Póliza Recibo.// Si la Pérdida Total del vehículo asegurado es por causa distinta a desaparición por Sustracción Ilegítima (Robo, Hurto, Asalto o Atraco) el Asegurado podrá optar por conservar los restos del vehículo asegurado, en cuyo caso, el Importe será deducido de la indemnización, y podrá disponer de los restos a su conveniencia y riesgo. Caso contrario, al producirse la indemnización con abandono de los restos del vehículo, el

Asegurado traspasará a favor del Asegurador los correspondientes derechos de propiedad. Tales actos serán conjuntos y se materializarán con la autenticación del documento que los contiene (…)".

"CLÁUSULA 9. PÉRDIDA CONSTRUCTIVA Y PÉRDIDA ARREGLADA: Si el ajuste de los daños es igual o superior a la suma asegurada, que no llegare a ser considerado Pérdida Total, el Asegurado tendrá derecho a exigir el pago de la Suma Asegurada, con abandono de los restos del vehículo, traspasando a favor del Asegurador los correspondientes derechos de propiedad. Tales actos serán conjuntos y se materializarán con la autenticación del documento que los contiene. En este supuesto el Asegurador quedará obligado a la indemnización exigida.// Las partes podrán convenir el pago de la Suma Asegurada o de una cantidad inferior, no menor al porcentaje de la Suma Asegurada indicado en el Cuadro Póliza Recibo, quedando los restos a favor del Asegurado.// Si el Asegurado optare por la aplicación de la modalidad de Pérdida Constructiva o Pérdida Arreglada, el contrato quedará sin efecto alguno a partir de la fecha de pago".

En el primer caso, los tomadores, asegurados o beneficiarios se obligan, en los –no muy alentadores– escenarios descritos, (i) a *ceder* la propiedad o titularidad de los bienes asegurados afectados por el siniestro, o (ii) a *conservar* los restos, aceptando la deducción de un importe al monto de una indemnización que no indemniza y no restituye la situación patrimonial del asegurado, en el escenario estudiado.

En el segundo caso, y si opta el asegurado por la "pérdida constructiva", es decir, si exige el pago de la indemnización que, como ya se dijo, no indemniza, debe obligatoriamente traspasar la titularidad del bien asegurado. Y si opta por la opción de "pérdida arreglada", puede llegar a mantener los restos del bien asegurado, habiendo llegado a un acuerdo con el asegurador sobre el pago de la suma asegurada o una cantidad inferior (según los porcentajes indicados en el cuadro de la póliza), una suma que, nuevamente, estará lejos de cumplir su propósito: indemnizar.

En los escenarios en que no tiene lugar el traspaso o cesión de la titularidad a la empresa aseguradora del bien asegurado, no se daría el supuesto de enriquecimiento *sin causa* planteado, en tanto la aseguradora al no hacerse del bien, con la potencialidad de posteriormente enajenarlo o gravarlo a un valor mayor (de su valor real, con todo y daños) al monto finalmente dispuesto como pago por concepto de "indemnización", sólo estaría obteniendo como ganancia lo cobrado –legítimamente– por concepto de prima. Sin embargo, igualmente se encontraría el asegurado o beneficiario en la situación desventajosa que se ha venido indicando, ya que en cualquiera de los escenarios, la contraprestación del pago de la prima y contratación del seguro, será obtener una "indemnización" (incluidas además deducciones) en total divorcio del principio indemnizatorio, que a la postre no servirá para lograr el objetivo de la contratación del seguro: desprenderse del riesgo y verse restituido en su situación patrimonial en caso de ocurrir un siniestro sobre el bien asegurado.

Lo señalado no pareciera tener mucho sentido, sobre todo porque, como se indicara brevemente en los capítulos anteriores, el asegurador recibe el monto total de la prima (en casos no financiados), en una moneda y por un valor total no devaluado para el momento que lo recibe, pudiendo disponer inmediatamente de los montos, mientras que para el momento de pago del siniestro, ese monto de "indemnización" no se identificaría –ni cerca– con el monto que le hubiese correspondido pagar en el escenario que el siniestro hubiese ocurrido, por ejemplo, el mismo día que se celebró el contrato, todo por razón de la situación inflacionaria comentada.

De otro lado, en los escenarios donde el asegurado se ve en la obligación de ceder o traspasar a la aseguradora la propiedad del bien asegurado, se aprecia la potencialidad de un enriquecimiento *sin causa* del asegurador, ya que se estaría obteniendo un lucro diferente al nacido de la propia obligación contractual del cobro de primas, de allí la *ausencia de causa*. El enriquecimiento –sin causa– se daría por hacerse la aseguradora del bien producto de la recuperación y salvamento del siniestro, que incluso con el daño causado, tendría un valor muy superior al monto por el cual "lo recibieron", pudiendo eventualmente enajenarlo o gravarlo por el *valor real* (incluido el daño).

Como bien lo expresan ENNECCERUS, KIPP y WOLFF, "el enriquecimiento que surge para un sujeto a expensas de otro, *a pesar de ser conforme* al derecho vigente, puede aparecer como *injustificado* o, como también se dice, *sin causa*, si se pondera el fin último del derecho patrimonial, que no es sino la regulación justa y equitativa de las relaciones patrimoniales. Pero es el caso que con bastante frecuencia el derecho se ve forzado, por razones de seguridad, de exteriorización y de realización de los derechos o por razones de lógica jurídica y por otras múltiples consideraciones, a dar lugar a efectos jurídicos que no son conformes a esa aspiración última"[144], como es el caso que aquí se estudia.

Y en la materia que nos ocupa, específicamente en lo que se refiere a la *causa* de los contratos de seguro, SOLER ALEU apunta que:

> "1°) La causa fuente o causa eficiente es la voluntad de los sujetos, es decir, del asegurador y del asegurado, de celebrar el acto jurídico y obligarse recíprocamente.// 2°) La causa determinante, o sea aquella que motiva la acción de

---

[144] ENNECCERUS, Ludwig, KIPP, Theodor y WOLFF, Martin, *Tratado de Derecho civil. Derecho de obligaciones*, tomo II, segunda parte, volumen 2, Bosch Casa Editorial, Barcelona, 1966, p. 943-944.

los sujetos es:// a) **Para el asegurado**, el riesgo que lo amenaza, lo impulsa, determina o motiva a celebrar el contrato de seguro para lograr una finalidad concreta, la tutela del interés asegurable amenazado por uno o varios riesgos, que de efectivizarse el riesgo, es decir, de devenir el siniestro, afectará al valor incorporado a un derecho subjetivo que integra el patrimonio del sujeto. Como consecuencia del siniestro el patrimonio del sujeto sufre un menoscabo, un empobrecimiento por la pérdida de un valor; b) **Para el asegurador**, la causa determinante, es decir, aquella que lo impulsa o determina a celebrar el acto o contrato, lo constituye el lucro.// (…) Demás está decir que ese lucro deberá ser legítimo, pues cuando se excede la esfera de la licitud se entra en el campo de la ilicitud.// (…) 3°) La causa fin o causa final, es la contraprestación que se persigue al contratar; es el fin inmediato y concreto que persiguen o buscan los sujetos.// a) **El asegurado persigue concretamente que el asegurador asuma el riesgo** y con ello que tutele el interés amenazado por los riesgos. Eventualmente **en caso de siniestro que se indemnice el daño** sobreviniente; b) **El asegurador persigue concretamente la percepción de la prima**, con las cuales formará los fondos necesarios para atender los posibles siniestros, subvenir a los gastos de adquisición y explotación, y **con el saldo, que puede o no restar, obtener una utilidad o lucro legítimo**" (resaltado añadido)[145].

Deja claro ese autor, entonces, que: (i) el asegurado siempre persigue como finalidad última del contrato de seguro que el asegurador asuma el riesgo y, en el caso específico objeto de estudio, que lo asuma *plenamente* y no de manera compartida; y (ii) la causa final de asegurador es –en definitiva– el cobro de la prima, que sería su lucro o enriquecimiento *legítimo*.

---

[145] SOLER ALEU, Amadeo, *op. cit.*, p. 39-41.

En conclusión, en supuestos como el planteado, pareciera que se pudiera estar pagando una prima, que sí recibe el asegurador en una moneda no devaluada para el momento en que se paga la misma, por obtener –básicamente– *poco* o *nada* a cambio, asumiendo además obligaciones contractuales como lo son, por ejemplo, la de permitir la subrogación del asegurador en los derechos y acciones del asegurado, la de ceder o conservar (menos el importe) el bien asegurado, o la de compartir (*involuntariamente*) el riesgo asumido junto con el asegurador, como se explicará más adelante en referencia con el *infraseguro*.

3. *Atribuciones de la SUDEASEG y del Superintendente*

En esa línea, se verá entonces si la SUDEASEG en uso de las amplias facultades que le otorga la Ley, pudiera presentar una solución a la situación planteada, específicamente a la potencialidad del enriquecimiento *sin causa* de las aseguradoras y el cabal cumplimiento del principio indemnizatorio, en aras de garantizar el equilibrio en los contratos de seguro, en protección del funcionamiento del mercado asegurador en general.

A. *Atribuciones de la SUDEASEG*

La LAA delimita en su artículo 6 las atribuciones generales de la SUDEASEG[146]. Como primera atribución, evidentemente se le otorga al ente regulador la facultad de "ejercer la potestad regulatoria para la autorización, inspección, control, vigilancia previa, concomitante y posterior, supervisión, verificación y fiscalización de la actividad aseguradora, en los términos establecidos en la presente ley, su reglamento y las normas que

---

[146] Debiendo recordarse que los entes de la Administración pública sólo puede realizar lo que les está expresamente permitido o facultado por la ley (principio de legalidad administrativa), en contraposición a los particulares que pueden, en principio, hacer todo aquello que no les esté expresamente prohibido (libertad individual).

al efecto dicte" (artículo 6, numeral 1 de la LAA). Por lo tanto, debe la SUDEASEG garantizar, proteger y supervisar el buen funcionamiento de la *actividad aseguradora* o, dicho en otras palabras, del *sector asegurador en general*, y verificar el cabal cumplimiento de la Ley, los reglamentos y normas que apliquen a la materia.

Entre las atribuciones otorgadas a la SUDEASEG en el artículo 6, se encuentra también la muy reciente e "innovadora" facultad de *permitir* el uso de pólizas que no hayan sido "previamente autorizadas", en los términos que exige la Ley (como se ha venido explicando de conformidad con el atendido artículo 29 de la LAA). En este sentido, la reciente LAA ha agregado la siguiente atribución de la SUDEASEG, en el nuevo numeral 10 de su artículo 6:

> Artículo 6. "Son atribuciones de la Superintendencia de la Actividad Aseguradora:// (…) 10. **Permitir**, mediante normas de carácter general, **el uso de pólizas**, tarifas y demás documentos, **sin su aprobación previa**, <u>cuando las condiciones jurídicas y económicas lo justifiquen</u>. Igualmente, podrá dejarlas sin efecto y ordenar que dichos documentos y tarifas sean sometidos a su aprobación" (resaltado y subrayado agregado).

Como bien lo indica la norma, esta facultad de *permitir* el uso de pólizas que no han sido previamente aprobadas, pareciera estar sujeta o condicionada, por un lado, (i) a la emisión por parte de la misma SUDEASEG de unas "normas de carácter general", y por el otro (ii) a que existan condiciones jurídicas y económicas que lo justifiquen. Ahora bien, lo cierto es que nada desarrolla la LAA sobre dicha atribución, ni mucho menos sobre el alcance que tendrían dichas "normas", por lo que nos preguntamos, entonces, ¿qué deberán regular esas normas?, ¿serán una guía de aspectos básicos que deben tener las pólizas que no sean previamente aprobadas?, ¿qué condiciones "jurídicas y económicas" deben entenderse como necesarias o suficientes

144

para justificar su uso?, ¿es la inflación una de ellas?, ¿si no se dictan esas normas, entonces se entiende que no está permitido el uso de pólizas no aprobadas previamente?

Son más las preguntas que las respuestas que se pueden obtener de este tipo de atribuciones otorgadas (a la ligera) a la SUDEASEG, que posteriormente no son desarrolladas en la propia Ley (ni ejercidas por la propia Administración sectorial), dejando un poco en el aire el cómo debe ser ejecutada y/o entendida dicha facultad. En esa misma línea, nos preguntamos si dicha atribución, puede entonces traducirse igualmente en un *derecho* para las empresas aseguradoras y tomadores de pólizas de utilizar contratos, cuando las condiciones jurídicas y económicas lo justifiquen, que –aunque no hayan sido pre-aprobados– cumplan con lo previsto en la LAA, su reglamento y las normas que regulen la materia, y que respeten los derechos de los tomadores, asegurados, contratantes, beneficiarios y usuarios o afiliados.

En el supuesto que entendamos dicha atribución perfectamente definida, desarrollada y aplicable, o que lo entendamos como un *derecho* para las aseguradoras y asegurados, el de hacer uso de pólizas que no hayan sido previamente autorizadas "cuando las condiciones jurídicas y económicas lo justifiquen", consideramos que las gravísimas consecuencias de la inflación (y más aún de la hiperinflación) sin duda serían *condición suficiente* que justificaría el uso de dichas pólizas y que, por lo tanto, se podrían hacer los ajustes necesarios en las mismas para evitar los problemas que se han venido identificando y que se desarrollarán a mayor cabalidad más adelante.

Pero como ya se ha manifestado, y vista la condición de débil jurídico de los asegurados, dependerá en última instancia de las propias empresas aseguradoras el ajustar o modificar las pólizas previamente autorizadas y hacer uso de ellas aun cuando no hayan sido pre-aprobadas, en la medida que se den "las condiciones jurídicas y económicas lo justifiquen".

Ahora bien, esto último lo vemos complicado, vista la alta regulación del sector, las limitaciones a la libertad económica e intenso control ejercido por la Administración sectorial a las empresas aseguradoras, como se explicó en detalle anteriormente (Capítulo I), sin olvidar las importantes multas que pueden ser impuestas a las empresas aseguradoras "cuando utilicen pólizas, contratos, documentos, tarifas o publicidad sin la aprobación previa de la Superintendencia de la Actividad Aseguradora" (artículo 126, numeral 3 de la LAA[147]). Norma, por cierto, que nada aclara sobre si debe aplicar (como debería) una excepción cuando es utilizada alguna póliza sin autorización previa, pero bajo el paraguas de la facultad indicada en el artículo 6, numeral 10 de la LAA, lo que hace sospechar nuevamente que es una atribución otorgada "a la ligera" sin mucho análisis detrás de ella y sin ningún tipo de regulación que permita su aplicación y/o utilización.

B. *Atribuciones del Superintendente de la SUDEASEG*

La LAA igualmente establece las atribuciones del Superintendente, reguladas en el artículo 8, siendo la principal de ellas la de actuar como máxima autoridad y ejecutar de manera directa las competencias atribuidas a la SUDEASEG[148].

---

[147] Artículo 126 de la LAA: "Serán sancionados con multa los sujetos regulados, según corresponda, que incurran en los siguientes supuestos:/ (…) 3. De Diez Mil (10.000) a Veinticinco Mil (25.000) veces el tipo de cambio de referencia, cuando utilicen pólizas, contratos, documentos, tarifas o publicidad sin la aprobación previa de la Superintendencia de la Actividad Aseguradora".

[148] Artículo 8 de la LAA: "Son atribuciones del o de la Superintendente de la Actividad Aseguradora:// 1. Ejercer la dirección, actuar como máxima autoridad y ejecutar de manera directa las competencias atribuidas a la Superintendencia de la Actividad Aseguradora o desarrollarlas por intermedio de sus funcionarios y funcionarias, en virtud de las técnicas

En la vigente LAA, nada se establece sobre controles o regulaciones para que las aseguradoras puedan enajenar o gravar los bienes o valores producto de las recuperaciones y salvamento de siniestros, asunto que hemos identificado como un potencial enriquecimiento *sin causa* para las empresas aseguradoras a costa del asegurado. En la reformada LAA 2016, sí se incluía expresamente como atribución del Superintendente, en el artículo 8, numeral 43[149] (eliminado con la reciente reforma), la de *autorizar* la enajenación y gravamen de los bienes o valores producto de las recuperaciones y salvamento de siniestros de los cuales las empresas aseguradoras se hacen titulares. Ese "control" sólo se incluía como una facultad del Superintendente, pero nada se desarrollaba o extendía sobre el mismo a lo largo de la recién reformada LAA 2016, lo mismo que ocurre actualmente con la nueva atribución de "permitir el uso de pólizas que no cuenten con la aprobación previa". Otra facultad otorgada "a la ligera", al punto que pudo ser una atribución nunca ejercida por la SUDEASEG, pudiendo ser ésta la razón por la cual fue –además– eliminada en la reciente reforma.

Por su parte, aun cuando no se establece en la vigente LAA una atribución expresa del Superintendente para autorizar este tipo de operaciones, como lo hacía la LAA 2016, la misma establece como atribución del Superintendente en su artículo 8, numeral 8, la de "ordenar la suspensión preventiva o revertir operaciones y sus consecuencias técnicas, jurídicas, financieras o administrativas, previo cumplimiento del procedimiento

---

traslativas de competencia establecidas en el Decreto con Rango, Valor y Fuerza de Ley Orgánica de la Administración Pública".

[149] Artículo 8 de la LAA 2016: "Son atribuciones del o la Superintendente de la Actividad Aseguradora:// (...) 43. Autorizar a las empresas de seguros, de reaseguros, empresas de medicina prepagada y asociaciones cooperativas que realicen actividad aseguradora, la enajenación y gravamen de los predios urbanos edificados, inmuebles, así como aquellos vehículos y cualesquiera otros bienes o valores producto de las recuperaciones y salvamento de siniestros".

administrativo correspondiente, cuando se determine que las mismas han sido realizadas en contravención a lo previsto en la presente Ley, su reglamento y las normas que regulen la materia". Con lo cual, se pudiera concluir que, si se considerase que la enajenación o gravamen de bienes recuperados de siniestros contraviene la Ley, su reglamento y las normas que regulen la materia, estaría facultado el Superintendente –previa sustanciación de un procedimiento administrativo– para *suspender* o *revertir* dicha operación, buscando evitar el enriquecimiento *sin causa* del asegurador.

Vistas estas atribuciones en la reformada LAA 2016 (artículo 8.43) y vigente LAA (artículo 8.8), no sería impensable que se llegase a considerar que dichas facultades otorgadas al Superintendente son (eran) suficientes para dar por "resuelto" una de las posibles consecuencias que se conciben del problema planteado en este estudio, esto es, que la empresa aseguradora se genere un enriquecimiento al margen de la *causa* del contrato, por la adquisición (a un precio muy por debajo de su valor, incluso con el daño sufrido) y posterior enajenación de los bienes producto de siniestros (al valor real de mercado). Para algunos, estaría "resuelto" el dilema, ya que el Superintendente *puede* (no debe) suspender o revertir esas operaciones si llega a determinar que las mismas han sido realizadas en contravención de la Ley; y con la LAA 2016 también se "resolvía" lo planteado, porque el Superintendente *podía* (no debía) *autorizar* o no la enajenación de bienes obtenidos producto de siniestros.

Consideramos que lo señalado no resuelve propiamente el problema, ya que el mismo encuentra su génesis –como se explicó– en la forma de regulación normativa del principio indemnizatorio y de las cláusulas contractuales inalterables, en tanto en cuanto el mismo deviene del contenido mismo de la LAA y de las Normas vigentes, allende que la SUDEASEG y/o el Superintendente tenga o no las facultades referidas, que en todo caso concretaría *ex post* y previo desarrollo de un procedimiento administrativo –de ser desplegado por esa Administración sectorial, lo cual tampoco está garantizado–, como se planteará a continuación.

En otras palabras, no pareciera tener mayor sentido que se tenga consciencia del problema normativo identificado, para dejar su potencial "solución" a nivel administrativo, en manos de la SUDEASEG, en lugar de –simplemente– resolver el problema de raíz, a nivel normativo o legal, o por lo menos intentar hacerlo.

Somos de la opinión que la mera atribución a la administración sectorial de *autorizar* o no la venta de bienes producto de salvamento, o la de *suspender* o *revertir* determinadas operaciones, no sólo no resuelve el problema de fondo, sino que su enfoque se ubica en un aspecto totalmente *distinto* al que genera la situación analizada, en tanto la misma deviene del propio contenido de las Normas (y antes de la derogada Ley del Contrato de Seguro) y no de una posible "solución administrativa". En otras palabras: el problema tiene naturaleza normativa y económica, no administrativa o regulatoria, por lo tanto, la solución debe ser igualmente normativa y económica, y no administrativa o regulatoria.

En lo que se refería a la atribución administrativa del Superintendente de *autorizar* la enajenación y gravamen de los bienes o valores producto de las recuperaciones y salvamento de siniestros de LAA 2016, la misma no implicaba una solución a la consecuencia planteada del problema aquí estudiado, por cuanto –entre muchos otros temas–, lo cierto era que:

1. No se establecía como norma expresa la necesidad de contar o no con dicha autorización (sólo se incluía como facultades del Superintendente) para realizar la venta o gravamen de esos bienes, con lo cual no había obligación directa alguna para las empresas aseguradoras en este aspecto. Lo precisado, al punto que en la vigente LAA ni siquiera se incluye esta atribución y mucho menos la obligación de las aseguradoras de requerirla;

2. La necesidad de *autorización* no eliminaba el factor del posible enriquecimiento sin *causa* planteado;

3. No se resolvía de manera definitiva la situación económica perjudicial que se puede generar para el asegurado;

4. El asegurado no tenía garantía alguna de que tal facultad será efectivamente ejercida, dejando a la suerte de su potencial ejercicio la concreción de su derecho a obtener la indemnización correspondiente y no verse doblemente perjudicado; y

5. En caso de ser ejercida tal facultad, siempre iba a ser *ex post*, para "resolver" la situación, y no *ex ante*, para *evitarla*.

En lo que se refiere a la atribución indicada en el artículo 8, numeral 8 de la vigente LAA, sobre *la posibilidad* de ordenar la suspensión preventiva o revertir operaciones que han sido realizadas en contravención a la legislación vigente, no podemos decir que la misma implica tampoco una solución a las consecuencias estudiadas, en tanto:

1. Como bien expresa el artículo, es una facultad, que *puede* o no ejercer la administración sectorial, por lo que el asegurado no tiene garantía alguna de que tal facultad será efectivamente ejercida, dejando a la suerte de su potencial ejercicio la concreción de su derecho a obtener una verdadera indemnización y de evitar el potencial enriquecimiento *sin causa* del asegurador;

2. Esta *posibilidad* ciertamente no elimina el factor del posible enriquecimiento *sin causa* planteado;

3. Tampoco resuelve de manera definitiva el dilema jurídico-económico planteado en este estudio, que genera una situación perjudicial para el sector asegurador en general, como se ha venido manifestando; y

4. De ser ejercida la facultad, se requiere de un procedimiento administrativo, lo que exige tiempo, además de, nuevamente, tratarse en todo caso de una "solución" *ex post*, para en teoría *corregir* una situación, y no de una solución con carácter *ex ante*, para *evitarla,* que sería evidentemente lo ideal.

4. *Atribuciones administrativas y ¿su "solución" del problema?*

En suma, podemos identificar que las atribuciones "autorizatorias" que se ejercerían *ex post*, de ser ejercidas, por el ente regulador, no representan mucha solución al problema planteado sobre el potencial enriquecimiento *sin causa*. Tampoco así, el de *permitir* el uso de pólizas que no hayan sido previamente autorizadas, para buscar una solución a la afectación de la inflación en las pólizas suscritas en Bs. (o cualquier moneda afectada por grave inflación), ya que, como ha quedado claro, representa para las empresas aseguradoras un alto riesgo de ser sancionadas.

Pareciera que queda, entonces, en manos de la SUDEASEG, en uso de sus atribuciones amplias de protección y control de la actividad aseguradora, la posibilidad de buscar y exigir el equilibrio en los contratos de seguro, y ajustar los modelos preaprobados y autorizados de pólizas contra daños con la finalidad de (i) incluir mecanismos obligatorios en todas las pólizas para afrontar los efectos de la inflación, y (ii) de prohibir posibles enriquecimientos a las empresas aseguradoras al margen de la *causa* de dichos contratos, en los términos expuestos, en una suerte de ampliación y recuperación de la esencia del principio indemnizatorio en los términos propuestos en este trabajo.

De no ejercer la SUDEASEG sus facultades, sólo le queda al asegurador solicitar frente a un juez o árbitro la revisión de las pólizas suscritas y solicitar así el equilibrio contractual, a través de alguna de las alternativas presentadas en este trabajo o cualquier otra que pueda garantizar que se cumpla con la finalidad del principio indemnizatorio y la institución del seguro.

CAPÍTULO VII

DEL INFRASEGURO COMO CONSECUENCIA DE LA INFLACIÓN

CAPÍTULO VII

DEL INFRASEGURO
COMO CONSECUENCIA DE LA INFLACIÓN

1. *A modo de introducción.* 2. *El infraseguro en las Normas, en la derogada Ley del Contrato de Seguro, en el Código de Comercio y en las disposiciones contractuales.* 3. *Del concepto de infraseguro.* 4. *Infraseguro voluntario e involuntario.* 5. *Las consecuencias del infraseguro: sobre la regla de proporcionalidad.* 6. *De la excepción a la regla: el infraseguro como consecuencia de la inflación.*

1. *A modo de introducción*

Corresponde ahora analizar a fondo la figura del *infraseguro*, habida cuenta que, como se ha podido entender de lo desarrollado hasta este punto, y apelando al conocido refrán de acuerdo con el cual: *"todos los caminos llevan a Roma"*, el problema principal planteado en este trabajo es que, en virtud de la situación económica inflacionaria, la mayoría de (por no decir todos) los contratos de seguro contra daños que determinan montos de indemnización fija o una suma asegurada en Bs. (incluso se pudiera comprender también a aquéllos en los que se utilizan las divisas como moneda de cuenta) resultarán al momento del pago de la indemnización –de ocurrir el siniestro–

en un forzoso *infraseguro*, esto es, que el valor de la suma asegurada siempre sería *inferior* al valor que tiene en realidad el bien asegurado. La clave aquí vendría a ser si ese *infraseguro* es voluntario o involuntario, como se explicará a continuación.

Las oscilaciones del valor de la moneda y del poder adquisitivo son, sin lugar a duda, un aspecto fundamental que influye –entre otras áreas– en los seguros, especialmente en los casos como el estudiado donde una extrema y progresiva inflación[150] afecta al tomador, asegurado o beneficiario, quien recibe una indemnización, de ocurrir el siniestro, nominalmente equivalente a lo indicado en la póliza pero con un poder adquisitivo notoriamente inferior al correspondiente a la fecha en que se contrató la póliza. Este caso, en palabras de BENÍTEZ DE LUGO, sería una *verdadera ruina*, advirtiendo, además, como se ha indicado previamente, que si las aseguradoras invierten sus reservas en valores intrínsecos (como es lógico pensar que lo harían en una economía como la venezolana), *surgiría para éstas un beneficio a costa del asegurado*, a quien le entregan una suma de menor valor a aquélla que implícitamente está presentada en sus reservas no nominales[151].

Como se ha venido advirtiendo, especialmente visto los efectos y consecuencias de la inflación y las oscilaciones del valor de la moneda en los seguros contra daños denominados en

---

[150] El objeto de este estudio es el análisis del impacto de la inflación, sin embargo es igual de influyente en los contratos de seguro, escenarios como la deflación, en donde serían "las Compañías aseguradoras las que, habiendo percibido las primas con dinero barato y poder adquisitivo débil, aun cuando progresivamente las primas sucesivas hayan ido aumentando en su valor adquisitivo, tendrán que abonar la suma asegurada con un valor en cambio o trueque muy superior al de las fechas sucesivamente anteriores que se remontan hasta la fecha en que la póliza fue suscrita". BENÍTEZ DE LUGO, Luis, *Problemas... cit.*, p. 12.

[151] *Cf. Ibid.*, p. 11-12.

Bs., insistimos que la figura del infraseguro debe tratarse como una *excepción* y no como la regla en los contratos de seguro, siendo que la finalidad principal del seguro, en su esencia misma como se ha venido indicando, es la de *restituir* el patrimonio de los asegurados.

Recordamos que en el caso objeto de estudio, el tomador o asegurado busca *desde el momento de contratación* de la póliza de seguro verse *plenamente* protegido y restituido en el escenario que ocurra un daño sobre el bien asegurado (seguro pleno). No sería el mismo escenario en los supuestos que el tomador o asegurado contrate *voluntaria* o *conscientemente* un infraseguro, al pretender, por ejemplo, una reducción en la prima, por ello la importancia de entender que, en los casos de infraseguro *involuntario*, se estaría yendo en contra de la intención original de las partes (la de restituir plenamente el patrimonio del asegurado), y como consecuencia de ello, en contradicción con el fundamento mismo del seguro y del principio indeminizatorio.

2. *El infraseguro en las Normas, en la derogada Ley del Contrato de Seguro, en el Código de Comercio y en las disposiciones contractuales*

Antes de adentrarnos en el análisis del concepto mismo de esta figura, se pasará a analizar cómo es tratado el infraseguro tanto en las vigentes Normas, en la derogada Ley del Contrato de Seguro, así como en las derogadas disposiciones del Código de Comercio y en ciertas pólizas de seguro que han sido autorizadas por la SUDEASEG y están siendo utilizadas actualmente por el sector.

Al respecto, las Normas en su artículo 64 sobre el infraseguro, establecen lo siguiente:

ISABELLA PECCHIO BRILLEMBOURG

"Si la suma asegurada sólo cubre una parte del valor del bien asegurado en el momento del siniestro, la indemnización se pagará, salvo convención en contrario, en la proporción existente entre la suma asegurada y el valor del bien asegurado al momento de la ocurrencia del siniestro.// Si la póliza no contiene designación expresa de la suma asegurada, se entiende que la empresa de seguros o la asociación cooperativa que realiza actividad aseguradora se obliga a indemnizar la pérdida o el daño hasta la concurrencia del valor del bien asegurado al momento del siniestro".

Por su parte, la derogada Ley del Contrato de Seguro indicaba en su artículo 62 sobre el infraseguro, que:

"Si la aseguradora sólo cubre una parte del valor de la cosa asegurada en el momento del siniestro, la indemnización se pagará, salvo convención en contrario, en la proporción existente entre la suma asegurada y el valor de la cosa asegurada en la fecha del siniestro.// Si la póliza no contiene designación expresa de la suma asegurada, se entiende que la empresa de seguros se obliga a indemnizar la pérdida o el daño, hasta la ocurrencia del valor del bien asegurado al momento del siniestro".

Tal como se puede apreciar, las diferencias entre un artículo y el otro son mínimas: (i) las Normas hacen referencia específica a que es la "suma asegurada" la que resultaría inferior al valor de la cosa asegurada en el encabezado, mientras que la derogada Ley se limitaba a indicar que "si la aseguradora sólo cubre una parte del valor…", lo cual, como se puede apreciar, no afecta la esencia de la norma; (ii) después se observa que se modificó (sin trascendencia alguna) la frase "cosa asegurada" por "bien asegurado", y (iii) se incluye la figura de "asociación cooperativa" que puede realizar actividad aseguradora, para distinguirla de las empresas de seguro.

158

Por su parte, tenemos que el Código de Comercio en sus disposiciones derogadas, también estipulaba el infraseguro (artículo 555, párrafo cuarto), en no muy diferentes términos a los recién precisados, expresando que:

"Si no se hubiere asegurado el valor íntegro de la cosa, en caso de siniestro, el asegurador sólo está obligado a indemnizar a prorrata entre la cantidad asegurada y la que no lo esté; sin embargo, puede estipularse que el asegurado no soporte ninguna parte de la pérdida o deterioro sino en caso de que el monto del siniestro exceda de la suma asegurada.// Si la póliza no contiene designación expresa o tácita de la cantidad asegurada, se entiende que el asegurador se obliga a indemnizar la pérdida o deterioro hasta concurrencia del valor de la cosa asegurada al tiempo del siniestro".

La figura del infraseguro, que como se indicó ya venía regulada desde el Código de Comercio de 1955 (el cual es una reforma del originalmente publicado en 1919), fue retomada e introducida, con sus variaciones y actualizaciones, en la derogada Ley del Contrato de Seguro y también en las Normas, sin tomar en cuenta la situación económica del país, como se ha advertido a lo largo de este estudio.

Como ejemplo práctico, se encuentra la cláusula 45 de las condiciones particulares de la "Póliza de seguro combinado residencial" (anexo II.), según la cual:

"CLÁUSULA 45: INFRASEGURO. En caso de que el Valor de Reposición de los bienes a riesgo exceda de la Suma Asegurada, El Asegurador indemnizará en la misma proporción que existiese entre la Suma Asegurada y el Valor de Reposición de los bienes en la fecha del siniestro".

Ésta es una cláusula típica de contratos de seguro contra daños y, como se verá, es la respuesta más sencilla que tienen las empresas aseguradoras a temas como la inflación, de manera que, si al momento del pago de la indemnización el valor de los bienes es mayor o, dicho de otra manera, la suma asegurada es inferior al valor de las cosas aseguradas, entra entonces a aplicar la regla proporcional, y el asegurado se convierte en co-asegurador de sus propios bienes, aun cuando no era su intención original.

En los seguros de vehículos o de cobertura de "pérdida total", por ejemplo, no se encuentran este tipo de cláusulas, sino que, como se pudo analizar anteriormente, más bien se estipula un monto fijo como indemnización máxima, la cual, en caso de declararse una pérdida total, se deberá pagar su totalidad allende del valor de la cosa asegurada y del daño. Pero los efectos de la inflación son los mismos, y termina siendo, a fin de cuentas, como mencionáramos, igualmente un *infraseguro*, ya que resulta ser esa indemnización fija (que a la postre no es más que la garantía máxima asumida por el asegurador, o lo que es igual, la suma asegurada) *inferior* al valor real del bien asegurado, en este caso, del vehículo asegurado, lo cual –nuevamente– no era la intención original de las partes.

Así, se puede concluir que esta figura ha sido creada con la finalidad de regular una situación en la que –al producirse el siniestro– se verifica que la suma asegurada (y, en definitiva, lo que se paga por concepto de indemnización) indicada en el contrato no cubre el valor total del bien asegurado en el momento del siniestro, buscando, en consecuencia, que el asegurado o beneficiario *comparta* (y aquí la clave) con la aseguradora parte del riesgo, con lo cual se trataría entonces siempre de un seguro *parcial*, en el que la empresa aseguradora pagará, salvo convención en contrario, la indemnización "en la proporción existente entre la suma asegurada y el valor del bien asegurado al momento de la ocurrencia del siniestro".

Sin embargo, aun cuando se estipule esa convención en contrario, es decir, que el asegurado no soporte parte de la pérdida o deterioro "en la proporción existente entre la suma asegurada y el valor del bien asegurado", lo que ocurre cuando se determina un monto fijo de indemnización, igual se estaría ante un seguro parcial –en el caso particular que nos ocupa–, porque el asegurado o beneficiario siempre soportará el exceso de la pérdida no cubierta por esa "indemnización" insuficiente, es decir, que compartirá el riesgo con la empresa asegurada, ya que ésta sólo cubrirá una parte del valor del bien asegurado al momento del siniestro, *ergo*, se estaría igualmente ante un *infraseguro*, en los términos conceptuales que se pasarán a analizar a continuación.

3. *Del concepto de infraseguro*

Como ha sido adelantado, existe infraseguro "cuando el monto de la suma asegurada es inferior al valor del interés asegurado"[152]. Se pudiera decir que el infraseguro está enfocado en *limitar* la responsabilidad de la empresa aseguradora en aquellos supuestos en los que el valor total del bien asegurado supera, *al momento del siniestro*, la suma asegurada o el monto fijo de indemnización, en los términos indicados.

En palabras de MÁRMOL, "existe infraseguro cuando la garantía asumida por el asegurador es inferior a la pérdida que se derivaría de la destrucción total de la cosa. (...) Cuando se da el siniestro en un infraseguro, en principio el asegurador indemniza a prorrata entre la cantidad que esté asegurada y la que no esté"[153].

La determinación de la suma asegurada representa la limitación de responsabilidad de la empresa aseguradora, es el límite máximo de garantía que asumen las aseguradoras, por lo tanto, el infraseguro se da, en definitiva, cuando ese límite, esa responsabilidad, al momento de pagar la indemnización (ocurrido el siniestro) resulta ser *inferior* al valor del interés o bien asegurado.

---

[152]   LE BOULENGÉ, Jean-Marie, *op. cit.*, p. 102.

[153]   MÁRMOL MARQUÍS, Hugo, *op. cit.*, p. 363-364.

4. *Infraseguro voluntario e involuntario*

En ciertas legislaciones está expresamente regulado el que el infraseguro pueda entenderse tanto *voluntario* como *involuntario*. Ése no es el caso en Venezuela (el que lo esté expresamente indicado). Lo anterior da cabida, a nuestro parecer, a su libre interpretación. Las Normas –y también la derogada Ley– se limitan en indicar, como se pudo apreciar, que de encontrarse en una situación de infraseguro la aseguradora pagará la indemnización, salvo acuerdo en contrario, "en la proporción existente entre la suma asegurada y el valor de la cosa asegurada en la fecha del siniestro", es decir, que de darse el supuesto de infraseguro –sin dar más detalles, entre otras cosas, por ejemplo si debe entenderse voluntario o no–, entra a aplicar la regla de la proporcionalidad (que se explicará más adelante), salvo convención en contrario.

En México, la doctrina ha sido muy clara al manifestar que el infraseguro puede ser voluntario o involuntario y, en ambos casos, "cuando la relación que hay entre la suma asegurada y el valor del interés asegurado es tal que la primera sea inferior al segundo, existe el infraseguro o seguro parcial o seguro insuficiente y se considera que el asegurado sólo está cubierto respecto de los daños que sufra al producirse el siniestro, en un tanto por ciento igual al que represente la suma asegurada con relación al valor del interés asegurado"[154].

Igualmente se ha considerado en la doctrina española, explicándose que "la situación de la que se parte es la de infraseguro en un momento temporal determinado. Esto es, si en el momento de la producción del siniestro la suma asegurada es inferior al valor del interés asegurado. Situación de infraseguro que no atiende ni a elementos volitivos, ni a otros puramente casuales o fundados, sencillamente, en meras alteraciones y fluctuaciones económicas. Es decir, bajo el amparo del artículo

---

[154] RUÍZ RUEDA, Luis, *op. cit.*, p. 177-178.

30 quedan subsumidas tanto las situaciones de infraseguro voluntario, como las del involuntario"[155].

Al respecto, DEL CAÑO, también en referencia al Derecho de seguros español, aclara que el "infraseguro existe siempre que la suma asegurada es inferior al valor del interés asegurado, es decir, hay un seguro parcial, lo cual suele producirse, bien al comienzo del seguro por la tendencia del asegurado a reducir las primas, o bien posteriormente, por no revisarse dicha suma asegurada que con el transcurso del tiempo y como consecuencia de la depreciación de la moneda resulta insuficiente"[156].

En lo que se refiere al *infraseguro voluntario*, y como puede lucir evidente, "nos encontramos con una situación querida por las dos partes o por una de ellas que lo exige a la otra y así se refleja en el contrato. De ahí que, si las partes han querido y aceptado voluntariamente la situación de infraseguro, la modificación contractual para llegar a una situación de seguro pleno resulta difícilmente sostenible"[157].

Pero, entonces, ¿qué pasa en el escenario estudiado en el que ese monto originalmente no se encontraba infraestimado por ninguna de las partes, sino que la intención era contratar –por el contrario– un *seguro pleno*, en el que se identificara la suma asegurada con el valor del interés asegurado? Lo anterior hace que empiecen las preguntas, del tipo ¿esa situación calificaría o no como infraseguro? ¿aplicaría o no la regla de proporcionalidad? En este punto, especialmente al hablar de infraseguro *involuntario*, es realmente importante recordar –además– el carácter estudiado de contrato por adhesión de los contratos de seguro, la condición de débil jurídico del tomador,

---

[155]   MONGE GIL, Ángel Luis, *La regla proporcional de la suma en los seguros de daños (artículo 30 de la Ley de Contrato de Seguro)*, Aranzadi, Madrid, 2002, p. 63.

[156]   DEL CAÑO ESCUDERO, Fernando, *op. cit.*, p., 443.

[157]   MONGE GIL, Ángel Luis, *op. cit.*, p. 46.

beneficiario o asegurado, así como de la exigencia de preaprobación por parte de la SUDEASEG de los modelos de pólizas.

En situaciones *involuntarias* de infraseguro opina MONGE GIL, que "la situación ideal al considerar la ecuación suma asegurada, interés asegurado es la de seguro pleno. De ahí que deba tenderse por todos los medios a reequilibrar una situación rota por mor de las circunstancias apuntadas. Sostenemos, por consiguiente, que el asegurado está legitimado para solicitar del asegurador una revisión del contrato para aumentar la cobertura, elevando la suma asegurada e incrementando la prima a desembolsar"[158].

Como se indicó previamente, las vigentes Normas no indican expresamente si en Venezuela el infraseguro debe entenderse tanto voluntario como involuntario, con lo cual, la norma queda abierta a interpretaciones. En ese sentido, y visto desde una perspectiva netamente *objetiva* (sin tener la perspectiva *subjetiva* del legislador al incluirlo primero en la Ley del Contrato de Seguros y luego de la SUDEASEG al reiterarlo en las Normas), se encasillaría el caso de estudio como un claro y evidente infraseguro, ya que el artículo 64 de las Normas indica que el infraseguro se da cuando "la suma asegurada sólo cubre parte del valor de la cosa asegurada en el momento del siniestro", lo cual es, en efecto, el sustento fáctico del tema que nos ocupa: que el monto de la suma asegurada resulte ser *inferior* al valor real del bien asegurado *al momento de ocurrir un siniestro* o de concretarse el riesgo, siendo o no conscientemente previsto por las partes contratantes. El asunto en cuestión o relevante en el caso que nos ocupa, es que la causa de este "infraseguro" es un factor puramente económico y totalmente ajeno a las partes, aunque posiblemente aprovechado por una de ellas: las empresas de seguro.

---

[158] *Ibid.*, p. 47.

Se pudiera asumir, entonces, al menos, dos interpretaciones respecto del artículo 64 de las Normas: la *primera* sería que, para que exista infraseguro, el monto asegurado debe ser inferior al valor del bien *desde el nacimiento* de la obligación, es decir, desde el momento mismo de la suscripción del contrato de seguro (como puede ocurrir, por ejemplo, cuando el asegurado o tomador esté buscando *intencionalmente* reducir la prima, en cuyo caso el monto asegurado nunca será igual al valor del bien o interés asegurable), en otras palabras, lo que vendría a ser el infraseguro *voluntario* o *consciente*; y la *segunda* sería que, existe infraseguro en cualquier circunstancia en la que la suma asegurada sólo cubre una parte del valor del bien asegurado por ser inferior a éste en el *momento del siniestro*, independientemente de las causas o razones que ocasionen el mismo, como es entendido en otras legislaciones.

En la *segunda* de las interpretaciones, asumiendo el factor económico y la inflación como una de las causas (o la causa) que ocasionan el infraseguro, se pudiera entonces encuadrar perfectamente el presente caso de estudio como tal, como en efecto lo es.

Ahora bien, en la *primera* posición no se pudiera subsumir el caso de estudio dentro de la clasificación doctrinaria del infraseguro, ya que el mismo jamás sería voluntario, tomando especialmente en cuenta que la intención de las partes siempre es la de originalmente cubrir totalmente el valor del bien asegurado con la indemnización (seguro pleno), y que –al menos– al momento del nacimiento de la obligación no se daba el supuesto de que la suma asegurada fuese inferior al valor del bien asegurado, sino que se genera *ex post*, por factores externos y durante la vida de la póliza. Pero ciertamente consideramos, como ocurre en otras legislaciones, que esta posición no pareciera gozar de mayor fundamentación jurídica, en tanto la norma se refiere que el infraseguro se configurará "en el momento del siniestro", no antes, por lo tanto, exigir que el monto asegurado deba ser inferior al valor del bien *desde el nacimiento* de la obligación, iría en total contradicción con la redacción del propio artículo 64 de las Normas y la esencia de esta figura, como se ha estudiado.

Es clave, al hablar de infraseguro, el tener en cuenta la *temporalidad*. Es una situación que sólo se dará en un *tiempo determinado*, y en este caso es, en el momento que ocurra el siniestro. Es decir, aunque ya sea evidente que una póliza se convertirá en infraseguro, por ejemplo, por razón de la inflación, o por haber sido voluntariamente contratado así, sólo se configurará el infraseguro "en el momento del siniestro", no antes.

En una u otra posición, lo cierto es que terminaría tratándose igual de un seguro parcial, en la que el asegurado o beneficiario asume parte del riesgo junto con la empresa aseguradora, sólo que en el caso particular esa asunción no es voluntaria y, de hecho, sería contradictoria con la intención original del tomador o asegurado al momento de la suscripción de la póliza, lo que a la postre violentaría, como se ha venido indicando, la naturaleza misma del principio indemnizatorio de los contratos de seguro.

En cualquier caso, y sin pretensión alguna de cerrar de manera definitiva las posibles discusiones sobre la interpretación del artículo 64 de las Normas, sobre si en Venezuela el infraseguro deba entenderse tanto voluntario como involuntario, o no, nos vemos inclinados en partir de la premisa que, aun cuando pueda entenderse involuntario, en esos casos no debería aplicarse *automáticamente* las reglas del infraseguro, especialmente la de la proporcionalidad cuando afecte al débil jurídico de la relación aseguradora, en los términos que se han venido desarrollando a lo largo de este estudio.

5. *Las consecuencias del infraseguro: sobre la regla de proporcionalidad*

La consecuencia directa de estar en una situación de infraseguro, como se ha podido ver, es que se comparte el riesgo entre la aseguradora y el asegurado o beneficiario (seguro parcial) y, por ello, aplica entonces la regla de la proporcionalidad, esto es, que la empresa aseguradora sólo responderá, *salvo convención en contrario*[159], en la proporción existente entre la suma asegurada y el valor de la cosa asegurada, a menos que no se haya expresado la suma asegurada, caso en el cual la aseguradora deberá indemnizar la pérdida o el daño hasta la concurrencia del valor que tuviere el bien asegurado al momento del siniestro. Es decir, "el asegurado sólo está cubierto respecto de los daños que sufra al producirse el siniestro, en un tanto por ciento igual al que represente la suma asegurada con relación al valor del interés asegurado. Por ejemplo, si la suma asegurada fuera igual al 50% del valor del interés asegurado, la cobertura es igual al 50% de los daños sufridos"[160].

En otras palabras, de configurarse el infraseguro, lo que expresamente indican las Normas aplicables, es que el riesgo ya no sólo lo estaría asumiendo el asegurador, sino que (sobrevenida e involuntariamente, en el caso de estudio) comparten el riesgo tanto éste como el asegurado o beneficiario (en contra de la intención original de las partes), debiendo asumir este último en caso de siniestro, la parte *proporcional* que corresponda de los daños sufridos –salvo convención en contrario–. Si se trata de pólizas donde se determina un monto fijo de indemnización, el asegurado o beneficiario no asume lo que corresponda proporcionalmente a los daños sufridos, sino que soporta él sólo el *resto de la pérdida no indemnizada* y la aseguradora se compromete a pagar la totalidad del monto fijo determinado en la póliza, al margen de los daños efectivamente sufridos.

---

[159] Como ocurre en los casos donde se determina un monto fijo de indemnización, en cuyo caso se paga el monto acordado al margen de la proporcionalidad del daño causado y el valor del interés asegurado.

[160] RUÍZ RUEDA, Luis, *op. cit.*, p. 178.

Se pudiera definir la regla proporcional "como una «regla de orden pecuniario», que deriva de la propia técnica aseguradora y es a la vez expresión en el contrato de seguro del principio general de equivalencia de las prestaciones, afirmándose en este sentido, que «la seguridad que promete el asegurador es una mercancía que se paga y el asegurador la da en la medida del precio pagado». De esta forma se pretende dotar a la regla proporcional de una base jurídica, alejada de argumentos éticos, y sin apoyo alguno en el principio indemnizatorio"[161].

En palabras de QUINTANA CARLO, "en torno a la regla proporcional se concitan prácticamente todos los conceptos básicos y los principios configuradores del seguro de daños: el principio indemnizatorio, la correlación entre prima, riesgo e indemnización, las relaciones entre suma asegurada y valor del interés asegurado, el principio de la *uberrima fidei* que preside todo contrato de seguros, etc., todos ellos están presentes en la regla proporcional"[162].

Según la definición propuesta por GARRIGUES, la regla proporcional es aquélla según la cual "el asegurador, en caso de siniestro parcial, sólo responde en la proporción que esté la suma asegurada respecto del valor del seguro"[163]. En suma, "la «regla proporcional» significa la existencia de una fórmula matemática de carácter polinómica que pretende resolver un problema indemnizatorio. Y esa fórmula se cifra en los siguientes parámetros:// Indemnización = Suma asegurada x Daño/Valor del Interés asegurado"[164].

---

[161] MUÑOZ PAREDES, María Luisa, *El seguro a primer riesgo… cit.*, p. 69.

[162] QUINTANA CARLO, Ignacio, "Prólogo", en MONGE GIL, Ángel Luis, *op. cit.*, 2002, p. 16.

[163] GARRIGUES, Joaquín, *op. cit.* (1ª edición), p. 177.

[164] MONGE GIL, Ángel Luis, *op. cit.*, p. 48.

En los casos de contratos de seguro donde se establece un monto fijo de indemnización (o como lo llaman en España, las *pólizas estimadas*), es inaplicable la regla proporcional, ya que "al haberse fijado el valor del interés asegurado, producido el siniestro, el asegurado queda liberado de la prueba de ese valor y, en definitiva, de la cuantía del daño (...) Mediante esta aceptación el asegurador se ha comprometido a calcular la indemnización partiendo del valor asignado al interés asegurado". Aun cuando no aplique la regla proporcional, igual se vería perjudicado el asegurado por no verse plenamente restituido (indemnizado) en caso de un siniestro, ya que por razón de la inflación ese monto fijo, que pretendía ser el equivalente a un seguro pleno, deja de serlo.

Ciertamente, como se ha indicado, se aplique o no la regla proporcional, lo que es seguro es que el asegurado o beneficiario por razón de la inflación, en algún punto durante la duración del contrato, comienza a progresivamente compartir el riesgo con la aseguradora (deja de ser seguro pleno y pasa a ser un seguro parcial *involuntario*), el cual irá incrementando día a día al ritmo de la pérdida del poder adquisitivo de la moneda. Y la consecuencia final será, como podrá advertirse, que no se verá plenamente indemnizado el asegurado o beneficiario en caso de un siniestro.

Ahora bien, en los supuestos en los que no se haga la determinación de un monto fijo de indemnización, sino que se estipula que se debe estimar el valor del interés asegurable al momento del siniestro, pero que de igual manera se estipula un monto de suma asegurada como límite máximo de responsabilidad del asegurador, es aquí donde entraría a aplicar la regla proporcional. En todo caso, y como se ha referido previamente, *"todos los caminos conducen a Roma"*. Sea que se identifique con un monto fijo previamente estimado de indemnización o como límite máximo de suma asegurada, la incidencia de la inflación va a eventualmente generar el mismo resultado: al momento de un siniestro, el monto de la suma asegurada o indemnización fija siempre (o casi siempre) será inferior que el valor del interés o bien asegurado.

Las partes pueden, por no tratarse de una norma de orden público, establecer expresamente en el contrato la exclusión o no aplicación de la regla proporcional. Sin embargo, como ya se ha podido advertir, esto se dificulta en ordenamientos jurídicos con alta regulación en esta materia, como es el caso del sistema venezolano.

Al margen de lo anterior, vale la pena, así sea muy por encima, enunciar algunas figuras legales –entre otras–, no reconocidas o expresamente incluidas en la legislación venezolana, que resultan en la exclusión de la regla proporcional, como lo son las pólizas estimadas, el "seguro a primer riesgo"[165] y el "seguro a valor nuevo"[166]. Así:

---

[165] El seguro a primer riesgo (en Francia: *"assurance au primer risque"*; en Alemania: *"Versicherung auf estes Risiko"* o *"Erstrisikoversicherung"*; en Italia: *"assicurazione a primo rischio"*), es aquél en el que "una sola póliza puede cubrir una cosa o una pluralidad por un valor parcial con relación al total de la cosa o del conjunto de ellas, sin que se estime que hay infraseguro y, por tanto, sin aplicar la regla proporcional, con un coste menor para el asegurado y sin mayor riesgo para el asegurador, dada la paridad *real* entre el valor del interés sometido a riesgo y el capital asegurado. Su necesidad se pone de manifiesto también en aquellos casos en que el interés asegurado esté variando continuamente (piénsese en el seguro de expoliación de un viajante o cobrador, o en algunas pólizas flotantes), de forma que no sea posible fijar una suma asegurada adaptada al mismo. Así, se establece una suma a primer riesgo que se estime suficiente para cubrir las eventuales pérdidas". MUÑOZ PAREDES, María Luisa, *El seguro a primer riesgo... cit.*, p. 26-27.

[166] "El seguro a valor nuevo (*Neuwertversicherung, assurance valeur a neuf, assicurazioe valor a nuovo, 'new for old'clauses*) constituye, precisamente, un ejemplo paradigmático de la virtualidad expansiva de la cobertura aseguradora en su grado de efectividad. Esta modalidad del seguro de daños, que se aplica exclusivamente a bienes de uso, se caracteriza por la circunstancia de que el asegurador se obliga a pagar

1. En las *pólizas estimadas* o con determinación fija de indemnización, en cuyo supuesto, como fuera explicado, "la regla proporcional no tiene razón de ser, ya que en tales casos los contratantes han determinado el valor del interés que ha de tenerse en cuenta para el cálculo de la indemnización"[167];

2. En los *seguros a "primer riesgo"*[168], se excluye la aplicación de la regla proporcional "porque la prima no

---

una indemnización calculada con base no en el valor *real* del bien asegurado en el momento inmediatamente anterior al siniestro, sino en su valor de *nuevo*, esto es, en caso de ser mueble el precio de compra en el mercado en ese mismo momento de un bien idéntico o similar al siniestrado, pero nuevo, o, tratándose de un inmueble, el de su reconstrucción a nuevo en las mismas condiciones de lugar y calidad que el anterior, sin deducir cantidad alguna en concepto de depreciación. En el terreno de los riesgos que puedan afectar a los bienes de uso, desde aquellos que son propios de la vida civil ordinaria (viviendas, mobiliario, etc.) hasta las instalaciones o establecimientos industriales y comerciales de la más variada naturaleza y fines, que son el sustrato de la actividad empresarial moderna en todos los sectores, el seguro a valor nuevo puede operar y opera ofreciendo unas prestaciones indemnizatorias en caso de siniestro que no las proporcionan las pólizas contra daños con sus clausulados clásicos, que no eran sino expresión pura y textual de los criterios de la disciplina que tenían y conservan todavía en casi todas las leyes esa categoría de seguros". MUÑOZ PAREDES, María Luisa, *El seguro a valor nuevo*, Civitas, Madrid, 1998, p. 29-33. Para más sobre el seguro a valor nuevo, *vid. Ibid.*, *in totum.*

[167] SÁNCHEZ CALERO, Fernando, "Comentario art. 30 LCS", en SÁNCHEZ CALERO, Fernando (Dir.), *Ley... cit.*, p. 679.

[168] La diferencia entre pólizas estimadas y a primer riesgo, es que en las primeras se conviene expresamente "en el valor del interés que habrá de tenerse en cuenta para el cálculo de la indemnización. La suma asegurada no sólo actúa como límite (art. 27), sino que se identifica con el valor indemnizable para los siniestros totales. En el seguro a primer riesgo absoluto y en el a valor parcial, la suma asegurada representa,

se calcula simplemente con relación a la suma asegurada, sino, de modo especial, con el valor del conjunto de intereses asegurados o, si se quiere, del valor total de las cosas aseguradas"[169]; y

3. En el *seguro a "valor nuevo"*, no aplica la regla proporcional ya que "la regla general es que mediante la aplicación de cláusulas de revalorización automática o bien por otros medios, se trata de superar la situación de infraseguro"[170].

6. *De la excepción a la regla: el infraseguro como consecuencia de la inflación*

Como se explicó anteriormente, el principio indemnizatorio pareciera "anularse", en situaciones como la planteada y, especialmente, en los casos cuando se establece en las pólizas montos fijos de indemnización. Y de no "anularse", según lo que hemos venido indicando, el principio indemnizatorio jugaría efectivamente en favor del asegurador[171] o, dicho de otra manera, en contra del asegurado.

Lo que se quiere resaltar, es que por razón de las distorsiones económicas del país, durante la vigencia de una póliza de seguros y, particularmente, en caso de ocurrir el siniestro, los montos de indemnización (sean montos fijos de indemnización o sumas aseguradas como límite máximo de responsabilidad)

---

como en todo seguro de daños, el límite máximo indemnizable, pero en modo alguno predetermina la indemnización, cuyo importe no se sabrá hasta que se verifique el siniestro, pudiendo alcanzar toda o parte de dicha suma". MUÑOZ PAREDES, María Luisa, *El seguro a primer riesgo... cit.*, p. 41-42.

[169] SÁNCHEZ CALERO, Fernando, "Comentario art. 30... *cit.*, p. 677-678.

[170] *Ibid.*, p. 679.

[171] *Cf.* BATALLER GRAU, Juan, *op. cit.*, p. 93.

172

estipulados en moneda de curso legal –en los escenarios en que originalmente se tenga la intención de cubrir el valor total del interés asegurado, es decir, que se busque la restitución plena–, pierden su valor real y, en consecuencia, al momento del pago de esa indemnización, muy probablemente la misma no cubra el valor total del bien, convirtiéndolo –por esa particular razón de cuño económico– en un supuesto irremediable de *infraseguro involuntario*, ya que forzosamente el valor del bien asegurado resultará mayor a la garantía prometida por el asegurador.

En otros países, las soluciones al infraseguro y, en específico, a situaciones como la aquí analizada, son resueltas mediante otras figuras jurídicas en materia de seguro, como es el caso de las pólizas que se mencionaran antes, entre ellas, la de "seguro a primer riesgo" o, más recientemente, la figura de "seguro a valor nuevo". Todas, como lucirá evidente, soluciones válidas, de las cuales se prescinde expresamente en la legislación venezolana, razón por la cual también se presentarán en este estudio, diferentes propuestas que permitan equilibrar los contratos de seguro, y así proteger a plenitud la institución del seguro y, específicamente, el principio indemnizatorio como uno de los fundamentos clave (si acaso no, *el fundamento esencial*) de esta figura.

Como se ha venido desarrollando, la regulación actual de los contratos de seguros de daño en los cuales se estipulen los montos de indemnización y suma asegurada en Bs. como moneda de cuenta, por razón de la desvirtuación económica apuntada tiene, por lo menos, dos indeseables y jurídicamente cuestionables consecuencias, a saber: (i) el tomador, asegurado o beneficiario no verá satisfecho su *derecho a la indemnización*, porque más bien experimentará un *doble perjuicio económico-patrimonial*: el siniestro mismo, de un lado, y el pago de una "indemnización" que no indemniza, por el otro, con lo cual el detrimento económico-patrimonial generado por el primero (el siniestro), paradójicamente se ve incrementado con el segundo (la falta de "indemnización"); y (ii) el asegurador, por virtud de la manera en que se encuentran regulados el principio indemni-

173

zatorio, el derecho de subrogación y las disposiciones contractuales (en contratos por adhesión), pudiera obtener un *doble beneficio económico-patrimonial*: el legítimamente causado, correspondiente con su actividad aseguradora (las primas cobradas), y el enriquecimiento *sin causa* que pudiera experimentar por la sustancial diferencia entre el monto pagado al asegurado o beneficiario a título de "indemnización" y, por un lado, la prima obtenida en una moneda no devaluada, y por el otro, el precio real del bien asegurado dañado, del cual se puede hacer titular, según se ha explicado.

Es importante insistir en que nos hemos enfocado en los casos en que las partes han fijado como indemnización o suma asegurada (como límite de responsabilidad del asegurador) unas cantidades en Bs., como moneda de cuenta, y no se establecieron expresamente mecanismos para garantizar la cobertura total del interés asegurado (aun cuando eran sus intenciones originales), vista las limitaciones de negociación por parte de los tomadores o asegurados en estos contratos típicos por adhesión. No es objeto de este estudio, insistimos, el supuesto en que las partes por pacto expreso (artículo 61[172] de las Normas) determinan que la suma asegurada deberá cubrir totalmente el valor del interés asegurado durante la vigencia del contrato, para lo cual se debe indicar en la misma póliza los criterios y procedimientos para adecuar la suma asegurada y las primas a las variaciones del valor de dicho interés. Creemos que esta norma, como ya se ha adelantado, debería ser la regla en economías inflacionarias como la venezolana, limitándose el uso de otras pólizas, especialmente cuando la intención de las partes es buscar la restitución plena, en las que el asegurado se vea *totalmente* desprendido del riesgo.

---

[172] Artículo 61 de las Normas: "Si por pacto expreso las partes convienen que la suma asegurada cubra totalmente el valor del interés asegurado durante la vigencia del contrato, la póliza deberá contener necesariamente los criterios y el procedimiento para adecuar la suma asegurada y las primas a las variaciones del valor de ese interés asegurado".

Se pudiera elevar la crítica de que, si la intención de las partes siempre fue la de cubrir totalmente el valor del bien asegurado, han debido decantarse por la figura contemplada en el indicado artículo 61 de las Normas, en el que se exige, como recién se indicó, que se incluyan los debidos criterios y procedimientos para adecuar la suma asegurada y las primas. Sin embargo, debe recordarse que como débil jurídico de la relación no hay margen de negociación y el tomador debe optar por las opciones que le presente el asegurador. Como fuera antes planteado, lo que más comúnmente se ve son pólizas con determinación de montos fijos de indemnización y limitaciones a la suma asegurada, con lo cual el asegurador ve limitada su responsabilidad en el tiempo.

En definitiva, siempre que no se establezca un mecanismo, sea regulatorio a nivel de los modelos de póliza autorizados o legal-normativo (que sería lo ideal), para (i) conseguir realmente indemnizar al asegurado en cumplimiento de la esencia del principio indemnizatorio, sobre todo cuando así ha sido la voluntad de las partes desde el inicio del contrato, y (ii) buscar evitar que el asegurador se genere un posible beneficio a costa del asegurado, al margen de la *causa* del contrato de seguro; el problema jurídico-económico aquí planteado permanecerá y continuará perjudicando *directamente* a los asegurados y su derecho a obtener una verdadera indemnización, así como *indirectamente* al asegurador, por la eventual baja de contratación de pólizas por las razones señaladas, especialmente en aquellas pólizas de seguro contra daños donde se utilice el Bs. (o cualquier moneda afectada por inflación) como moneda de cuenta. Esta situación, en suma, afecta a la institución misma del seguro y, por vía de consecuencia, a su normal (y deseada) utilización, en evidente perjuicio del mercado de seguros.

La situación estudiada no aplicaría, en principio, para aquellas pólizas contratadas en una moneda extranjera no afectada (por lo menos en los mismos niveles de las contradas en Bs.) por la inflación[173] como *moneda de cuenta*, incluso en las que sea fijado el Bs., como moneda de pago, siempre que la indemnización o suma asegurada sea determinada en divisas.

---

[173] Como fuera previamente indicado, no se puede dejar de lado que en Venezuela existe también lo que algunos economistas han referido como "inflación en dólares".

CAPÍTULO VIII

PROPUESTAS DE SOLUCIONES AL PROBLEMA PLANTEADO: HACIA UNA NUEVA DIMENSIÓN DEL PRINCIPIO INDEMNIZATORIO EN ECONOMÍAS INFLACIONARIAS

CAPÍTULO VIII

PROPUESTAS DE SOLUCIONES AL PROBLEMA PLANTEADO: HACIA UNA NUEVA DIMENSIÓN DEL PRINCIPIO INDEMNIZATORIO EN ECONOMÍAS INFLACIONARIAS

1. A modo de introducción. 2. Resarcimiento del daño causado por parte del tercero responsable. 3. Principio del contrato-ley y sobreseguro voluntario. 4. Teoría de la imprevisión. 5. Contratación de pólizas en moneda extranjera. 6. Obligaciones de valor y corrección monetaria.

1. *A modo de introducción*

En este capítulo se abordarán nuestras propuestas o alternativas para que el contrato de seguro pueda ser más equilibrado, en beneficio (y desarrollo) de la institución, así como del *mercado asegurador* en general y, con ello, buscar mejorar sus condiciones para lograr la finalidad principal del mismo, que no es otra que restituir plenamente el daño generado ante la ocurrencia del siniestro, siempre que ésta haya sido la intención y voluntad de las partes.

En referencia a aquellos casos en los que el asegurado o beneficiario se ve en la obligación de ceder la titularidad del bien asegurado (lo que da cabida a un potencial enriquecimiento *sin causa* para el asegurador, según se estudió anteriormente), de prosperar alguna de las propuestas aquí planteadas –o cualquiera otra no analizada–, entonces todo pago (o cesión del bien en este caso) realizado por el asegurado o beneficiario en ese sentido calificaría como un *pago de lo indebido*[174] que, por vía de consecuencia, estaría sujeto a *repetición*[175], que en el caso de

---

[174] Al no existir causa, el pago que se realice sería en consecuencia un pago no debido, ya que (i) la obligación que se "extingue" realmente no existiría o se habría fundado en títulos nulos o anulables; y/o (ii) el deudor (en este caso el asegurado) pagaría más de lo debido. *Cf.* GIORGI, Jorge, *Teoría de las obligaciones en el Derecho moderno. Fuentes de las obligaciones; cuasi-contratos, hechos ilícitos, leyes*, volumen 5, Editorial Reus, S.A., 2ª edición, Madrid, 1929, p. 124. Por su parte, recuerda FÁBREGA PONCE que se ha discutido si el enriquecimiento sin causa y el pago de lo indebido, se trata de una relación género-especie o si son dos figuras autónomas, indicando que, en lo que se refiere al pago de lo indebido o *condictio indebiti*, "la doctrina dominante la reconduce en su fundamento al enriquecimiento, reconociendo, no obstante, que aun cuando se partiese de la relación de género a especie, la *condictio indebiti* tiene algunas reglas propias, como las siguientes: mientras que en el pago indebido entra un incremento patrimonial estable, en el enriquecimiento basta la entrega o la atribución de un beneficio; en el pago de lo indebido la restitución es integral, en la pretensión de enriquecimiento el provecho debe existir en el momento de la demanda; la necesidad del error en el pago de lo indebido, lo que no es indispensable en el enriquecimiento sin causa; la circunstancia de que el pago indebido se produce exclusivamente por el comportamiento del solvens, en cambio el enriquecimiento se puede generar por hechos o actos externos (terceros, naturaleza) o aun por la conducta del propio empobrecido como hemos expuesto". FÁBREGA PONCE, Jorge, *op. cit.*, p. 505-506. Por su parte, también agrega que, "algunos códigos modernos –como el italiano de 1942 y en Iberoamérica el mexicano, el paraguayo, el brasilero y el boliviano– prescinden de la figura del cuasicontrato, reconocen el enriquecimiento sin causa como fuente de obligaciones, regulando el pago de lo indebido como una modalidad del mismo". *Ibid.*, p. 506.

[175] Artículo 1.178 Código Civil: "Todo pago supone una deuda: lo que **ha sido pagado sin deberse está sujeto a repetición** (…)" (resaltado agregado); y artículo 1.179 Código Civil: "La persona que por error ha

estudio correspondería a la solicitud y devolución de su propiedad (del bien asegurado cedido o traspasado) o el equivalente al monto en que ha disminuido el patrimonio del asegurado[176].

Así, entonces, se analizarán las alternativas siguientes, a las que nos referimos como: (i) resarcimiento del daño causado por parte del tercero responsable, (ii) principio del contrato-ley y sobreseguro voluntario, (iii) teoría de la imprevisión; (iv) contratación de pólizas en moneda extranjera, y (v) obligaciones de valor y corrección monetaria.

2. *Resarcimiento del daño causado por parte del tercero responsable*

En el análisis de esta primera propuesta o alternativa, hay que recordar, en primer lugar, según lo previamente estudiado sobre el derecho de subrogación, que éste siempre "debe limitarse a la cantidad efectivamente erogada por el asegurador"[177]. En este sentido, y en los casos de infraseguro, donde se deja en evidencia que la suma asegurada o indemnización siempre será *inferior* al valor real del bien, se pudiera concluir que el bene-

---

hecho un pago a quien no era su acreedor, **tiene el derecho de repetir** lo que ha pagado (…)" (resaltado agregado).

[176] "Así pues con base al instituto bajo análisis quien, sin causa, esto es, sin motivo o razón jurídica, se beneficia económicamente de otro, está «obligado» (de allí que se considere como «fuente» de las obligaciones) **a reponer o restablecer el equilibrio patrimonial**. La ley utiliza una frase que algunos han considerado que rosa el límite de la petición de principio, a saber, dentro del límite del beneficio y el empobrecimiento del otro. Pero se aclara que lo que se pretende significar es simplemente que no media cualquier acción como la de daños y perjuicios sino una acción específica de la figura que pretende reversar lo ganado". DOMÍNGUEZ GUILLÉN, María Candelaria, *op. cit.*, p. 627.

[177] MÁRMOL MARQUÍS, Hugo, *op. cit.*, p. 377.

ficiario o asegurado al recibir una indemnización *parcial*[178], en aquellos casos en que debe asumir el porcentaje del riesgo no cubierto por el seguro, creemos que (i) no estaría obligado a traspasar la plena propiedad del bien asegurado a la empresa aseguradora, siendo que el monto recibido por concepto de indemnización es notablemente *inferior* al valor del bien asegurado, y (ii) mantendría –hasta por la porción no cubierta por la empresa aseguradora– los derechos y acciones contra el tercero responsable del siniestro.

Al ser una de las dos finalidades del derecho de subrogación el que no se genere un enriquecimiento al asegurado, si la indemnización resulta insuficiente –como en el caso de estudio–, y bajo la premisa que la empresa aseguradora se subroga hasta por el monto pagado por concepto de indemnización, evidentemente el asegurado debe mantener, sobre el monto equivalente al daño no indemnizado, sus acciones y derechos frente al tercero responsable.

Por lo tanto, como ya se explicó, siendo que la subrogación procede sólo hasta el monto concurrente pagado por el asegurador por concepto de indemnización (es decir, en el caso que nos ocupa, un monto que resultaría siempre en una "indemnización" parcial), entonces deberá poder el asegurado o beneficiario ejercer las acciones a que haya lugar contra el tercero responsable por el monto real y pendiente de los daños sufridos, descontando obviamente –una vez obtenida–, lo que corresponda a la "indemnización" pagada por la empresa aseguradora.

---

[178] Cuando aquí nos referimos a *parcial*, es incluso en aquellos casos en que de conformidad con la póliza contratada hay un pago o indemnización del monto "total" de la suma asegurada, ya que, con ocasión de la conversión de la póliza en un infraseguro involuntario, el asegurado se convierte en asegurador de su propio riesgo, recibiendo evidentemente una indemnización parcial cuando ocurra el siniestro.

En este sentido se traen a colación las palabras de TATO PLAZA, quien explica que "la subrogación del asegurador (a diferencia de la cesión de créditos, de carácter especulativo) tiene una finalidad esencialmente recuperatoria. Por esta razón, y para evitar que a través del ejercicio de su derecho de subrogación el asegurador obtenga una ganancia injustificada, se prevé la subrogación del asegurador únicamente hasta el límite de la indemnización abonada al asegurado (…). Si el derecho de subrogación del asegurador tiene como límite el importe de la indemnización abonada por aquél, es claro que se produciría una subrogación parcial en todos aquellos casos en los que la indemnización pagada por el asegurador no cubra el total de los daños sufridos por el asegurado como consecuencia del siniestro"[179]. Este límite en las Normas venezolanas se encuentra regulado en el artículo 72 antes citado, cuando expresamente indica "hasta la concurrencia del monto de ésta".

Todo lo anterior nos lleva a la conclusión de que, lógicamente, al entenderse que tiene lugar una subrogación parcial, mantiene el asegurado o beneficiario –que sólo ha sido resarcido parcialmente– la titularidad de los derechos y acciones frente al tercero responsable del siniestro por la parte no resarcida y puede, en consecuencia, solicitar a éste la reparación o restitución patrimonial por la parte (o hasta la cuantía) no cubierta por la indemnización recibida de la empresa aseguradora.

Ahora bien, este escenario "funciona" siempre y cuando se pueda obtener del tercero responsable el resarcimiento pendiente del daño causado. Sin embargo, se obtenga o no del tercero la restitución patrimonial, lo cierto es que de igual manera tal reparación se ubicaría fuera o al margen de lo que se ha venido estudiando sobre la figura e institución misma del seguro, y la intención y finalidad última que busca el asegurado o tomador

---

[179]   TATO PLAZA, Anxo, *op. cit.*, p. 154-155.

al momento de contratar un seguro, que es verse *totalmente* protegido y desprendido por completo del riesgo, que de ocurrir el siniestro, es decir, de concretarse ese riesgo, pueda ver plenamente restituida su situación patrimonial.

3. *Principio del contrato-ley y sobreseguro voluntario*

En función de esta propuesta nos haremos de la teoría de las obligaciones, el concepto de contrato y del principio de la intangibilidad del contrato, conocido también como *principio del contrato-ley*, y sus tratamientos en la doctrina, jurisprudencia y normativa vigente, con la finalidad de conseguir una alternativa por razón de las distorsiones económicas del país para que el asegurado o beneficiario se vea plenamente restituido en su situación patrimonial, o –también– para evitar el posible enriquecimiento sin causa del asegurador, en aras de proteger la institución del seguro y del mercado asegurador.

Así, bajo el *principio del contrato-ley* según el cual se equipara el cumplimiento de los contratos con el cumplimiento obligatorio de las leyes, se analiza la posibilidad de que las partes en el momento de la contratación de la póliza establezcan expresamente (i) la posibilidad de un sobreseguro, (ii) métodos de revalorización de la indemnización o suma asegurada y prima, en casos de inflación, y/o (iii) la prohibición para el asegurador de generarse un beneficio o enriquecimiento al margen de la *causa* del propio contrato (que es la de asegurar un bien asumiendo el riesgo a cambio del pago de una prima). Esta última opción consistiría, por una parte, en que las aseguradoras incluyesen en sus modelos de póliza el principio indemnizatorio, en los términos antes estudiados, pero en su dimensión ampliada y aplicable tanto para el asegurado como para el asegurador.

Encontramos la definición de contrato, en general, en el Código Civil[180] en su artículo 1.133, según el cual se define el contrato como "una convención entre dos o más personas para constituir, reglar, transmitir, modificar o extinguir entre ellas un vínculo jurídico".

Sobre la noción de contrato, MADURO LUYANDO y PITTIER SUCRE proponen que, de la definición contenida en el Código Civil, se pueden desprender cinco caracteres del contrato, a saber: (i) el contrato es una convención, (ii) que regula relaciones o vínculos jurídicos de carácter patrimonial, (iii) produce efectos obligatorios entre las partes, (iv) es fuente de obligaciones, y (v) el principio de la autonomía de la voluntad es el fundamento de la obligatoriedad del contrato[181]. En este sentido, los mencionados autores dejan claro que:

"El contrato constituye una especie de convención, puesto que involucra el concurso de las voluntades de dos o más personas conjugadas para la realización de un determinado efecto jurídico, que puede consistir en la creación, regulación, transmisión, modificación o extinción de un **vínculo jurídico** de naturaleza patrimonial.// (…) Siendo una convención, no hay duda de que el contrato pertenece a los negocios jurídicos bilaterales, caracterizados por la concurrencia de dos o más manifestaciones de voluntad **que al conjugarse producen determinados efectos para todas las partes**"[182] (resaltado agregado).

---

[180] Código Civil de Venezuela. *Gaceta Oficial de la República de Venezuela* N° 2.990, julio 26, 1982.

[181] *Cf.* MADURO LUYANDO, Eloy y PITTIER SUCRE, Emilio, *Curso de obligaciones. Derecho civil III,* tomo II, Universidad Católica Andrés Bello, Caracas, 2005, p. 525-527.

[182] *Ibid.*, p. 525-526.

185

El principio de la fuerza obligatoria del contrato o de su concepción como ley entre las partes, así como las máximas de cumplimiento de buena fe de los contratos y de que las obligaciones deben ser cumplidas tal como fueron pactadas, se encuentran recogidos y positivizados en el Código Civil, en los artículos 1.159, 1.160 y 1.264, los cuales leen:

Artículo 1.159 del Código Civil: "**Los contratos tienen fuerza de Ley entre las partes**. No pueden revocarse sino por mutuo consentimiento o por las causas autorizadas por la Ley" (resaltado agregado).

Artículo 1.160 del Código Civil: "Los contratos deben ejecutarse de buena fe y **obligan no solamente a cumplir lo expresado en ellos, sino a todas las consecuencias que se derivan de los mismos contratos**, según la equidad, el uso o la Ley" (resaltado agregado).

Artículo 1.264 del Código Civil: "**Las obligaciones deben cumplirse exactamente como han sido contraídas**. El deudor es responsable de daños y perjuicios, en caso de contravención" (resaltado agregado).

Sobre estos artículos, y en especial referencia al artículo 1.159, arriba citado, precisa MÉLICH-ORSINI que:

"Este texto sirve a un mismo tiempo para consagrar el principio de la autonomía de la voluntad y el principio de la intangibilidad del contrato, llamado también por algunos escritores «principio del contrato-ley», en cuanto que homologa la fuerza obligatoria del contrato entre las partes a la de la propia ley. La vinculación entre estos dos principios debió parecer inescindible a los forjadores de este texto legal. Por lo mismo que el contrato es una expresión de la voluntad soberana de los contratantes, quienes no pueden equivocarse o cometer injusticia alguna desde el momento en que concurren los presupuestos racionales que la ley postula para que ellos generen obligaciones válidas (capacidad, ausencia de vicios del consentimiento, etc.), se concluye que lo que en él se estipule debe reputarse tan sagrado como la propia ley, y aún más sagrado para las propias partes que si se lo estipulara el legislador, pues por tratarse de una ley particular que ellas se han dado a sí mismas y a la que se han sometido libremente, en ejercicio de su propia soberanía, resultaría una contradicción lógica admitir que su voluntad fuera sustituida por la de otro sujeto"[183].

Por su parte, sobre el denominado *principio del contrato-ley*, MADURO LUYANDO y PITTIER SUCRE lo definen como aquel "según el cual el contrato es de obligatorio cumplimiento, so pena de incurrir en la responsabilidad civil o en otros efectos del incumplimiento (...)"[184].

Estas máximas del Derecho civil encuentran su base en el principio o regla moral denominada *pacta sunt servanda* (el respeto a la palabra dada)[185], cuyo origen se remonta a Aristóteles, quien definía el contrato como ley particular que une a las partes, concepto que ha tomado fuerza y evolucionado

---

[183] MÉLICH-ORSINI, José, *Doctrina... cit.*, p. 427-428.

[184] MADURO LUYANDO, Eloy y PITTIER SUCRE, Emilio, *Curso... cit.*, tomo II, p. 810.

[185] "Para el cristianismo el aspecto fundamental del problema jurídico está constituido por la ética y no por la técnica, por lo cual llega a la conclusión de que el mero pacto debe ser respetado en conciencia (*Servanda est fides, pacta sunt servanda*). Bajo la influencia del derecho canónico y cediendo al impulso de las necesidades del comercio, que iban haciendo cada vez más recurrente el uso del contrato, se llegó al fin a superar la tesis romana y a reconocer a los pacta nuda valor obligatorio". MÉLICH-ORSINI, José, *Doctrina... cit.*, p. 18. Así, se puede apreciar como se ha evolucionado de esa concepción *moral* a unos principios *jurídicos*, ahora máximas en el Derecho Civil, como lo son las establecidas en los artículos 1.159, 1.160 y 1.264 arriba citados.

desde entonces, con motivo de la influencia cada vez más creciente del principio de la autonomía de la voluntad y del principio rector en materia de cumplimiento de las obligaciones que ordena a que éstas deben cumplirse tal como han sido contraídas[186].

En suma, debe considerarse, entonces, que la voluntad de las partes debe respetarse en su totalidad siempre que no contravenga la ley y, en especial, las normas de orden público, entendiéndose o traduciéndose como ley máxima entre ellos, creándose, en consecuencia, entre las partes de un contrato, una obligación de cumplimiento ineludible. Y es que, aun atendiendo al carácter de *contrato por adhesión* y extrema regulación en el caso de los contratos de seguro, deben entenderse igualmente estos contratos (pólizas) regidos por el principio de la autonomía de la voluntad de las partes (con las matizaciones del caso) y, en consecuencia, siendo aplicable el *principio del contrato-ley* referido.

En palabras de GUISASOLA, "hay que concluir que el contrato de seguro sigue regido por el principio de la autonomía de la voluntad de las partes, si bien con claras limitaciones que a dicho principio suponen el hecho de que se configure como un contrato de adhesión y el intervencionismo estatal"[187]. Y es que, más allá que ha quedado claro que se trata de un contrato por adhesión, la *voluntad* del adherente se concreta –en estos supuestos– cuando en efecto *acepta adherirse* a las cláusulas del contrato tal como han sido presentadas, quedando obligado al mismo en los términos precisados.

---

[186] *Cf.* MADURO LUYANDO, Eloy y PITTIER SUCRE, Emilio, *Curso… cit.*, tomo II, p. 810.

[187] GUISASOLA PAREDES, Aitor, *op. cit.*, p. 30.

Sobre esta materia, conviene citar la sentencia dictada por la Sala Política-Administrativa el 15 de marzo de 2018 que, en un caso relacionado con la actividad de seguros, se confirma la importancia de la voluntad de las partes, y que las normas que regulan la relación del contrato de seguro son de carácter supletorio a dicha voluntad. La sentencia expresa lo siguiente:

"En atención a ello, conviene mencionar que el contrato de seguros se rige por el derecho privado y por tanto, es aplicable el principio de autonomía de la voluntad de las partes, en donde **las normas que regulan la relación contractual son de carácter supletorio** a la voluntad expresada en el acuerdo.// Dicho principio, si bien no está consagrado explícitamente en nuestra legislación, surge de la interpretación concatenada de dos normas contenidas en nuestro Código Civil, a saber: del artículo 1.159 que establece que "(…) los contratos tienen fuerza de ley entre las partes (...)"; y del artículo 1.264, que prevé que las obligaciones deben cumplirse exactamente como han sido contraídas. En razón de ello, conforme a las referidas disposiciones legales el ordenamiento jurídico permite la libertad contractual, en el entendido que pueden existir normas imperativas de obligatorio cumplimiento dentro de una Ley que están **destinadas a velar por los intereses de una de las partes vista como débil jurídico dentro de la relación**, lo cual ocurre dentro de los contratos de seguros, pues éstos deben encontrarse dentro del marco jurídico que la legislación le impone, **manifestando las partes su voluntad de adherirse** a estas condiciones una vez suscriben el respectivo convenio.// En conexión con lo expresado, en el presente caso se evidencia que las exclusiones antes referidas fueron aceptadas expresamente por las partes en el ámbito de la celebración del contrato de seguros, redactadas en este sentido dentro de los límites que establecía el Decreto con

Fuerza de Ley del Contrato de Seguro, aplicable *ratione temporis* (…)"[188] (resaltado agregado).

De la anterior sentencia, se resaltan varios aspectos que se presentan de relevancia: (i) se reconoce que priva –en materia de seguros– el *principio del contrato-ley* y la máxima de que las obligaciones deben cumplirse tal como fueron pactadas; (ii) que en los contratos de seguro, como en cualquier otro contrato, en atención a la voluntad de las partes, éstas están en la libertad de acordar cualquier disposición en tanto las mismas no contradigan normas de orden público; (iii) que, en este sentido, las normas que regulan la relación contractual son de carácter supletorio a la voluntad expresada en el acuerdo por las partes; pero que (iv) en los contratos de seguro se ve restringida esa voluntad por cuanto el asegurado lo que hace es *adherirse* a las condiciones previamente establecidas; y (v) por último se deja igualmente claro que existe, como se ha manifestado previamente, un débil jurídico en la relación contractual en materia de seguros.

Lo que se quiere destacar en este punto sobre la noción de contrato, es que el mismo tiene carácter de fuerza obligatoria entre quienes lo suscriben, y su cabal cumplimiento deriva de la propia autonomía de la voluntad de las partes, por lo tanto y en aplicación al caso en concreto, si ambas partes por ejemplo decidieran (como en efecto se hace en la actualidad por mandato de las disposiciones contractuales en los modelos aprobados por la SUDEASEG) que, después de pagada la indemnización en determinados supuestos, el asegurado o beneficiario debe ceder la titularidad de la cosa asegurada, así debe cumplirse la obligación en respeto a la *voluntad* de las partes, tal como se ha pactado.

---

[188] Sentencia N° 295 dictada por la Sala Político-Administrativa del Tribunal Supremo de Justicia el 15 de marzo de 2018. Caso: Seguros Qualitas, C.A. Exp. N° 2014-0567.

En contraposición a lo anterior, si las partes decidieran que, no está obligado el asegurado o beneficiario a ceder el bien asegurado en aquellos supuestos que esto significase un enriquecimiento *sin causa* para el asegurador y un detrimento para el asegurado, o si estipularan cláusulas obligatorias de revaloración de los montos de indemnización fijados, en circunstancias expresas y específicas, entonces las partes, de conformidad con lo que se ha venido indicando, estarían *obligadas* a cumplir ese contrato tal como fue pactado.

Así mismo, las partes pudieran definir como suma asegurada o de indemnización un monto que supere el valor del interés asegurado (sobreseguro), para el momento de suscripción de la póliza, pero con la intención de que la misma sea equivalente al valor del interés asegurado en un futuro determinado. En materia de sobreseguro, las Normas indican en su artículo 63, lo siguiente:

"Del sobreseguro. Artículo 63: El contrato de seguro celebrado por una suma superior al valor real del bien asegurado **será válido** únicamente hasta la concurrencia de su valor real, teniendo ambas partes la facultad de solicitar la reducción de la suma asegurada. En este caso, la empresa de seguros o la asociación cooperativa que realiza actividad aseguradora devolverá la prima cobrada en exceso solamente por el período de vigencia que falte por transcurrir, deducida la comisión pagada al intermediario de la actividad aseguradora, dentro del plazo de quince (15) días continuos siguientes a la fecha de la solicitud.// Si ocurre el siniestro antes de que se haya verificado el supuesto anterior, la empresa de seguros o la asociación cooperativa que realiza actividad aseguradora indemnizará el daño efectivamente causado.// Cuando se celebre un contrato de seguro por una suma superior al valor real del bien asegurado **y ha existido dolo o mala fe de una de las partes**, la otra tendrá derecho de demandar u oponer la nulidad y además exigir la indemnización que corresponda por daños y perjuicios" (resaltado añadido).

191

De la lectura del artículo anterior, se puede concluir que no hay limitación expresa o norma de orden público que prohíba el establecimiento de un sobreseguro voluntario por ambas partes, a menos que exista dolo o mala fe[189]. Pero si no hay dolo ni mala fe y, por el contrario, es un acuerdo *voluntario* entre ambas partes del contrato, se pudiera establecer como monto fijo de indemnización o suma asegurada un monto superior al valor del interés asegurable al momento de la suscripción de la póliza, tratando de buscar –en cierta medida– evitar los perjudiciales efectos de la inflación.

Ahora bien, si al momento del siniestro, esa suma sobreestimada para la fecha de celebración del contrato sigue siendo superior al valor real del bien asegurado, lo que indican las Normas es que el contrato sigue siendo válido, pero únicamente hasta la concurrencia del valor real del bien asegurado, teniendo ambas partes la facultad de solicitar la reducción de la suma asegurada y la devolución de la prima cobrada en exceso (la cual debería ser igualmente indexada a la fecha de la devolución). Nuevamente, mientras no signifique un enriquecimiento para el asegurado, no afecta la validez del contrato.

Al respecto es importante indicar, que al igual que con la estimación de montos fijos de indemnización, y en cumplimiento del principio indemnizatorio, con la aplicación de esta alternativa de *sobreseguro voluntario*, no se busca obtener ventajas patrimoniales del asegurador ni del beneficiario o asegurado mediante la valoración "excesiva" del interés asegurado, sino el equilibrio contractual, teniendo en cuenta que las Normas claramente indican que, de darse ese escenario, la indemnización se pagará hasta la concurrencia del daño, por lo

---

[189] En otras legislaciones se permite expresamente el "sobreseguro", por ejemplo, en Alemania, donde se establece que sólo será nulo el sobreseguro en aquellos casos en que se busca conseguir un lucro patrimonial *ilícito*. *Cf.* MANES, Alfred, *op. cit.*, p. 305.

tanto, sería imposible su enriquecimiento, pero sí se garantizaría (en cierta medida y dependiendo del cálculo de la sobrevaloración vs. la inflación) la indemnización y restitución patrimonial plena.

Ahora bien, como se ha indicado antes, el problema aquí se presenta o radica en el hecho, también tratado, de que los asegurados, tomadores o beneficiarios tienen poco campo de negociación al momento de la suscripción de los contratos de seguro, teniendo nula flexibilidad al momento de proponer ajustes, modificaciones o mejoras en las cláusulas de los contratos de seguro. Siendo lo común (ahora la regla) que las pólizas resulten en infraseguros, no viéndose en la práctica la contratación voluntaria de sobreseguros. Por lo tanto, es algo que debe nacer de los aseguradores o de la propia SUDEASEG.

Es importante recordar, que aquellas cláusulas contractuales contradictorias a normas de orden público o violatorias de leyes vigentes pueden resultar anuladas[190]. Al no contradecir todo lo antes propuesto una norma de orden público, no existirían limitaciones para las partes en acordar –por razón de la autonomía de la voluntad– una excepción a ciertas cláusulas preestablecidas, y poder (i) determinar un posible sobreseguro, (ii) metodologías particulares de revaloración de la indemnización y mecanismos obligatorios contra la inflación (aun en las pólizas que no sean contratadas conforme con lo establecido, como se indicó previamente, en el artículo 61 de las Normas), o (iii) alguna prohibición o limitación para la cesión de la titularidad del bien asegurado en caso de que esto signifique una ganancia o enriquecimiento *sin causa* del asegurador.

---

[190] Artículo 6 del Código Civil: "No pueden renunciarse ni relajarse por convenios particulares las leyes en cuya observancia están interesados el orden público o las buenas costumbres".

Esto lo pueden realizar directamente las empresas aseguradoras, solicitando a la SUDEASEG una modificación a los modelos de pólizas preaprobadas o, vista sus facultades, directamente la propia SUDEASEG pudiera de oficio ordenar el ajuste de pólizas existentes para establecer mecanismos que garanticen el equilibrio de los contratos de seguro, buscando una verdadera indemnización a los asegurados (de haber sido además la intención al contratar la póliza) y de prohibir cualquier potencial enriquecimiento *sin causa* al asegurador o al asegurado. Parte de la gestión de la SUDEASEG como ente regulador del sector seguros, es sin duda el buscar soluciones a situaciones que afecten al mercado asegurador en general, como es el caso, ya que como se explicara anteriormente, la afectación a los asegurados genera una lógica y medible consecuencia de disminución en las contrataciones, lo que a la postre afecta el negocio de las empresas aseguradoras, incidiendo en definitiva en todo el mercado de seguros y, más ampliamente, en la economía.

Mientras no ocurra lo primero o lo segundo, igual pudieran incluirse en las pólizas todos los mecanismos de protección indicados ya que, en la medida que las cláusulas incluidas sean *beneficiosas* para el tomador, asegurado o beneficiario, las mismas podrán ser aceptadas y serán de carácter obligatorio entre las partes tomando en cuenta las máximas atendidas sobre la intangibilidad del contrato o principio del contrato-ley, además tomando en cuenta, tal como antes se explicó (Capítulo III), que los contratos de seguro siempre serán interpretados a favor del asegurado o beneficiario, por su condición de débil jurídico.

Así, la propuesta consistiría en incluir (en la medida de lo posible) en todos los contratos de seguro contra daños, cláusulas, por un lado, que (i) prohíban el enriquecimiento *sin causa* por parte del asegurador en aquellos supuestos en que deba cederse la propiedad de la cosa asegurada, y esta tenga un valor superior –aun considerando los daños sufridos– al monto total de la "indemnización" pagada[191] al asegurado o beneficiario; y, por el otro, que (ii) se establezcan mecanismos obligatorios en todas las pólizas para afrontar los efectos de la inflación y pérdida de valor de la moneda, y que, en defecto de lo anterior, (iii) se delimite o incentive la posibilidad de estimar sobreseguros para, entre otras posibles razones, evadir los efectos de la inflación.

4. *Teoría de la imprevisión*

En función de esta propuesta se estudiará la aplicación de la teoría de la imprevisión como posible excepción al principio de intangibilidad de los contratos o del *contrato-ley*, recién abordado, y su eventual aplicación a los contratos de seguro en el supuesto que aquí se plantea cuando ocurre el desequilibrio económico sobrevenido e involuntario del contrato suscrito entre el asegurador y el asegurado.

Para algunos autores, las máximas del Derecho civil antes explicadas (intangibilidad del contrato, el que las obligaciones deben cumplirse tal como han sido contraídas, etc.), se han visto en cierta medida "flexibilizadas" al ofrecerse en determinadas situaciones –y bajo la particular premisa de que es *en protección de los débiles jurídicos*– soluciones distintas que mitigan la fuerza obligatoria del contrato o "vías de corrección a la rigidez del principio de la intangibilidad del contrato"[192], como sucede por ejemplo con la teoría de la imprevisión. Así, se plantea que no puede mantenerse inalterado en cualquier y toda circunstancia el dogma de la obligatoriedad de los contratos con prestaciones sucesivas o de ejecución diferida, pudiendo en consecuencia

---

[191] Indemnización que, como ha sido explicado, si no es ajustada (en las pólizas donde se utiliza el Bs. como moneda de cuenta) no sería suficiente en sí misma para reponer el bien, repararlo o sustituirlo por uno similar.

[192] MÉLICH-ORSINI, José, *Doctrina… cit.*, p. 441.

dichos contratos ser materia de revisión. Y es esto lo que se propone desarrollar en esta propuesta en particular.

En Venezuela, como se ha explicado, se encuentran expresamente incluidos dentro de la legislación tanto el principio del *contrato-ley* y la máxima de que las obligaciones deben cumplirse tal como fueron pactadas, no estando "expresamente" contemplada la posibilidad de aplicar la teoría de la imprevisión, salvo en ámbitos puntuales[193] –como sí lo vemos en otras legislaciones[194]–, por lo cual se presentan diferentes posiciones en doctrina al respecto[195].

---

[193] "Es preciso decir que en Venezuela sí está regulada la teoría de la imprevisión legalmente de forma especial para los contratos administrativos y en el ámbito del derecho marítimo". FIGUEROA TORRES, Juan José, "Causas extrañas no imputables y teoría de la imprevisión con especial atención al contrato de obras. Tutela judicial", *Revista Derecho y Sociedad*, N° 18, Universidad Monteávila – Facultad de Ciencias Jurídicas y Políticas, Caracas, 2021, p. 177.

[194] Como por ejemplo ocurre en las legislaciones de Francia, Argentina, Italia, entre otras. Al respecto, *vid.* LUPINI BIANCHI, Luciano, "Notas sobre la teoría de la imprevisión en el Derecho civil", en DE VALERA, Irene y SALAVERRÍA, José Getulio (Coords.), *Libro Homenaje a Aníbal Dominici*, Ediciones Liber, Caracas, 2008, p. 265 y siguientes.

[195] Sobre el tratamiento doctrinario de la teoría de la imprevisión tanto en Venezuela como en el Derecho comparado, entre otros ya citados, *vid.*: URDANETA FONTIVEROS, Enrique, "Consideraciones generales sobre la alteración sobrevenida de las circunstancias contractuales en el Derecho comparado", en BREWER-CARÍAS, Allan R. y ROMERO-MUCI, Humberto (Coords.), *Estudios jurídicos sobre la pandemia del Covid-19 y el Decreto de Estado de Alarma en Venezuela*, Academia de Ciencias Políticas y Sociales – Editorial Jurídica Venezolana Internacional, Colección Estudios N° 123, Caracas, 2020, p. 407-432; MARTÍNEZ, Luz María, "La ruptura de la economía negocial tras el Covid-19 (un análisis desde el moderno Derecho europeo de contratos)", *Revista Actualidad Jurídica Iberoamericana*, N° 12 bis, Instituto de Derecho Iberoamericano, Valencia-España, 2020; MOMBERG URIBE, Rodrigo, "La revisión del contrato por las partes:

el deber de renegociación como efecto de la excesiva onerosidad sobreviniente", *Revista Chilena de Derecho*, volumen 37, N° 1, Pontificia Universidad Católica de Chile, Santiago, 2019; MOMBERG URIBE, Rodrigo, "Teoría de la imprevisión: la necesidad de su regulación legal en Chile", *Revista Chilena de Derecho Privado*, N° 15, Universidad Diego Portales, Santiago, 2010; VARGAS-WEIL, Ernesto, "Imprevisión y Covid-19: sobre el rol de los tribunales y la Ley en tiempos de crisis", *Revista Chilena de Derecho Privado*, N° 37, Universidad Diego Portales, Santiago, 2021; GERBAUDO, Germán E., "La renegociación y la revisión contractual frente a la pandemia COVID-19", *Revista Electrónica del departamento de Derecho económico y empresarial – Deconomi*, año III, N° 5, Facultad de Derecho de la Universidad de Buenos Aires, Buenos Aires, 2020; FRANCO ZÁRATE, Javier Andrés, "La excesiva onerosidad sobrevenida en la contratación mercantil: una aproximación desde la perspectiva de la jurisdicción civil en Colombia", *Revista de Derecho Privado,* N° 23, Universidad Externado de Colombia, Bogotá, 2012; CHAMIE, José Félix, "Equilibrio contractual y cooperación entre las partes", *Revista de Derecho Privado,* N° 14, Universidad Externado de Colombia, Bogotá, 2008; CALAHORRANO LATORRE, Edison Ramiro, "Derecho de contratos y excepcionalidad: reaparición de instituciones y retorno a los principios en contexto de Covid-19", *Ius Humani: Revista de Derecho*, volumen 9 (II), Universidad de los Hemisferios, Quito, 2020; ARIAS GARCÍA, Luis Alberto y FIGOLI MEDINA, Romina, "Efectos del COVID-19 en el cumplimiento de los contratos: teoría de la imprevisión", artículo de opinión publicado en el *Periódico digital Acento*, República Dominicana el 20 de mayo de 2020; ORDOQUI CASTILLA, Gustavo, "El deber de renegociar el contrato de buena fe en épocas del COVID-19", *Ius et Praxis, Revista de la Facultad de Derecho*, N° 50-51, Universidad de Lima, Lima, 2020; GARCÍA LONG, Sergio, "El cambio de circunstancias en el derecho de contratos: desequilibrio económico", *Ponencia presentada en la Pontificia Universidad Católica del Perú,* mayo 2019. Disponible en: https://www.academia.edu/39602046/El_cambio_de_circunstancias _en_el_derecho_de_contratos_Desequilibrio_económico; COSSIO, Carlos, *La teoría de la imprevisión*, Abeledo-Perrot, Buenos Aires, 1961; HINESTROSA, Fernando, "Teoría de la imprevisión", *Revista de Derecho privado*, N° 39, Universidad Externado de Colombia, Departamento de Derecho civil, 2020, p. 9-29; REZZÓNICO, Luis

La teoría de la imprevisión debe entenderse aplicable en aquellos supuestos que exista *dificultad* de cumplimiento del contrato por *onerosidad excesiva* e *imprevisible*, partiendo de la idea de que, no obstante, la *intangibilidad* del contrato (principio del *contrato-ley*), la *equivalencia* de las prestaciones debe mantenerse en el transcurso de la vida contractual[196]. La clave de esta teoría reside en mantener el *equilibrio económico* del contrato.

Como uno de los fundamentos de esta teoría, se encuentra la llamada cláusula *rebus sic stantibus*[197] (las cosas quedan como

---

María, *La fuerza obligatoria del contrato y la teoría de la imprevisión (reseña de la cláusula "rebus sic stantibus")*, Editorial Perrot, 2ª edición, Buenos Aires, 1954; CUBIDES CÁRDENAS, Jaime, et al, "Principio de equilibrio y economía contractual: análisis a partir de las teorías de la imprevisión y el hecho del príncipe", *Revista Jurídica Mario Alario D'filippo*, volumen 14, N° 27, Universidad de Cartagena, Cartagena, 2022, p. 83-103.

[196] *Cf.* DOMÍNGUEZ GUILLÉN, María Candelaria, *op. cit.*, p. 187.

[197] Según GHESTIN-BILLIAU: "la cláusula *rebus sic stantibus* rigió prácticamente hasta el siglo XVII y sólo fue abandonada por influencia de la escuela histórica del derecho romano y de la escuela del derecho natural y la influencia de la economía liberal, que hacen predominar el contrario principio *pacta sunt servanda*". Cita tomada de MÉLICH-ORSINI, José, *Doctrina... cit.*, p. 441. Según MADURO LUYANDO y PITTIER SUCRE, la aplicación de esta cláusula "a pesar de tener una tradición histórica de varios siglos, nunca llegó a prosperar en forma definitiva, de allí que el Código Napoleón rechazó la doctrina que preconizaba la cláusula *rebus sic stantibus*, haciendo prevalecer el principio de la intangibilidad del contrato". MADURO LUYANDO, Eloy y PITTIER SUCRE, Emilio, *Curso... cit.* tomo II, p. 816. Para más sobre la "cláusula *rebus sic stantibus*", *vid.* De AMUNÁTEGUI RODRÍGUEZ, Cristina, *La cláusula rebus sic stantibus*, Tirant lo Blanch, Valencia, 2003, *in totum*; ADÁN DOMÈNECH, Federico, *La cláusula rebus sic stantibus y su problemática procesal*, Bosch – Wolters Kluwer, Madrid, 2021, *in totum*; y CALAZA LÓPEZ, Sonia, *Rebus sic stantibus, extensión de efectos y cosa juzgada*, Le Ley – Wolters Kluwer, Madrid, 2021, *in totum*.

están), "en virtud de la cual se postula que las partes han partido al contratar que las cosas persistirían en el mismo estado y de allí que si tales circunstancias cambian de una manera sustancial, por hechos extraordinarios e imprevisibles, haciendo excesiva onerosa la prestación para una de las partes, el contrato debe ser resuelto o modificado"[198].

De conformidad con esta cláusula, se consideraba que la misma se encontraba implícita en todos los contratos de ejecución diferida o de tracto sucesivo, "en el sentido de entender que en ellos las partes habrían subordinado su eficacia a la permanencia de las circunstancias existentes en el momento de su celebración"[199]. Aun cuando hay autores que alegan que esta cláusula fue abandonada, la misma ha sido positivizada en legislaciones y sigue siendo invocada como fundamento para defender el uso y aplicabilidad de la teoría de la imprevisión[200].

Al adentrarse en este tema, MÉLICH-ORSINI considera que la teoría de la imprevisión no hace otra cosa sino "resucitar en nuestra época aquella supuesta cláusula implícita [*rebus sic stantibus*] según los postglosadores en todo contrato, como medio de conciliación del principio *pacta sunt servanda* que

---

[198] MADURO LUYANDO, Eloy y PITTIER SUCRE, Emilio, *Curso... cit.*, tomo II, p. 816.

[199] MÉLICH-ORSINI, José, *Doctrina... cit.*, p. 441.

[200] Por ejemplo, en Navarra, España, se incluyó expresamente la "cláusula *rebus sic stantibus*", en la ley 493, parágrafo 3°, de acuerdo con la cual "cuando se trate de obligaciones de largo plazo o tracto sucesivo, y durante el tiempo de cumplimiento se altere fundamental y gravemente el contenido económico de la obligación o por la proporcionalidad entre las prestaciones, por haber sobrevenido circunstancias imprevistas que hagan extraordinariamente oneroso el cumplimiento para una de las partes, podrá ésta solicitar la revisión judicial para que se modifique la obligación en términos de equidad o se declare su resolución". CASTAN TOBEÑAS, José, *Derecho civil español, común y foral. Derecho de obligaciones. La obligación y el contrato en general*, tomo III, Reus, S.A., 13ª edición, Madrid, 1983, p. 572.

impone la más estricta fidelidad a la palabra dada, con el *vinculum fraternitatis* que recomienda al acreedor la caridad cristiana, o sea, la llamada cláusula *rebus sic stantibus* (las cosas quedan donde están); o dicho en términos modernos: hay que subordinar la eficacia del contrato a que las circunstancias de hecho y de derecho que acompañaron a la celebración del mismo persistan en lo fundamental en el momento en que se demanda su cumplimiento" (corchetes añadidos)[201].

Desde la perspectiva del Derecho internacional, el principio o cláusula *rebus sic stantibus* se encuentra incluido en la Convención de Viena sobre el Derecho de los Tratados de 1969 (en el artículo 62[202]), según el cual la parte afectada del tratado

---

[201] MÉLICH-ORSINI, José, "La revisión judicial del contrato por onerosidad excesiva", *Revista de la Facultad de Derecho*, N° 54, Universidad Católica Andrés Bello, Caracas, 1999, p. 56-57. En esta misma línea, *vid.* MÉLICH-ORSINI, José, "La revisión judicial del contrato por onerosidad excesiva", *Revista de Derecho de la Pontificia Universidad Católica de Valparaíso*, N° XX, Pontificia Universidad Católica de Valparaíso, Valparaíso, 1999.

[202] Artículo 62 de la Convención de Viena sobre el Derecho de los Tratados del 1969: "Cambio fundamental en las circunstancias. 1. Un cambio fundamental en las circunstancias ocurrido con respecto a las existentes en el momento de la celebración de un tratado y que no fue previsto por las partes no podrá alegarse como causa para dar por terminado el tratado o retirarse de él a menos que:// a) la existencia de esas circunstancias constituyera una base esencial del consentimiento de las partes en obligarse por el tratado, y// b) ese cambio tenga por efecto modificar radicalmente el alcance de las obligaciones que todavía deban cumplirse en virtud del tratado.// 2. Un cambio fundamental en las circunstancias no podrá alegarse como causa para dar por terminado un tratado o retirarse de él:// a) si el tratado establece una frontera; o// b) si el cambio fundamental resulta de una violación por la parte que lo alega, de una obligación nacida del tratado o de toda otra obligación internacional con respecto a cualquier otra parte en el tratado.// 3. Cuando, con arreglo a lo dispuesto en los párrafos precedentes, **una de las partes pueda alegar un cambio fundamental**

pudiera suspender el cumplimiento del mismo si se produjera un cambio fundamental en las circunstancias ocurridas respecto a las existentes en el momento de la celebración del tratado y que afectasen a las obligaciones pendientes de la parte afectada. Por su parte, "para el caso de los contratos mercantiles internacionales, en Venezuela se aplican los Principios de Unidroit, los cuales (...) reconocen expresamente la posibilidad de dar por terminado o adaptar un contrato en caso de excesiva onerosidad que altere fundamentalmente el equilibrio del contrato. Significa que, para los contratos mercantiles internacionales, en Venezuela sí está prevista la teoría de la imprevisión y la misma se puede aplicar, por supuesto sujeto a las normas establecidas en los ya citados Principios de Unidroit"[203].

Hay un sector de la doctrina que afirma que debe existir una norma específica dentro del ordenamiento jurídico a efectos de aplicar esta teoría, indicando que "ninguno de los fundamentos de la teoría de la imprevisión es suficiente para su aplicación por el juez, cuando no existe una norma legal que lo autorice expresamente"[204]. Por su parte, MÉLICH-ORSINI considera que "ante estos fallidos intentos de obtener la «adaptación del contrato a las circunstancias económicas» por los cauces de la doctrina tradicional y el arraigo que muestra tener en la jurisprudencia el principio de la intangibilidad del contrato, tal como se ha explicado, a falta de que las propias partes hayan

---

en las circunstancias como causa para dar por terminado un tratado o para retirarse de él, podrá también alegar ese cambio como causa para suspender la aplicación del tratado" (resaltado añadido).

[203] RODNER S., James-Otis, *El dinero. Obligaciones de dinero y de valor. La inflación y la deuda en moneda extranjera*, Academia de Ciencias Políticas y sociales – Editorial Anauco, 2ª edición, Caracas, 2005, p. 708.

[204] MADURO LUYANDO, Eloy y PITTIER SUCRE, Emilio, *Curso... cit.*, tomo II, p. 820.

tomado precauciones mediante la inserción en su contrato de cláusulas dirigidas a prever y a remediar las eventualidades, no queda sino pensar en la intervención del legislador"[205].

Otro sector de la doctrina indica, por su parte, que la misma puede ser utilizada al margen de su inclusión o no en el ordenamiento jurídico. Así se pronuncia DOMÍNGUEZ GUILLÉN, para quien "algunas legislaciones extranjeras la consagran expresamente, en tanto que en legislaciones como la venezolana, la teoría cobra fuerza al margen de su consagración legislativa"[206].

En esta misma línea, URBANEJA defendió hace más de cinco décadas la utilización de la teoría de la imprevisión, indicando que la misma puede hallar amparo en el artículo 1.160 del Código Civil, que consagra el principio de la buena fe en la ejecución de los contratos, indicando que "en todo caso de excesiva onerosidad producida por sucesos extraordinarios e imprevisibles se puede invocar que el acreedor ha excedido en el ejercicio de su derecho los límites fijados por la buena fe. En efecto, ya se ha señalado que la buena fe obliga al acreedor a no exigir prestación alguna que esté fuera de lo realmente querido por las partes, y para cuya determinación habrá que tomar en cuenta las circunstancias que objetivamente consideradas

---

[205] MÉLICH-ORSINI, José, *Doctrina… cit.*, p. 443. Sobre la reciente incorporación de esta teoría en el Código Civil francés y su influencia en el Derecho venezolano, *vid.* RACHADELL, María Cecilia y DI MIELE, Franco, "Apuntes sobre la codificación de la «théorie l'imprévision» en el Code civil", *Revista Venezolana de Derecho Mercantil*, edición especial en homenaje al Dr. Alfredo Morles Hernández, Sociedad Venezolana de Derecho Mercantil, Caracas, 2021, p. 535-569.

[206] DOMÍNGUEZ GUILLÉN, María Candelaria, *op. cit.*, p. 188.

debieron de actuar como causas determinadas del consentimiento"[207].

Con relación a la buena fe, MARÍN recuerda que la misma en efecto "tiene un presupuesto subjetivo determinado por la posición del agente no solo frente a la realidad, sino frente al ordenamiento jurídico, la cual se manifiesta en su honestidad, en su honradez y en su lealtad en el comercio jurídico, en el sentido de no recurrir al fraude en el cumplimiento de sus obligaciones, en no enriquecerse a costa del otro contratante, en no causar perjuicios innecesarios (…)"[208].

Así, se entiende que la ejecución de buena fe de los contratos busca que las obligaciones en ellos estipuladas se cumplan de la mejor manera posible en atención a la intención original de los contratantes, lo que los motivó a obligarse en primer lugar. Sobre este tema RODNER, acogiendo la posición de URBANEJA, ha dejado claro que "el fundamento que mejor encuadra para la aplicación de la imprevisión es el concepto de buena fe. Cuando un contrato o el cumplimiento de ciertas prestaciones, se hace excesivamente oneroso para una de las partes, la aplicación de la buena fe (C.C.Ven., artículo 1160) atenuaría el rigor del cumplimiento de las prestaciones en la forma con habían sido contraídas"[209].

---

[207] URBANEJA, Luis Felipe, "Conceptos sobre la teoría de la imprevisión en los contratos de Derecho privado", *Discurso de incorporación a la Academia de Ciencias Políticas y Sociales*, pronunciado el 27 de octubre de 1972. Disponible en: https://www.acienpol.org.ve/wp-content/uploads/2019/09/D-0051-I.pdf

[208] MARÍN, Antonio Ramón, *Teoría del contrato en el Derecho venezolano*, Ediciones y Distribuciones Magón, Caracas, 1983, p. 330.

[209] RODNER S., James-Otis, *El dinero… cit.*, p. 712-713. Al respecto, también *vid.* Rodner S., James-Otis, "La teoría de la imprevisión (dificultad de cumplimiento por excesiva onerosidad)", en DE VALERA, Irene (Coord.), *El Código civil venezolano en los inicios del siglo XXI:*

Finalmente, como recuerda DOMÍNGUEZ[210], la jurisprudencia venezolana también ha hecho referencia a esta teoría, que aun cuando no se haya declarado procedente en los casos específicos[211], se demuestra igualmente su consideración y posible aplicación por parte de los jueces venezolanos.

Por su parte, reviste especial importancia lo indicado por URBANEJA, en cuanto a que "en Venezuela no existe impedimento legal para la aplicación de la teoría de la imprevisión para modificar o alterar las prestaciones de un contrato, sin incurrir por ello en ilegalidad"[212]. Por lo tanto, al no existir prohibición expresa en el ordena-miento jurídico, y bajo la premisa de que lo que no está prohibido, está –en consecuencia– permitido en el campo del Derecho privado, no hay limitación alguna para que los tomadores, asegurados o beneficiarios se hagan de esta teoría para solicitar la modificación o no ejecución de una obligación determinada de los contratos de seguro, en la medida que los perjudique (sea excesivamente oneroso) o no cumpla con la finalidad principal por la cual fue suscrita originalmente la póliza en específico, esto es, la reparación integral.

---

en conmemoración del bicentenario del Código civil francés de 1804, Academia de Ciencias Políticas y Sociales – Jurisfraven – Embajada de Francia, Caracas, 2005, p. 401-449.

[210] *Cf.* DOMÍNGUEZ GUILLÉN, María Candelaria, *op. cit.*, p. 188.

[211] Entre otras, *vid.* Sentencia Nº 00058 dictada por la Sala de Casación Civil del Tribunal Supremo de Justicia, el 18 de febrero de 2008. Caso: José Manuel Lens Suárez y otro vs. Center Import, S.K., C.A.; Sentencia Nº 000417 dictada por la Sala de Casación Civil del Tribunal Supremo de Justicia, el 12 de agosto de 2011. Caso: Hyundai de Venezuela, C.A. vs. Hyundai Motor Company; y Sentencia Nº 0241 dictada por la Sala de Casación Civil del Tribunal Supremo de Justicia, el 30 de abril de 2002. Caso: Arturo Pacheco Iglesia y Otros contra Inversiones Pancho Villas, C.A.

[212] URBANEJA, Luis Felipe, citado en RODNER S., James-Otis, *El dinero... cit.*, p. 708.

De otro lado ACEDO SUCRE, aun cuando sostiene que debe prevalecer en la legislación venezolana –por encima de la aplicación de la teoría de la imprevisión– el principio antes estudiado de contrato-ley o intangibilidad del contrato, considera con su característica precisión que "beneficiar al deudor en desmedro del acreedor sólo se justifica **si se trata de una deuda nacida de un contrato de adhesión**, pues, en los contratos de adhesión, la generalidad de las cláusulas contractuales es impuesta al deudor por el acreedor, sin discusión. En este caso, no está al alcance del deudor protegerse mediante una cláusula contemplando la posibilidad de que, por circunstancias no previstas, el contrato fuera más difícil de cumplir, ni una cláusula sometiendo el contrato a los artículos 6.2.1 a 6.2.3 de los Principios Unidroit. Conviene tratar primero, de manera general, qué es un contrato paritario y qué es un contrato de adhesión; para luego determinar, en cada tipo de contrato, que tratamiento debe darse a la mayor onerosidad"[213] (resaltado añadido).

Es importante acotar que la aplicación de este tipo de soluciones no es automática. Debe existir, al menos en Venezuela, la intermediación o intervención de un juez o árbitro, frente a quien se debe solicitar la aplicación de dicha teoría como solución a la situación planteada. El tema aquí a indagar específicamente, en caso de aceptarse la aplicación de tales teorías o principios, es si el tomador, beneficiario o asegurado pudieran hacer uso de los mismos para fundamentar la solicitud ante el juez o árbitro a efectos de (i) solicitar un ajuste de la

---

[213]   ACEDO SUCRE, Carlos Eduardo, "La imposibilidad y la dificultad en el cumplimiento de las obligaciones contractuales", en COVA ARRIA, Luis, BADELL MADRID, Rafael, RUAN SANTOS, Gabriel y CARMONA BORJAS, Juan Cristóbal (Coords.), *Libro homenaje al Doctor Humberto Romero-Muci*, tomo I, Academia de Ciencias Políticas y Sociales – Asociación Venezolana de Derecho Tributario, Caracas, 2023, p. 1905. Sobre el tema y del mismo autor, también *vid.* ACEDO SUCRE, Carlos Eduardo, *Cláusulas abusivas y contratos de adhesión*, Academia de Ciencias Políticas y Sociales, Caracas, 2018, *in totum*.

indemnización, y/o (ii) no dar cumplimiento a la obligación contractual de transferir la propiedad o titularidad del bien asegurado, siempre que éste genere al asegurador un enriquecimiento *sin causa* por un lado, y por el otro, un *detrimento* patrimonial adicional para el asegurado o beneficiario, en los términos planteados.

Según la teoría de la imprevisión se permitiría entonces solicitar ante instancias judiciales o arbitrales, la revisión de un contrato de seguro en virtud de la imprevisibilidad de determinados acontecimientos y circunstancias sobrevenidas.

Ha sido importante la cantidad de autores que han analizado las condiciones, factores y requisitos para aplicar la teoría de la imprevisión o la llamada cláusula *rebus sic stantibus*. Sin embargo, no existe un consenso unánime respecto a las condiciones ni sobre su aplicación. Es un tema controvertido en la doctrina por cuanto variados autores han considerado que la aplicación de este tipo de principios representa una flexibilidad del estándar de la *intangibilidad* del contrato o principio del *contrato-ley* que, como se ha dejado claro, a diferencia de la teoría de la imprevisión en Venezuela, sí forma parte de la legislación venezolana y se encuentra contenido expresamente en el Código Civil.

En este sentido, e indistintamente de lo recién señalado, MADURO LUYANDO y PITTIER SUCRE coinciden en que deben concurrir los elementos siguientes como requisitos básicos para aplicar la teoría de la imprevisión: (i) que sea excesivamente oneroso el cumplimiento o ejecución del contrato; (ii) por hechos imprevisibles y extraordinarios para el momento de celebración del contrato; (iii) que el contrato debe ser bilateral y conmutativo (queda excluido el contrato aleatorio); (iv) de cumplimiento diferido; (v) y que la alteración debe producirse entre el momento de la celebración del contrato y su cumplimiento[214].

En suma, se puede concluir que se exige como mínimo, entre otras circunstancias, que (i) ocurra una situación *extraordinaria*, que de haber ocurrido en el momento o antes de la suscripción del contrato, las partes no hubiesen firmado dicho contrato o al menos no en los términos que lo hicieron; (ii) que dicha circunstancia fuera *imprevisible* para las partes; (iii) que como resultado se genere un *desequilibrio económico* del contrato; (iv) sin que exista *dolo*, tomando en consideración que los contratos son ejecutados de buena fe; y (v) que el contrato sea de tracto sucesivo o esté referido a un momento futuro, como lo es claramente el contrato de seguro.

Aterrizando lo recién precisado al caso de estudio, se pudiera considerar, entonces, que la situación inflacionaria extrema del país es sin duda una alteración extraordinaria que rompe con el equilibrio contractual. La actual crisis económica y situación inflacionaria del país, puede ser considerada como un fenómeno que genera una distorsión en todos aquellos contratos suscritos en moneda de curso legal. Queda la pregunta si en Venezuela se pudiera en efecto alegar lo "imprevisible" de la situación en concreto (la inflación).

Sobre el tema, RODNER señala que la inflación no necesariamente es un hecho imprevisible, cuando dicha circunstancia ya es una constante en la economía, indicando que "no se puede aplicar la teoría de la imprevisión en Venezuela por el simple hecho de haber ocurrido una variación en el nivel general de precios, ya que la inflación en Venezuela no es imprevisible"[215]. Sin embargo, el mismo autor hace la salvedad de que si dicha inflación responde a desórdenes en la aplicación de políticas de

---

[214] *Cf.* MADURO LUYANDO, Eloy y PITTIER SUCRE, Emilio, *Curso...* *cit.*, tomo II, p. 820-821.

[215] RODNER S., James-Otis, *El dinero... cit.*, p. 714.

gasto público y de políticas monetarias notables por su falta de uniformidad y grado, como ocurre en Venezuela, puede llegar a ser un supuesto de hecho imprevisible y extraordinario[216] que dé lugar a aplicar la teoría de la imprevisión, aclarando que "si bien la inflación en sí bien constituye un fenómeno previsible, el grado o intensidad del fenómeno inflacionario puede no constituirlo"[217], como lo sería, por ejemplo, la hiperinflación que se experimentó en los años recientes y la inflación que sigue afectando a la economía, "y es que la de Venezuela, ya incluso sin el prefijo de «hiper», sigue teniendo hoy la inflación más alta del mundo. Según el mismo BCV, 2021 cerró con una inflación acumulada anual de 686,4%"[218].

Aun cuando en la actualidad se hable sólo de inflación, no debe dejarse de lado el hecho de que Venezuela pasó por lo menos un lustro con hiperinflación[219], y algunos economistas consideran que se pudiera volver a esa situación en cualquier momento.

---

[216] *Cf.* RODNER S., James-Otis, *El contrato y la inflación. El uso de cláusulas de valor en Venezuela*, Editorial Sucre, Caracas, 1983, p. 82.

[217] *Ibid.*, p. 85.

[218] GONZÁLEZ CAPPA, Daniel, "Cómo salió Venezuela de la hiperinflación y qué significa para la golpeada economía del país", artículo publicado en *BBC News Mundo*, enero 2022, disponible en: https://www.bbc.com/mundo/noticias-america-latina-59939636.

[219] La hiperinflación que afectó a Venezuela fue por casi cinco años consecutivos, la cual ha sido considerada como la peor hiperinflación de América Latina, la cual sólo se aligeró –a principios del 2022– en virtud de la dolarización *de facto* de la economía en general. *Cf.* El Comercio, "Venezuela llega a histórica hiperinflación, la más dañina de Latinoamérica", artículo publicado en *El Comercio digital*, disponible en: https://elcomercio.pe/mundo/actualidad/venezuela-llega-historica-hiperinflacion-danina-latinoamerica-noticia-576441-noticia/; y *Cf.* El Nacional, "Oliveros: «Es probable que a principios de 2022 Venezuela abandone la hiperinflación»", artículo publicado en *El Nacional* web, noviembre 2021, disponible en: https:// www.elnacional.com/economía/y-que-a-principios-de-2022-venezuela-abandone-la-hiperinflacion/.

En este sentido, para RACHADELL y SANQUÍRICO "si bien la doctrina y la jurisprudencia venezolana han aceptado la aplicación de la teoría de la imprevisión, basados en presupuestos legales, tales como la ejecución de buena fe de los contratos, la obligación que tienen las partes de cumplir los contratos de acuerdo a equidad, la obligación del acreedor de mitigar el daño, y presupuestos referentes a la alteración de la causa del contrato, ha sido negado casi de forma unánime la aplicación de esta teoría cuando media un hecho de inflación por no ser considerada la inflación como un hecho imprevisible"[220]. Ahora bien, precisan igualmente los indicados autores, en términos que suscribimos en su totalidad, que:

> "(…) es importante señalar que si el contrato fue suscrito por las partes antes de que se diera el evento inflacionario, y las partes demuestran que dicho evento inflacionario no era previsible al momento en que las partes negociaron y perfeccionaron el contrato, **entonces la inflación considerada en sí misma, sí es un hecho imprevisible** y por tanto sí puede aplicarse la teoría de la imprevisión a dicho caso.// (…) Hasta este punto, hemos sostenido nuestro argumento sobre la inflación, **sin tomar en cuenta el fenómeno hiperinflacionario, el cual representa un cambio de grado no solo imprevisible y extraordinario, sino que además puede llegar a ser incalculable** para las partes al momento de contratar. Este cambio exacerbado de grado en la tasa de inflación, que provoca el fenómeno de la hiperinflación, **puede llegar a desestabilizar a tal punto el equilibrio económico del**

---

[220] RACHADELL, María Cecilia y SANQUÍRICO PITTEVIL, Fernando, "La (hiper)inflación y sus efectos sobre las deudas de dinero. Un enfoque sobre la imprevisión en Venezuela", *Revista Venezolana de Derecho Mercantil*, N° 1, Sociedad Venezolana de Derecho Mercantil, Caracas, 2018, p. 393.

contrato, que se hace imperativa la aplicación de la teoría de la imprevisión. ¿O no?"[221] (resaltado agregado).

Por último, no hay que dejar de advertir el riesgo que significa asumir teorías como la de la imprevisión, que pudiera suponer la intromisión en los contratos por una voluntad externa al consenso o voluntad común de las partes que fue lo que lo produjo, como lo sería la de un juez o árbitro, quienes, en definitiva, son terceros ajenos a la voluntad de las partes. En palabras de RODNER: "la aplicación de la imprevisión es la excepción y no la regla. El juez debe procurar que el contrato se cumpla en la forma como ha sido contraído (C.C., artículo 1159)"[222].

Sobre este tema MÉLICH-ORSINI señala que "resulta más conveniente mantener como un principio general que es tarea exclusiva de las propias partes incorporar en los contratos que ellas celebren cláusulas escalatorias o de otro género similar, en previsión de esos incidentes económicos que puedan alterar las previsiones que ellas han entendido regular en sus contratos"[223], posición que se basa en el temor (y con razón) de otorgarle a los jueces amplias facultades para la intervención en los contratos entre particulares. Esto en la medida que se les permita a las partes –o a una de ellas, como es en el caso de los contratos por adhesión–, incluir este tipo de cláusulas, que como bien sabemos no ocurre en materia de seguros.

Como se ha venido indicando, en Venezuela prevalece la teoría de intangibilidad del contrato (principio del *contrato-ley*), no estando expresamente regulada la teoría de la imprevisión o la cláusula *rebus sic stantibus*. Sin embargo, y como ya se manifestó, al no haber limitaciones expresas dentro de la

---

[221] *Ibid.*, p. 396-398.

[222] RODNER S., James-Otis, *El dinero… cit.*, p. 713.

[223] MÉLICH-ORSINI, José, "La revisión…" *cit.*, p. 98.

legislación, la teoría de la imprevisión pudiera ser aplicada por los jueces venezolanos o árbitros, evidentemente respetando ciertos límites y factores para su aplicación y no permitiendo la absoluta discrecionalidad de los jueces o árbitros para inmiscuirse en las contrataciones entre particulares.

Resulta notable, también, que lo expresado anteriormente pudiera resultar conflictivo, no tanto por no haber una posición clara en la doctrina nacional ni comparada, sobre cuáles son los factores de aplicabilidad de la teoría, sino –especialmente– por la imprecisión sobre las limitaciones para los jueces o árbitros en aplicación de ésta.

Asumiendo la aplicabilidad de la teoría de la imprevisión y como ha sido abordado por la doctrina nacional sobre la calificación de la inflación, en los términos estudiados, como un elemento *imprevisible* (particularmente en cuanto a su intensidad), pudiera aplicarse entonces a nuestro caso de estudio, al generarse un notable *desequilibrio económico* del contrato, por no cumplirse la expectativa del asegurado o beneficiario de ver restituido su patrimonio en el supuesto de la concreción del riesgo, lo cual era su voluntad y deseo al momento de suscribir la póliza. Por lo tanto, luce posible para el asegurado o beneficiario hacerse de la teoría de la imprevisión a efectos de su solicitud ante el juez o árbitro para la revisión de un contrato de seguro, especialmente por tratarse de un contrato por adhesión.

5. *Contratación de pólizas en moneda extranjera*

Con la derogatoria de la Ley del Régimen Cambiario y sus Ilícitos[224], y la publicación del Convenio Cambiario N° 1[225], según el cual se establece la liberación de la convertibilidad de la moneda, y al no existir limitaciones para contraer obligaciones en moneda extranjera o de utilizar la moneda extranjera como moneda de cuenta a efectos de denominar el valor del bien asegurado y de la suma asegurada o indemnización fija, otra solución sería –precisamente– la de contratar pólizas en moneda extranjera[226] o utilizar ésta como moneda de cuenta.

En esta misma línea, las "Normas que rigen la suscripción de contratos de seguros, reaseguros, de medicina prepagada, de administración de riesgos, de fianzas o de reafianzamientos en moneda extranjera"[227], emitidas por la SUDEASEG, indican expresamente la posibilidad de que el asegurador asuma riesgos en *moneda extranjera*. Así, en su artículo 2, se establece expresamente que "todo riesgo puede ser objeto de contratación en moneda extranjera por parte de las empresas de seguros, de reaseguros, de medicina prepagada, administradoras de riesgos

---

[224] Decreto Constituyente mediante el cual se establece la Derogatoria del Régimen Cambiario y sus Ilícitos (2018). *Gaceta Oficial de la República Bolivariana de Venezuela* N° 41.452, 2 de agosto de 2018.

[225] Convenio Cambiario N° 1 (2018). *Gaceta Oficial de la República Bolivariana de Venezuela* N° 6.405, 7 de septiembre de 2018.

[226] Sin dejar de lado que, como es sabido, en Venezuela también tiene lugar lo que algunos economistas han llamado "inflación en dólares".

[227] Providencia Administrativa N° SAA-2-0026 del 23 de abril de 2021, dictada por la SUDEASEG y publicada en el portal web de esta institución. Disponible en: https://www.sudeaseg.gob.ve/descargas/ regulaciones/2021/Normas%20que%20rigen%20la%20suscripci%C3%B3n%20de%20contratos%20de%20seguros,%20reaseguros,%20medicina%20prepagada,%20administraci%C3%B3n%20de%20riesgos,%20fianzas%20o%20reafianzamientos%20en%20moneda%20extranjera..pdf.

y asociaciones cooperativas que realizan actividad aseguradora, sin más limitación que las establecidas en las leyes y las presentes normas (…)".

Este tipo de soluciones protegen al acreedor de los problemas económicos comentados (inflación, etc.), por ello resulta en una forma de prevención particularmente adecuada en las contrataciones entre particulares. En efecto, "la cláusula moneda extranjera o valor-moneda extranjera tiene por finalidad proteger al acreedor contra la devaluación de la moneda local en tanto resguarda su poder adquisitivo en el mercado internacional, deberá evitarse el riesgo de que pueda producirse una pérdida de valor en la moneda elegida como parámetro. A tal fin, la cláusula suele estipularse «con opción de moneda», en cuyo caso el acreedor se reserva el derecho de reclamar el pago en la moneda extranjera convenida o en la moneda local, reputadas ambas equivalentes a los efectos cancelatorios"[228].

Sin duda se trataría de una solución práctica. Sin embargo, no debe dejarse de lado, como ha sido advertido atrás, que particularmente en Venezuela aun estando definida la moneda de cuenta y precios en general en divisas (utilizado en la actualidad, más que otra moneda, el Dólar de los Estados Unidos de América), también se experimenta inflación, con lo cual se pudiera igualmente entrar a analizar cualquiera de las propuestas planteadas en la medida que se genere ese desequilibrio contractual que se ha venido identificando y no se cumpla con la finalidad del principio indemnizatorio, en sus vertientes tanto (i) de garantizar una verdadera indemnización al asegurado o beneficiario, como (ii) la dimensión (ampliada) que proponemos, de que el principio indemnizatorio debe perseguir que no se genere un enriquecimiento sin causa tanto para el asegurador como para el asegurado.

---

[228] GURFINKEL DE WENDY, Lilian N., *Efectos de la inflación en los contratos. Reajuste según cláusula de índice de precios*, Depalma, Buenos Aires, 1979, p. 63.

6. *Obligaciones de valor y corrección monetaria*

Finalmente, se propone la posibilidad que pudiera tener el asegurado, tomador o beneficiario de solicitar un ajuste del monto de la indemnización, en vista de la diferencia que se generará entre dicho monto y el valor real del bien asegurado para el momento de ocurrencia del siniestro, analizándolo ahora desde un punto de vista económico y adentrándonos en el estudio de las doctrinas valoristas.

En primer lugar, se debe entender que existe una diferencia entre las obligaciones de dinero, pecuniarias o nominalísticas y las obligaciones de valor. Con relación a las primeras, RODNER apunta que "en el lenguaje común se entiende por obligación de dinero u obligación pecuniaria, toda aquella donde el deudor desde el momento en que se contrae la obligación se obliga a pagar a su acreedor una determinada suma de dinero. Por ejemplo, el préstamo de una suma de dinero, la obligación del comprador de una cosa de pagar el precio, la obligación del patrono de pagar un salario, o la del arrendatario de pagar el canon. En todos estos casos, si la obligación del deudor está cifrada en una suma determinada de dinero, el deudor cumple bien su obligación entregando precisamente esa cantidad de dinero prometida"[229].

Estas obligaciones pecuniarias, también denominadas obligaciones de dinero, dinerarias, monetarias o de pagar una suma de dinero[230], encuentran su fundamento o se rigen de conformidad con el llamado principio *nominalista* o nominalístico que se trata de "aquel por el cual la obligación de pagar una suma de dinero se va a cumplir siempre entregando una suma numéricamente idéntica a la suma prometida"[231]. La finalidad

---

[229] RODNER S., James-Otis, *El contrato… cit.*, p. 35.

[230] *Cf. Idem.*

[231] *Ibid.*, p. 39.

entonces de este principio es la de ofrecer estabilidad numérica en las obligaciones pecuniarias o de dinero, independientemente de su valor real[232].

En esta línea, RODNER ha manifestado que "los principios que sostienen las obligaciones pecuniarias como obligaciones de naturaleza propia distintas de las obligaciones de dar, hacer o no hacer, son el principio nominalístico y el concepto del dinero.// (…) Según el principio nominalístico, la obligación de pago de sumas de dinero es una obligación de pago de la suma numéricamente expresada en el contrato. **En economías de inflación existe la tendencia de tratar de debilitar la aplicación estricta del principio nominalístico**"[233] (resaltado agregado).

En relación con este tema, MÉLICH-ORSINI recuerda que "la obligación de pagar una suma de dinero, llamada también obligación pecuniaria, puede confundirse a simple vista con una especie de obligación de "dar", o sea, de transferir la propiedad de una cierta cantidad de monedas, cosas genéricas y fungibles por antonomasia"[234].

Por otro lado, se puede identificar que existen, además de las obligaciones de dinero, "otras obligaciones de pagar sumas de dinero que no están regidas por el principio nominalístico, y se denominan obligaciones de valor, en las que el deudor debe indemnizar un valor patrimonial que solo se transforma en una obligación pecuniaria nominal, en el momento del pago"[235]. Se observa, entonces, que "así como la obligación dineraria está

---

[232] *Cf. Ibid.*, p. 40.

[233] RODNER S., James-Otis, *El dinero… cit.*, p. 124.

[234] MÉLICH-ORSINI, José, *Doctrina… cit.*, p. 587.

[235] MADURO LUYANDO, Eloy y PITTIER SUCRE, Emilio, *Curso de obligaciones. Derecho civil III,* tomo I, Universidad Católica Andrés Bello, Caracas, 2006, p. 79.

necesariamente ligada al principio nominalista, la obligación de valor es ajena a él"[236].

Sobre el "valorismo" y las doctrinas valoristas, MÉLICH-ORSINI explica que éstas apoyan la idea según la cual el deudor deberá prestar el valor *intrínseco* que habría correspondido a aquellos pagos monetarios en el momento de la asunción de la deuda[237].

La naturaleza de las obligaciones de valor no se identifica con las obligaciones de dinero, pues el deudor se obliga no respecto al objeto sino mediante la entrega de una suma de dinero que representa el valor del objeto y estará cifrada para la fecha real y actual del cumplimiento de la prestación; es decir, el objeto será el punto de referencia para determinar el valor en dinero. Entonces, en lo que se refiere a estas obligaciones, debe entenderse que las mismas comprenden un valor *no monetario*, sin embargo, al momento de hacerse exigible, ésta debe efectuarse mediante la entrega de una suma o cantidad de dinero.

Lo anterior invita a pensar en los contratos de seguro contra daños, ya que la obligación asumida por el asegurador depende de un riesgo contra un objeto (cosa asegurada) que es la base de la relación contractual, y a raíz de dicho objeto es que se determina un valor para el pago de la indemnización o determinación de la suma asegurada.

Al proponer la teoría valorista a efectos de "ajustar" el valor de la indemnización en los contratos de seguro en caso de siniestro, es importante tener en cuenta que esto no significa que el asegurador no pueda definir previamente el límite de su responsabilidad. Ello equivaldría a sostener, por vía de consecuencia, que ninguna "obligación de valor" sería susceptible de "límite máximo" alguno, cuando que su límite es –pre-

---

[236] GURFINKEL DE WENDY, Lilian N., *op. cit.*, p. 37.

[237] *Cf.* MÉLICH-ORSINI, José, *Doctrina... cit.*, p. 587.

cisamente– el "valor" mismo de la obligación (que se puede mantener en el tiempo), cuestión que por demás encuentra respaldo conceptual y plena utilidad práctica en economías inflacionarias, como la venezolana. Siempre se debe tener un límite máximo predefinido de la responsabilidad del asegurador. Sobre esto no hay duda. Lo que la teoría valorista persigue, en sintonía con dicho "límite máximo", es que el "monto" de la obligación no pierda su "valor" por el transcurso del tiempo, permitiendo así mantener actualizado el importe máximo de la indemnización o suma asegurada, allende la pérdida del valor adquisitivo del bolívar por el fenómeno de la inflación, permaneciendo así en el transcurso del tiempo el valor real del "monto" indicado en la póliza.

Por ejemplo, si se contrata una póliza y se fija una indemnización o se determina la suma asegurada por Bs. X, supongamos que en ese momento su equivalente en divisas era USD 1.000,00, el asegurador entonces conocería que su responsabilidad máxima estará *limitada* (no puede exceder de) hasta USD 1.000,00. En este escenario, de no aplicarse la teoría valorista (u otra que logre mantener el valor de la obligación), por razón del transcurrir del tiempo, ocurriría que al momento de un siniestro el asegurador no pagaría el equivalente a USD 1000,00, sino nominalmente los mismos Bs. X, que sin duda alguna resultarán en un monto muy inferior a los USD 1.000,00 y, con ello, se traducirá en un monto menor al originalmente contratado (el límite de responsabilidad asumido).

En cambio, de aplicarse la teoría valorista propuesta, no importaría el monto en Bs., precisamente porque siempre se comprometerá el asegurador a pagar el valor máximo que habría correspondido para el momento de la asunción de la deuda (en nuestro ejemplo, los USD 1.000,00). Aunado a lo anterior, debe recordarse que esta "suma asegurada", entendida entonces como el "límite máximo establecido contractualmente para el contrato de seguro, puede ser *limitada* o *ilimitada*, cuando así se pacta o se deduce de las prestaciones convenidas, pero debe incluirse necesariamente en la póliza, como elemento esencial del contrato, en cuanto sirve de base para calcular la prima y de límite contractual a la futura prestación de la aseguradora"[238] (cursivas añadidas).

Se pone de manifiesto con el principio valorista que el mismo se encuentra regido por las reglas de la compensación, lo cual permite actualizar el importe de la indemnización con arreglo al desajuste a la pérdida del valor adquisitivo, por el fenómeno de la inflación.

En referencia al nominalismo es evidente que, si existe una estabilidad en la capacidad adquisitiva de la moneda de curso legal, dicha moneda representaría una base de valor óptima para medir las prestaciones entre las partes en una relación contractual[239]. Según RODNER, el principio nominalístico y la estabilidad en el valor del dinero está consagrado en el artículo 1.737 del Código Civil, "según el cual la obligación de pagar una cantidad de dinero es siempre la de restituir la cantidad numérica expresada en el contrato, independientemente del aumento o disminución en el valor de la moneda"[240].

Continúa el autor indicando que dicho principio se encuentra respaldado no sólo en el artículo 1.737[241] del Código Civil, sino también en la Ley del Banco Central (indicaba el autor en

---

[238] GARCÍA GIL, Francisco Javier, *op. cit.*, p. 144.

[239] *Cf.* RODNER S., James-Otis, *El dinero… cit.*, p. 363.

[240] *Idem.*

[241] Artículo 1.737: "La obligación que resulta del préstamo de una cantidad de dinero, es siempre la de restituir la cantidad numéricamente expresada en el contrato.// En caso de aumento o disminución en el valor de la moneda antes de que esté vencido el término del pago, el deudor debe devolver la cantidad dada en préstamo, y no está obligado a devolverla sino en las monedas que tengan curso legal al tiempo del pago".

referencia a la Ley del Banco Central de Venezuela[242] vigente
para ese momento, en sus artículos 95[243] y 96[244], que serían en
la actual Ley del Banco Central de Venezuela[245], los artículos
107[246] y 108[247]), según los cuales las personas están obligadas a

---

[242] Ley del Banco Central de Venezuela (derogada). *Gaceta Oficial de la
República Bolivariana de Venezuela* N° 5.606 (Extraordinario), 18 de
octubre de 2002.

[243] Artículo 95 de la Ley del Banco Central (2002) (derogada):
"Corresponde al Banco Central de Venezuela el derecho exclusivo de
emitir billetes y de acuñar monedas de curso legal en todo el territorio
de la República. Ninguna institución, pública o privada, cualquiera que
sea su naturaleza, podrá emitir especies monetarias".

[244] Artículo 96 de la Ley del Banco Central (2002) (derogada): "Las
monedas y los billetes emitidos por el Banco Central de Venezuela
tendrán las denominaciones, dimensiones, diseños y colores que
acuerde el Directorio.// Para la acuñación de las monedas, el Banco
Central de Venezuela queda facultado para emplear el metal o la
aleación de metales que considere más apropiados y convenientes, de
acuerdo con su valor, resistencia y demás propiedades intrínsecas, así
como para fijar el peso y ley de las mismas".

[245] Decreto con Rango, Valor y Fuerza de Ley Orgánica de Reforma de la
Ley del Banco Central de Venezuela. *Gaceta Oficial de la República
Bolivariana de Venezuela* N° 6.211 (Extraordinario), 30 de diciembre
de 2015.

[246] Artículo 107 de la Ley del Banco Central: "Corresponde al Banco
Central de Venezuela el derecho exclusivo de emitir billetes y de acuñar
monedas de curso legal en todo el territorio de la República. Ninguna
institución, pública o privada, cualquiera que sea su naturaleza, podrá
emitir especies monetarias".

[247] Artículo 108 de la Ley del Banco Central: "Las monedas y los billetes
emitidos por el Banco Central de Venezuela tendrán las denominaciones,
dimensiones, diseños y colores que acuerde el Directorio.// Para la
acuñación de las monedas, el Banco Central de Venezuela queda
facultado para emplear el metal o la aleación de metales que considere
más apropiados y convenientes, de acuerdo con su valor, resistencia y
demás propiedades intrínsecas, así como para fijar el peso y ley de las
mismas".

recibir a la par en pago de una obligación, los billetes o monedas de curso legal, sin limitaciones, no pudiendo negarse a recibir "moneda legal" (es decir, billetes o monedas)[248], de conformidad con el artículo 116[249] de la Ley del Banco Central (anteriormente 104 de la derogada Ley del Banco Central del 2002).

Por su parte, MÉLICH-ORSINI asienta que "si al celebrar el contrato las partes no han tomado esta precaución –la depreciación de la moneda y sus correctivos– y entre el momento de asunción de la obligación y el momento de exigibilidad de la correspondiente acreencia se produjera una pérdida apreciable del valor adquisitivo de la moneda de curso legal (...) el pago que haga el deudor con estricta sujeción al principio nominalista, se traduciría en los hechos en un gravísimo daño para el acreedor(...)"[250]. Continúa explicando que "el legislador ha ignorado la repercusión de este hecho en el ámbito de las relaciones entre particulares y no ha intentado ponerle un remedio a una situación que estimula el incumplimiento de los deudores de mala fe, nuestros tribunales se han visto forzados a utilizar los mecanismos ensayados en otros países latinoamericanos y a sustituir el sistema nominalista por un valorismo de bases muy inciertas"[251].

---

[248] *Cf.* RODNER S., James-Otis, *El dinero... cit.*, p. 363-364.

[249] Artículo 116 de la Ley del Banco Central de Venezuela: "Las monedas y billetes emitidos por el Banco Central de Venezuela tendrán poder liberatorio sin limitación alguna en el pago de cualquier obligación pública o privada, sin perjuicio de disposiciones especiales, de las leyes que prescriban pago de impuestos, contribuciones u obligaciones en determinada forma y del derecho de estipular modos especiales de pago".

[250] MÉLICH-ORSINI, José, *El pago*, Universidad Católica Andrés Bello, Caracas, 2000, p. 67.

[251] *Idem.*

Siguiendo la posición de MÉLICH-ORSINI, coincidimos con el hecho de que la falta de previsión en los contratos entre particulares de buscar mecanismos para afrontar los efectos de las oscilaciones del valor de la moneda y la inflación, y su absoluta falta de regulación por el legislador, se traduce en un grave daño que debe ser resuelto, y que, desde la perspectiva de la materia de seguros, es justamente el objeto de este trabajo.

El tratamiento que le ha dado la jurisprudencia venezolana, parte de la idea de que cuando la inflación resulta un hecho notorio, el juez está facultado para establecer como un dato de la experiencia común, que la misma produce un daño al acreedor y que ese daño debe serle reparado mediante la indexación o corrección monetaria. Sin embargo, esta corrección monetaria, como se verá más adelante, ha sido tratada por la jurisprudencia únicamente con el fin de evitar el perjuicio de la desvalorización de la moneda durante el *transcurso de procesos judiciales* o con ocasión a retrasos en los pagos, no así sobre la determinación en los contratos de los montos adeudados.

Sobre el valorismo, apunta RODNER que dicho principio no está consagrado en ninguna disposición legal, "de hecho, la mayoría de los países de derecho civil consagran, como principio general, el principio nominalístico. El valorismo nace de una respuesta a los desequilibrios que se producen en las relaciones contractuales, como efecto de un proceso de inflación acelerada y de grado relativamente elevado. El valorismo se aplica normalmente en procedimientos judiciales (…) de aquí que el valorismo también se haya denominado «revaluación judicial» o, como el término se emplea en Venezuela, «indexación judicial»"[252].

Con relación a la indexación o corrección monetaria, la jurisprudencia ha tratado el tema, indicando que el correctivo inflacionario concedido mediante los órganos judiciales es

---

[252] RODNER S., James-Otis, *El dinero… cit.*, p. 444.

otorgado con el fin de evitar el perjuicio de la desvalorización de la moneda durante el *transcurso del proceso judicial*, siendo la admisión del libelo de demanda la pauta que marca su inicio y, por ende, el de la indexación judicial. Es decir, es principalmente aplicado para los casos de *retardo* en el proceso judicial o, en la materia que nos ocupa, en los supuestos de *retardo* en el pago de la indemnización en materia de seguro. No conocemos pronunciamiento judicial en el que se haya aceptado el argumento específico de exigir al asegurador la corrección monetaria del monto a indemnizar por los solos efectos de la inflación.

Así, se puede apreciar que la corrección monetaria, como ha sido tratado jurisprudencialmente, aplica (i) en caso de retardo en el pago de la indemnización, pero no en el ajuste de ésta, según lo establecen las propias Normas en el artículo 60 (anteriormente citado), y (ii) por retardo en los procedimientos judiciales.

Ahora bien, dentro del estudio de posibles alternativas jurídicas frente al problema que representa la inflación, RODNER específicamente menciona la idea del *valorismo* y la antes explicada teoría de la imprevisión[253] y, en esa línea, explica que la jurisprudencia venezolana en efecto ha ordenado ajustes de prestaciones de dinero, utilizando diferentes fundamentos, "en algunos casos corresponden a obligaciones de valor y en algunos casos corresponden a ajustes que aplica el juez de acuerdo con su propio criterio, o sea, que constituyen, lo que parece una forma de valorismo venezolano (…). El valorismo, como vimos, es el resultado de la determinación del juez en el caso concreto de que existan condiciones que hace necesario alterar el equilibrio contractual (…). Su aplicación no tiene fundamento legal alguno y su aplicación indiscriminada genera un desorden en las reglas de derecho"[254].

---

[253] *Cf. Ibid.*, p. 697.

[254] *Idem.*

222

Al igual que como se explicó con otras propuestas, la decisión de aplicación de esta teoría al caso de estudio dependerá entonces de un juez o árbitro, y como se apuntó anteriormente, el *valorismo* no es un principio jurídico y no tiene fundamento legal, a diferencia del nominalismo que, como se explicó, se encuentra expresamente regulado en la legislación venezolana. Sin embargo, tampoco existe prohibición legal expresa que impida a los jueces o árbitros aplicarla.

Se ha definido el *valorismo judicial*, "como la aplicación por el juez en un caso concreto –sin tener la autorización legal y para el caso de obligaciones que son obligaciones de dinero– de una corrección al monto en dinero de la prestación del deudor dirigida a lograr una indemnización justa, así como la restitución del equilibrio patrimonial entre el acreedor y el deudor"[255].

Más allá de la falta de fundamentos legales (norma expresa) para su aplicación, en definitiva, el *valorismo* puede ser aplicado por el juez o árbitro utilizando la doctrina disponible sobre el tema, la cual, nos parece, representa una verdadera alternativa al problema económico inflacionario que afecta a Venezuela, así como a otros países de la región.

A raíz de todo lo anterior, se plantea la posibilidad de encuadrar dentro de las obligaciones de valor –asumiendo la teoría valorista– a los contratos de seguro contra daños, permitiendo entonces que se pueda asumir la posibilidad de solicitar la corrección monetaria o indexación del monto de la indemnización (y de la prima en caso de que aplique) de ocurrir el siniestro y generarse la obligación de pago de la indemnización, lo que representaría el correctivo inflacionario idóneo, en virtud de la pérdida del valor de la moneda sufrida durante el transcurso de la póliza.

Así se ajustaría el monto de la indemnización acorde al valor real del bien asegurado al momento de ocurrencia del siniestro. Habría que analizar en cada caso, y de actualizarse la indemni-

---

[255] *Ibid.*, p. 444.

zación, si fuese necesario o no ajustar los montos pagados por concepto de prima y, de ser el caso, ajustarlos correspondientemente[256].

Esta solución (ajustar los montos de la suma asegurada e indemnización en el transcurso de la vigencia de la póliza) realmente ya existe dentro del ordenamiento jurídico venezolano en materia de seguros, como fuera adelantado (Capítulo VII, nota al pie 172), y se encuentra establecida en el artículo 61 de las Normas, cuando se expresa la posibilidad de pactar la póliza con variación de la suma asegurada, *debiendo en consecuencia establecer los mecanismos* para adecuar la suma asegurada y la prima. Pero como se ha indicado, el caso que nos ocupa no se refiere a las pólizas con variaciones de la suma asegurada expresamente pactada, sino justamente para aquéllas en las que no se haya previsto, pero al haber sido utilizado el Bs., como moneda de cuenta, se transformaría el contrato y con ello la verdadera voluntad de las partes que era cubrir totalmente el riesgo (no parte del mismo).

En suma, nos parece viable aplicar la teoría del *valorismo* a efectos de cifrarse una indemnización ajustada al valor real de la cosa asegurada que representaba al momento de la contratación del seguro, como respuesta a la situación económica del país que representa un grave *desequilibrio* en las relaciones contractuales, en general, y en referencia al caso de estudio, en los contratos de seguro contra daños en los cuales la indemnización o suma asegurada ha sido determinada en Bs.

---

[256] Creemos que este escenario sólo vale la pena analizarlo en los casos de primas financiadas, porque en el escenario de pagar la prima completa al momento de la contratación de la póliza, realmente el asegurador no sufriría del impacto inflacionario, en vista que dispone inmediatamente del dinero y puede protegerlo de la mejor manera que considere conveniente.

CAPÍTULO IX
REFLEXIONES FINALES

CAPÍTULO IX

REFLEXIONES FINALES

En los términos planteados, y desde una perspectiva resumida, el problema abordado, como se explicó, radica en la pérdida de la finalidad o esencia misma del *principio indemnizatorio*, desdibujándose en consecuencia la propia institución del seguro, todo por razón de una realidad económica no prevista por las partes generando un indeseado desequilibrio contractual, no consiguiendo una restitución plena (voluntad original de las partes) al momento del pago de la indemnización por la ocurrencia del siniestro.

La doctrina ha sido clara al indicar que, la falta de previsión en los contratos por parte de los particulares de buscar y establecer mecanismos para afrontar los efectos de la inflación y pérdida de valor de la moneda en las negociaciones privadas se traduce en un grave daño, que no ha sido a su vez regulado por el legislador, razón por la cual se hace necesario buscar soluciones o alternativas, que a la postre resultarán en una flexibilización del estudiado principio de intangibilidad de los contratos.

En esa línea, se han propuesto algunas alternativas para que el afectado (en este caso *directamente*, el asegurado o beneficiario, pero *indirectamente* también lo son las propias empresas aseguradoras y el mercado asegurador) pudiera solicitar la revisión de un contrato de seguro ante un juez o árbitro, con las limitaciones y excepciones que ello implica.

Ahora bien, consideramos importante destacar que, vistas las facultades de la SUDEASEG en la materia, pudiera ésta actuar de *oficio*, en protección del mercado de seguros en general, y ordenar un ajuste en los modelos pre-aprobados y autorizados de pólizas contra daños para (i) incluir mecanismos obligatorios en todas las pólizas para afrontar los efectos distorsionantes de la inflación, y así permitir el ajuste tanto de los montos fijos de indemnización o sumas aseguradas, como los montos de la prima, de ser necesario, y (ii) prohibir posibles enriquecimientos al margen de la *causa* de dichos contratos, en los términos expuestos, en una suerte de *redimensionamiento* del principio indemnizatorio en los términos propuestos.

Como se explicó en los capítulos precedentes, en esta línea identificamos tres posibles soluciones:

1. Que los propios aseguradores realicen un ajuste a sus modelos de pólizas preaprobadas y soliciten su debida autorización a la SUDEASEG;

2. Que la SUDEASEG actúe de oficio y ordene un ajuste en los modelos preaprobados y autorizados de pólizas contra daños para (i) incentivar la contratación de sobreseguros, en los términos explicados, (ii) prohibir el enriquecimiento del asegurador al margen de la *causa* de dichos contratos, y/o (iii) incluir en aquellas pólizas en las cuales se determine la suma asegurada o montos fijos de indemnización en Bs., mecanismos obligatorios para afrontar los efectos de la inflación; o

3. Que, en razón del principio de la autonomía de la voluntad de las partes, acuerden mutuamente incluir en las pólizas (aun cuando dicha modificación no haya sido previamente aprobada por la SUDEASEG), cláusulas específicas como las antes mencionadas, tomando en cuenta, además, la nueva atribución de la SUDEASEG de *permitir* el uso de pólizas no autorizadas previamente

y del mandato de las Normas del artículo 5[257], según el cual se indica expresamente que sólo serán nulas aquellas cláusulas que sean lesivas "de los derechos de los tomadores, asegurados, contratantes, beneficiarios y usuarios o afiliados", teniendo lugar en este caso lo totalmente opuesto.

En la realidad actual venezolana y en economías inflacionarias similares, la regla general que debería aplicar para las pólizas de seguro contra daños patrimoniales (especialmente determinadas en Bs.), cuando se busque restitución plena, debe ser la establecida en el artículo 61 de las Normas, según la cual variará la suma asegurada durante la vigencia de la póliza y se ajustarán de igual forma los montos a pagar por concepto de prima. Ahora bien, si por algún motivo no se celebran bajo esa premisa los contratos de seguro, entonces consideramos que –como mínimo– se debe obligatoriamente (i) determinar los montos fijos de indemnización o suma asegurada necesariamente en moneda extranjera (no afectada por inflación), al menos como moneda de cuenta, y/o (ii) incluir obligatoriamente en todas las pólizas, mecanismos de revalorización para afrontar los efectos de la inflación, siempre presente en la economía del país. Así, la regla debería ser, en cumplimiento del principio indemnizatorio, la de siempre buscar indemnizar totalmente al asegurado (máxime si esta es la voluntad de las partes), y no determinar unos montos de indemnización o suma asegurada, a sabiendas (es decir, conscientemente) que las pólizas resultarán en un *infraseguro*, convirtiéndose en la actualidad éste último en la regla, y no la excepción.

---

[257] Artículo 5 de las Normas: "Los contratos a los que se refieren estas Normas se redactarán en forma clara y precisa. Las cláusulas que contengan las coberturas, exclusiones y exoneraciones de responsabilidad, según corresponda, se destacarán de modo especial para facilitar su identificación.// **Serán nulas las cláusulas abusivas o lesivas de los derechos de los tomadores, asegurados, contratantes, beneficiarios y usuarios o afiliados**" (resaltado añadido).

Como fuera explicado, la inclusión de nuevas cláusulas o modificación a las pólizas preaprobadas puede llegar a ser difícil de lograr por cuanto el asegurado o tomador no tiene poder de negociación al momento de la contratación de la póliza, razón por la cual la doctrina y jurisprudencia les ha reconocido el carácter de débil jurídico de la relación, por un lado, y por el otro, por la alta regulación y control de las empresas aseguradoras por el ente regulador, sin olvidar las potenciales multas que pueden ser aplicadas a éstas por utilizar pólizas, contratos, documentos, tarifas o publicidad sin la aprobación previa de la SUDEASEG, lo que resulta, razonablemente, en que las empresas aseguradoras no estén particularmente inclinadas a incluir dichas cláusulas *motu proprio*.

En aquellos casos que se vea el tomador o asegurado en la necesidad de contratar una póliza contra daños con montos determinados en moneda de curso legal en Venezuela, y esto resulte al momento del siniestro y recepción del pago de la indemnización en (i) un detrimento para el asegurado o beneficiario al sufrir el daño causado y al no obtener una verdadera "indemnización", en virtud de las distorsiones económicas del país, y (ii) un potencial enriquecimiento *sin causa* para el asegurador, se podrá optar por hacer uso de alguna de las alternativas estudiadas en este trabajo (o cualquier otra que se considere viable), en aras de buscar conseguir el *equilibrio económico* del contrato y el fiel cumplimiento del *principio indeminizatorio* que rige a los seguros, en la dimensión ampliada propuesta en este estudio.

CONCLUSIONES

CONCLUSIONES

1. En materia de *seguros contra daños*, especialmente cuando es utilizado el Bolívar (Bs.) como moneda de cuenta para la determinación de montos fijos de indemnización o límites de suma asegurada, al momento del pago de la indemnización, en la mayoría de los casos, se convierten los contratos de seguro en un *infraseguro*, como consecuencia de la aplicación limitada (si se quiere) del principio indemnizatorio que rige en esta materia y por razón de la realidad económica inflacionaria del país.

2. La *indemnización* es entendida como la principal obligación de las empresas de seguros consistente en el pago del monto convenido, la prestación del servicio, reparación del daño o reposición del bien (artículo 4, numeral 17 de la LAA); y la *suma asegurada* es el límite o garantía máxima asumida por el asegurador, pero en modo alguno predetermina la indemnización, cuyo importe no se sabrá hasta que se verifique el siniestro, pudiendo alcanzar toda o parte de dicha suma.

3. La razón de ser de la institución del seguro –como regla– es que los tomadores o asegurados busquen con la contratación de una póliza de seguro, específicamente contra daños, desprenderse del riesgo asociado a la pérdida o daño sobre su interés asegurable y garantizarse, así, la *restitución de su patrimonio* mediante la recepción del pago de una indemnización con ocasión al perjuicio generado por la ocurrencia de un siniestro, esto es, la

concreción del riesgo. La restitución del patrimonio que buscan los asegurados o beneficiarios, como se podrá entender, dista de procurarles un *incremento patrimonial* (enriquecimiento) como consecuencia del seguro, cuestión que precisamente se identifica con el *principio indemnizatorio*, cuya finalidad (una de ellas) es que el tomador, asegurado o beneficiario no *abuse* de la figura del contrato de seguro y lo convierta en una operación de especulación o de enriquecimiento.

4. El problema jurídico-económico planteado implica un perjuicio *directo* o *inmediato* a los asegurados y su derecho a obtener una verdadera indemnización en contra de la esencia del principio indemnizatorio, así como *indirecto* o *mediato* a los aseguradores, por la eventual baja de contratación de pólizas, impactando negativamente a la institución misma del seguro y, por vía de consecuencia, a su normal (y deseada) utilización, en deterioro del mercado venezolano de seguros en general.

5. La incidencia de la inflación en los contratos de seguros se manifiesta mediante la fractura del equilibrio de las relaciones entre asegurado y asegurador en virtud de que el primero hace efectivas sus primas, en moneda no desvalorizada, y finalizado el contrato al momento del pago de la indemnización, entrega ésta en una moneda totalmente desvalorizada.

6. Los estragos de la inflación están escasamente regulados en materia de seguros en lo que se refiere a su impacto sobre los montos valorados o determinados en las pólizas al momento de su contratación y a lo largo de su vigencia, no así en lo que se refiere al retraso en los pagos de la indemnización una vez ocurrido el siniestro. En la legislación venezolana no se encuentran referencias a la regulación del impacto que tiene la inflación sobre las sumas aseguradas o montos fijos de indemnización establecidos en las pólizas. De hecho, en un escenario de

estabilidad económica y sin distorsiones como las experimentadas en el país en las últimas décadas, no sería realmente necesario estudiar ni plantearse, por lo menos no bajo el enfoque adoptado, el problema inflacionario en los contratos de seguro, en general, ni su incidencia en el principio indemnizatorio, en particular, a la vez que en los infraseguros involuntarios. De ahí el interés de su estudio dentro del contexto venezolano actual.

7. La actividad aseguradora es considerada como un servicio privado de *interés público* por ello se encuentra altamente regulada y controlada. Así, las empresas que pretendan realizar actividades aseguradoras están obligadas, de acuerdo con la normativa de la materia, a la tramitación y obtención de una autorización para operar como tal (autorización operativa) y a someterse al control del ente regulador de la materia: la SUDEASEG.

8. En lo que se refiere a las facultades otorgadas a la SUDEASEG, y como regla básica, éstas no deben entenderse discrecionales ni ilimitadas, máxime cuando hay derechos constitucionales en juego, y mucho menos, otorgarles la entidad de solventar situaciones intrínsecas de la propia ley (como lo es el inconveniente jurídico-económico que aquí se plantea en relación con el principio indemnizatorio), precisamente porque, en los términos planteados, de entenderse discrecionales estas facultades, se pondría en tela de juicio la libertad económica o libertad de empresa de los particulares, de por sí bastante limitada en esta materia por la legislación vigente y el intenso control ejercido por la Administración sectorial.

9. La regulación de los contratos de seguro actualmente es materia de las Normas, publicadas en el 2016, estando antes regulado en la Ley del Contrato de Seguro del 2001, primer instrumento de *rango legal* que recogió de manera sistemática y en un solo texto toda la normativa aplicable a los contratos de seguro. La Ley del Contrato de Seguro

mantuvo su vigencia y aplicabilidad desde el 2015 hasta su derogatoria por la LAA 2016, hoy reformada –a su vez– por la vigente LAA.

10. No pocas han sido las definiciones propuestas por la doctrina, siendo de gran complejidad lograr una definición integral u omnicomprensiva de esta institución, visto que existen dos tipos contractuales distintos relacionados con el seguro: uno que tiene *función indemnizatoria*, y otro que *no la tiene*; de ahí que pueda apreciarse, como en efecto, que en muchas legislaciones se han abstenido de definir el contrato de seguro. Tal como lo establecen las Normas, el contrato de seguro sería aquél en el cual una persona (denominada asegurador) se obliga, a cambio del pago de una prima por parte de otra persona (denominada tomador), a asumir un riesgo que, de materializarse, estaría obligada a pagar una cantidad de dinero para resarcir a este último.

11. Como cualquier contrato y en términos generales, las partes son –en principio– libres de obligarse como quieran, con la excepción de que en esta materia (i) hay normas de orden público y derechos irrenunciables que, como tales, no pueden ser relajados por las partes (a menos que se pacten cláusulas más beneficiosas a favor del tomador, beneficiario o asegurado), y (ii) que, en el caso de los contratos de seguro en Venezuela, su texto debe ser previamente aprobado por la SUDEASEG (artículo 29 de la LAA).

12. Los contratos de seguro son contratos *por* adhesión, en los términos desarrollados por la doctrina y jurisprudencia, precisamente por: (i) tratarse de un documento genérico dirigido a personas indeterminadas (el mismo formato aprobado por la SUDEASEG va dirigido de forma general a cualquier persona interesada); (ii) consistir en un contrato elaborado por una sola de las partes (el asegurador); (iii) identificarse con un "contrato tipo" aplicable a cualquier

interesado, con cláusulas establecidas generalmente en interés del propio asegurador; (iv) tener como objeto del contrato la prestación de un servicio privado de interés público o general; y (v) razón de que el tomador, beneficiario o asegurado no tiene participación alguna en la elaboración del contrato y sólo le queda la opción de adherirse al mismo o, simplemente, no suscribirlo.

13. La calificación del tomador, beneficiario o asegurado del contrato de seguro como el "débil jurídico" de la relación, se evidencia aún más si se repara en que éste carece de "poder de negociación" al momento de suscribir cualquier contrato de seguro, limitando su actuación a –precisamente– adherirse a las disposiciones contractuales previamente autorizadas y aprobadas por la SUDEASEG, en los términos expuestos. En palabras llanas: la manifestación de la voluntad del tomador parece en buena medida reducirse o limitarse a la mera aceptación o no del contrato. Nada más.

14. Con relación a la interpretación de estos contratos, las Normas (artículo 4) reiteran la necesidad de que cualquier interpretación de los contratos de seguro siempre debe hacerse en beneficio del tomador, beneficiario o asegurado, destacándose una vez más su condición de débil jurídico.

15. Las Normas, aun cuando no establecen una clasificación como tal, dividen a los seguros en dos grandes grupos: (i) seguros contra daños, y (ii) seguros de personas. Dentro de los seguros contra daños (objeto de este estudio), las Normas incluyen en su Título III (Del Seguro contra los Daños), los seguros de: 1. Daños en general (capítulo I); 2. Incendio (capítulo II); 3. Sustracción ilegítima (capítulo III); y 4. Transporte terrestre (capítulo IV).

16. Los seguros contra daños se pueden definir como aquellos contratos según los cuales una persona (empresa aseguradora) se obliga, mediante una retribución (cobro de una prima), a resarcir las pérdidas o los daños sobre un objeto (bien asegurado) que puedan sobrevenir a otra persona (asegurado) por determinados casos fortuitos o de fuerza mayor (siniestro). El seguro contra los daños es un *contrato de indemnización*, es decir, es esencial el *resarcimiento de un daño*, no pudiendo procurar al asegurado un beneficio superior al daño mismo.

17. El *principio indemnizatorio*, que rige en la materia, se encuentra actualmente regulado en el artículo 60 de las vigentes Normas, e indica (i) que el seguro *nunca podrá ser objeto de enriquecimiento* para el asegurado, y (ii) que las partes pueden, como comúnmente se hace en los seguros contra daños de cosas, establecer previamente un monto de indemnización o suma asegurada, independientemente del valor del interés asegurado.

18. El objeto del principio indemnizatorio es *resarcir* el daño o las pérdidas realmente sufridas, es decir, *restituir* plenamente el patrimonio del asegurado, en la medida que así haya sido acordado y que, como consecuencia de lo anterior, el mismo busca *prohibir* que el seguro se convierta en una fuente de enriquecimiento para el asegurado, por lo tanto, el asegurado debe recibir por concepto de indemnización –ni más, *ni menos*– lo necesario para cubrir o compensar el daño efectivamente sufrido.

19. El derecho de *subrogación*, por su parte, ha sido definido como salvaguarda del principio indemnizatorio, evitando que el asegurado pueda lucrarse ejerciendo tanto el derecho de crédito frente al asegurador como frente al responsable del siniestro. El derecho de subrogación, por su parte, se encuentra estipulado en el artículo 72 de las Normas, según la cual la *subrogación*: (i) opera de pleno

derecho, (ii) una vez que se ha pagado la indemnización correspondiente, y (iii) hasta la concurrencia de la indemnización.

20. El derecho de subrogación tiene una doble finalidad: (i) por un lado, evitar que el asegurado pueda enriquecerse ejercitando los dos derechos de crédito que le confieren la producción de un siniestro amparado por la cobertura del seguro y del que se deriva la responsabilidad de un tercero; y (ii) por otro lado, impedir que el tercero quede liberado, a costa de la existencia de un contrato de seguro del que no es parte, de las consecuencias patrimoniales que se deriven de su responsabilidad en la producción del siniestro.

21. En suma, la naturaleza del *derecho de subrogación* junto con el *principio indemnizatorio* es la de (i) prohibir que el asegurado se genere un enriquecimiento por motivo de una doble indemnización con ocasión al contrato de seguro, así como (ii) impedir que los causantes del daño dejen de responder por el sólo hecho de la existencia de un contrato de seguro.

22. El legislador al incorporar el principio indemnizatorio (junto con el derecho de subrogación) en la Ley del Contrato de Seguro, y luego la administración sectorial al retomarlos en las Normas, no tuvieron en cuenta, por un lado, el supuesto que aquí se analiza, que tiene que ver con el caso en el que por razones de cuño económico el asegurado o beneficiario no se vea *realmente indemnizado*, habiendo contratado una póliza (cualquiera que sea) con la intención de ser plenamente restituido, situación que se ve encontrada con la naturaleza misma del principio indemnizatorio (en su vertiente *indemnizatoria* según fuera explicado), y por otro lado, tampoco el legislador analizó el supuesto en el que fuese la empresa aseguradora quien –a través de la figura del contrato de seguro– se aprovechase o lucrase por generarse un enriquecimiento

sin causa (limitándose sólo al asegurado o beneficiario, la otra vertiente del fundamento del principio indemnizatorio, la cual es *prohibir* un enriquecimiento extra contractual).

23. No pareciera alinearse con la razón misma del principio indemnizatorio que, así como el asegurado no puede enriquecerse a partir de la compensación del daño experimentado, que el asegurador sí experimente un posible incremento patrimonial a partir de una *restitución* que no sea tal, que no indemnice efectivamente y que, con ello, se pudiera hacer más rico después de la ocurrencia del siniestro (al margen, como es dicho, de su ganancia natural que es el cobro de las primas). Se enfoca la doctrina y la normativa aplicable en *limitar* el pago al monto fijamente establecido como indemnización, en vez de hacer énfasis en que dicho monto debe más bien *coincidir* con el daño sufrido y no hablar de *limitaciones* buscando sólo justificar que no le sea pagado al asegurado un monto superior al daño realmente causado. Pareciera, entonces, que actualmente los contratos de seguros y, especialmente, aquéllos en los cuales se determina un monto fijo de indemnización o se limita la suma asegurada, dejan totalmente de lado el principio indemnizatorio, particularmente en su vertiente de garantizar la real y efectiva *restitución* del patrimonio del asegurado, manteniendo –eso sí– la *prohibición* de enriquecimiento de éste, sin analizarlo, además, desde la perspectiva del asegurador.

24. Ahora bien, de conformidad con ciertas cláusulas de pólizas previamente aprobadas por la SUDEASEG y utilizadas actualmente por las empresas de seguro, los tomadores, asegurados o beneficiarios se obligan, en los –nada alentadores– escenarios descritos, o (i) a ceder, en detrimento de su propio patrimonio, la propiedad o titularidad de los bienes asegurados afectados por el siniestro, o (ii) a conservar los restos, aceptando la deducción de un importe al monto de una indemnización

que no indemniza y no restituye la situación patrimonial del asegurado, como ya se ha indicado tantas veces.

25. En los escenarios en que no tiene lugar el traspaso o cesión de la titularidad a la empresa aseguradora del bien asegurado, no se daría el supuesto de enriquecimiento *sin causa* planteado, en tanto la aseguradora al no hacerse del bien, con la potencialidad de posteriormente enajenarlo o gravarlo a un valor mayor (de su valor real, con todo y daños) al monto finalmente dispuesto como pago por concepto de "indemnización", sólo estaría obteniendo como ganancia lo cobrado –legítimamente– por concepto de prima. Sin embargo, igualmente se encontraría el asegurado o beneficiario en la situación desventajosa que se ha venido indicando, ya que en cualquiera de los escenarios, la contraprestación del pago de la prima y contratación del seguro, será obtener una "indemnización" (incluidas además deducciones) en total divorcio del principio indemnizatorio, que a la postre no servirá para lograr el objetivo de la contratación del seguro: desprenderse del riesgo y verse restituido en su situación patrimonial en caso de ocurrir un siniestro sobre el bien asegurado.

26. Lo anterior no pareciera tener mucho sentido, sobre todo porque el asegurador recibe el monto total de la prima (en casos no financiados), en una moneda y por un valor total no devaluado para el momento que lo recibe, pudiendo disponer inmediatamente de los montos, mientras que para el momento de pago del siniestro, ese monto de "indemnización" no se identificaría –ni cerca– con el monto que le hubiese correspondido pagar en el escenario que el siniestro hubiese ocurrido, por ejemplo, el mismo día que se celebró el contrato, todo por razón de la situación inflacionaria comentada.

27. De otro lado, en los escenarios donde el asegurado se ve en la obligación de ceder o traspasar a la aseguradora la propiedad del bien asegurado, se aprecia la potencialidad de un enriquecimiento *sin causa* del asegurador, ya que se estaría obteniendo un lucro diferente al nacido de la propia obligación contractual del cobro de primas, de allí la *ausencia de causa*. El enriquecimiento –sin causa– se daría por hacerse la aseguradora del bien producto de la recuperación y salvamento del siniestro, que incluso con el daño causado, tendría un valor muy superior al monto por el cual "lo recibieron", pudiendo eventualmente enajenarlo o gravarlo por el *valor real* (incluido el daño).

28. Se habla del *infraseguro*, ya que el mismo resulta ser una consecuencia no deseada en economías inflacionarias. Las oscilaciones del valor de la moneda y del poder adquisitivo son sin lugar a duda un aspecto fundamental que influye en los seguros, especialmente en los casos como el estudiado donde una extrema y progresiva inflación afecta al asegurado o beneficiario, quien recibe una indemnización, de ocurrir el siniestro, nominalmente equivalente a lo indicado en la póliza, pero con un poder adquisitivo notoriamente inferior al correspondiente a la fecha en que se contrató la póliza.

29. El infraseguro se encuentra regulado en el artículo 64 de las Normas. Esta figura ha sido creada con la finalidad de regular una situación en la que –al producirse el siniestro– se verifica que la suma asegurada (y, en definitiva, lo que se paga por concepto de indemnización) indicada en el contrato no cubre el valor total del bien asegurado en el momento del siniestro, buscando, en consecuencia, que el asegurado o beneficiario *comparta* (y aquí la clave) con la aseguradora parte del riesgo, con lo cual se trataría entonces siempre de un seguro *parcial*, en el que la empresa aseguradora pagará, salvo convención en contrario, la

indemnización "en la proporción existente entre la suma asegurada y el valor del bien asegurado al momento de la ocurrencia del siniestro".

30. Se pudiera decir que el infraseguro está enfocado en *limitar* la responsabilidad de la empresa aseguradora, así la suma asegurada representa el límite máximo de garantía que asumen las aseguradoras, por lo tanto, el infraseguro se da, en definitiva, cuando ese límite, esa responsabilidad, al momento de pagar (ocurrido el siniestro) resulta ser *inferior* al valor del interés o bien asegurado.

31. En ciertas legislaciones está expresamente regulado el que el infraseguro pueda ser tanto *voluntario* como *involuntario*. Ése no es el caso en Venezuela (el que lo esté expresamente indicado). Lo anterior da cabida, a nuestro parecer, a su libre interpretación. Las Normas –y también la derogada Ley– se limitan en indicar que de ocurrir el infraseguro la aseguradora pagará la indemnización, salvo acuerdo en contrario, "en la proporción existente entre la suma asegurada y el valor de la cosa asegurada en la fecha del siniestro", es decir, que de darse el supuesto de infraseguro –sin dar más detalles, entre otras cosas, por ejemplo, si debe entenderse voluntario o no–, entra a aplicar la regla de la proporcionalidad, salvo convención en contrario.

32. En lo que se refiere al *infraseguro voluntario*, y como puede lucir evidente, la situación es querida por ambas partes, de ahí que, si las partes han querido y aceptado voluntariamente la situación de infraseguro, la modificación contractual para llegar a una situación de seguro pleno resulta difícilmente sostenible. Pero, entonces, ¿qué pasa en el escenario estudiado en el que ese monto originalmente no se encontraba infraestimado por ninguna de las partes, sino que la intención era contratar –por el contrario– un *seguro pleno*, en el que se identificara la suma asegurada con el valor del interés asegurado? En

situaciones *involuntarias*, especialmente donde se busca la restitución plena desde el inicio, creemos que debe buscarse de cualquier forma el reequilibrio del contrato, estando legitimado el asegurado para solicitar del asegurador una revisión del contrato.

33. Se pudiera asumir, al menos, dos interpretaciones respecto del artículo 64 de las Normas: la *primera* sería que, para que exista infraseguro, el monto asegurado debe ser inferior al valor del bien *desde el nacimiento* de la obligación, es decir, desde el momento mismo de la suscripción del contrato de seguro (como puede ocurrir, por ejemplo, cuando el asegurado o tomador esté buscando *intencionalmente* reducir la prima, en cuyo caso el monto asegurado nunca será igual al valor del bien o interés asegurable), en otras palabras, lo que vendría a ser el infraseguro *voluntario* o *consciente*; y la *segunda* sería que, existe infraseguro en cualquier circunstancia en la que la suma asegurada sólo cubre una parte del valor del bien asegurado por ser inferior a éste en el *momento del siniestro*, independientemente de las causas o razones que ocasionen el mismo, como es entendido en otras legislaciones.

34. En una u otra posición, lo cierto es que terminaría tratándose igual de un seguro parcial, en la que el asegurado o beneficiario asume parte del riesgo junto con la empresa aseguradora, sólo que en el caso particular esa asunción no es voluntaria y, de hecho, sería contradictoria con la intención original del tomador o asegurado al momento de la suscripción de la póliza, lo que a la postre violentaría, como se ha venido indicando, la naturaleza misma del principio indemnizatorio de los contratos de seguro.

35. La consecuencia directa de estar en una situación de infraseguro, como se ha podido ver, es que se comparte el riesgo entre la aseguradora y el asegurado o beneficiario (seguro parcial) y, por ello, aplica entonces la regla de la proporcionalidad, esto es, que la empresa aseguradora sólo responderá, *salvo convención en contrario*, en la proporción existente entre la suma asegurada y el valor de la cosa asegurada, a menos que no se haya expresado la suma asegurada, caso en el cual la aseguradora deberá indemnizar en función al valor que tuviere el bien asegurado al momento del siniestro.

36. Ciertamente, se aplique o no la regla proporcional, lo que es seguro es que el asegurado o beneficiario por razón de la inflación, en algún punto durante la duración del contrato, comienza a progresivamente compartir el riesgo con la aseguradora (deja de ser seguro pleno y pasa a ser un seguro parcial *involuntario*), el cual irá incrementando día a día al ritmo de la pérdida del poder adquisitivo de la moneda. Y la consecuencia final será, como podrá advertirse, que no se verá plenamente indemnizado el asegurado o beneficiario en caso de un siniestro.

37. Siempre que no se establezca un mecanismo, sea regulatorio a nivel de los modelos de póliza autorizados o legal-normativo (que sería lo ideal), para (i) conseguir realmente indemnizar al asegurado en cumplimiento de la esencia del principio indemnizatorio, sobre todo cuando así ha sido la voluntad de las partes desde el inicio del contrato, y (ii) buscar evitar que el asegurador se genere un posible beneficio a costa del asegurado, al margen de la *causa* del contrato de seguro; el problema jurídico-económico aquí planteado permanecerá y continuará perjudicando *directamente* a los asegurados y su derecho a obtener una verdadera indemnización, así como *indirectamente* al asegurador, por la eventual baja de contratación de pólizas por las razones señaladas, especialmente en

aquellas pólizas de seguro contra daños donde se utilice el Bs. (o cualquier moneda afectada por inflación) como moneda de cuenta. Esta situación, en suma, afecta a la institución misma del seguro y, por vía de consecuencia, a su normal (y deseada) utilización, en evidente perjuicio del mercado de seguros.

38. Como una primera propuesta al problema planteado, se analizó la alternativa de buscar el *resarcimiento del daño* causado por parte del tercero responsable. Así, recordamos que el derecho de *subrogación* procede sólo hasta el monto concurrente pagado por la aseguradora por concepto de indemnización (es decir, en el caso que nos ocupa, un monto que resultaría casi insignificante), con lo cual, siempre podrá el asegurado o beneficiario ejercer las acciones a que haya lugar contra el tercero responsable por el monto real de los daños sufridos, descontando obviamente –una vez obtenida–, lo que corresponda a la indemnización pagada por la empresa aseguradora.

39. Al ser una de las dos finalidades del derecho de subrogación el que no se genere un enriquecimiento al asegurado, si la indemnización resulta insuficiente –como en el caso de estudio–, y bajo la premisa que la empresa aseguradora se subroga hasta por el monto pagado por concepto de indemnización, evidentemente el asegurado debe mantener, sobre el monto equivalente al daño no indemnizado, sus acciones y derechos frente al tercero responsable.

40. Ahora bien, este escenario "funciona" siempre y cuando se pueda obtener del tercero responsable el resarcimiento pendiente del daño causado. Sin embargo, se obtenga o no del tercero la restitución patrimonial, lo cierto es que de igual manera tal reparación se ubicaría fuera o al margen de lo que se ha venido estudiando sobre la figura e institución misma del seguro, y la intención y finalidad última que busca el asegurado o tomador al momento de

contratar un seguro, que es verse *totalmente* protegido y desprendido por completo del riesgo, que de ocurrir el siniestro, es decir, de concretarse ese riesgo, pueda ver plenamente restituida su situación patrimonial.

41. Bajo el *principio del contrato-ley* según el cual se equipara el cumplimiento de los contratos con el cumplimiento obligatorio de las leyes, se analiza la posibilidad de que las partes en el momento de la contratación de la póliza establezcan expresamente (i) la posibilidad de un sobreseguro, (ii) métodos de revalorización de la indemnización o suma asegurada y prima en casos de inflación, y/o (iii) la prohibición para el asegurador de generarse un beneficio o enriquecimiento al margen de la *causa* del propio contrato (que es la de asegurar un bien asumiendo el riesgo a cambio del pago de una prima). Esta última opción consistiría, por una parte, en que las aseguradoras incluyesen en sus modelos de póliza el principio indemnizatorio, en los términos antes estudiados, pero en su dimensión ampliada y aplicable tanto para el asegurado como para el asegurador.

42. El principio de la fuerza obligatoria del contrato o ley entre las partes, así como las máximas de cumplimiento de buena fe de los contratos y de que las obligaciones deben ser cumplidas tal como fueron pactadas, se encuentran recogidos y positivizados en el Código Civil, en los artículos 1.159, 1.160 y 1.264.

43. Así, las partes pudieran definir como suma asegurada o de indemnización un monto que supere el valor del interés asegurado (sobreseguro), para el momento de suscripción de la póliza, pero con la intención de que la misma sea equivalente al valor del interés asegurado en un futuro determinado. No hay limitación expresa o norma de orden público que prohíba el establecimiento de un sobreseguro voluntario por ambas partes, a menos que exista dolo o mala fe. Pero si no hay dolo ni mala fe y, por el contrario,

es un acuerdo *voluntario* entre ambas partes del contrato, se pudiera establecer como monto fijo de indemnización o suma asegurada un monto superior al valor del interés asegurable al momento de la suscripción de la póliza, tratando de buscar –en cierta medida– evitar los perjudiciales efectos de la inflación. Ahora bien, si al momento del siniestro, esa suma sobreestimada para la fecha de celebración del contrato sigue siendo superior al valor real del bien asegurado, el contrato sigue siendo válido, pero únicamente hasta la concurrencia del valor real del bien asegurado, teniendo ambas partes la facultad de solicitar la reducción de la suma asegurada y la devolución de la prima cobrada en exceso (la cual debería ser igualmente indexada a la fecha de la devolución). Nuevamente, mientras no signifique un enriquecimiento para el asegurado, no afecta la validez del contrato.

44. Al no contradecir una norma de orden público, no existen limitaciones para las partes en acordar –por razón de la autonomía de la voluntad– una excepción a ciertas cláusulas pre-establecidas, y poder (i) determinar un posible sobreseguro, (ii) metodologías particulares de revaloración de la indemnización y mecanismos obligatorios contra la inflación (aun en las pólizas que no sean contratadas conforme con lo establecido, como se indicó previamente, en el artículo 61 de las Normas), o (iii) alguna prohibición o limitación para la cesión de la titularidad del bien asegurado en caso de que esto signifique una ganancia o enriquecimiento *sin causa* del asegurador.

45. Ahora bien, como se ha indicado antes, el problema aquí se presenta o radica en el hecho, también tratado, de que los asegurados, tomadores o beneficiarios tienen poco campo de negociación al momento de la suscripción de los contratos de seguro, teniendo nula flexibilidad al momento de proponer ajustes, modificaciones o mejoras en las cláusulas de los contratos de seguro. Siendo lo común

(ahora la regla) que las pólizas resulten en infraseguros, no viéndose en la práctica la contratación voluntaria de sobreseguros. Por lo tanto, es algo que debe nacer de los aseguradores o de la propia SUDEASEG.

46. En función de la tercera alternativa estudiada, se utiliza la *teoría de la imprevisión* como posible excepción al principio de intangibilidad de los contratos o del *contrato-ley*, y su eventual aplicación a los contratos de seguro en el supuesto planteado cuando ocurre el desequilibrio económico sobrevenido e involuntario del contrato suscrito entre el asegurador y el asegurado.

47. La teoría de la imprevisión debe entenderse aplicable en aquellos supuestos que exista *dificultad* de cumplimiento del contrato por *onerosidad excesiva* e *imprevisible*, partiendo de la idea de que, no obstante, la *intangibilidad* del contrato (principio del *contrato-ley*), la *equivalencia* de las prestaciones debe mantenerse en el transcurso de la vida contractual. La clave de esta teoría reside en mantener el *equilibrio económico* del contrato.

48. El fundamento para la aplicación de la teoría de la imprevisión en Venezuela consigue amparo en el principio de la buena fe en la ejecución de los contratos (artículo 1.160 del Código Civil), la cual busca que las obligaciones en ellos estipuladas se cumplan de la mejor manera posible en atención a la intención original de los contratantes, lo que los motivó a obligarse en primer lugar. Cuando un contrato o el cumplimiento de ciertas prestaciones, se hace excesivamente oneroso para una de las partes, la aplicación de la buena fe atenuaría el rigor del cumplimiento de las prestaciones en la forma con habían sido contraídas.

49. En Venezuela no existe impedimento legal para la aplicación de la teoría de la imprevisión para modificar o alterar las prestaciones de un contrato. Lo que no se encuentra prohibido, está –en consecuencia– permitido en

el derecho privado. Para el uso de esta teoría, debe existir, al menos en Venezuela, la intermediación o intervención de un juez o árbitro, frente a quien se debe solicitar la aplicación de dicha teoría como solución a la situación planteada.

50. Para la aplicación de la teoría de la imprevisión, se exige como mínimo, entre otras circunstancias, que (i) ocurra una situación *extraordinaria*, que de haber ocurrido en el momento o antes de la suscripción del contrato, las partes no hubiesen firmado dicho contrato o al menos no en los términos que lo hicieron; (ii) que dicha circunstancia fuera *imprevisible* para las partes; (iii) que como resultado se genere un *desequilibrio económico* del contrato; (iv) sin que exista *dolo*, tomando en consideración que los contratos son ejecutados de buena fe; y (v) que el contrato sea de tracto sucesivo o esté referido a un momento futuro, como lo es claramente el contrato de seguro.

51. En lo que se refiere al requisito de la *imprevisión* y el caso concreto, se pregunta si la inflación o hiperinflación pueden ser consideradas imprevisibles. Al respecto la doctrina ha manifestado que, si bien la inflación en sí misma constituye un fenómeno previsible, el grado o intensidad del fenómeno inflacionario puede no constituirlo, como lo sería, por ejemplo, la hiperinflación que se experimentó en los años recientes y la inflación que sigue afectando a la economía, que incluso sin el prefijo de "hiper", sigue siendo de las inflaciones más altas del mundo.

52. En suma, asumiendo la aplicabilidad de la teoría de la imprevisión y como ha sido abordado por la doctrina nacional sobre la calificación de la inflación, en los términos estudiados, como un elemento *imprevisible* (particularmente en cuanto a su intensidad), pudiera aplicarse entonces a nuestro caso de estudio, al generarse un notable *desequilibrio económico* del contrato, por no

cumplirse la expectativa del asegurado o beneficiario de ver restituido su patrimonio en el supuesto de la concreción del riesgo, lo cual era su voluntad y deseo al momento de suscribir la póliza. Por lo tanto, luce posible para el asegurado o beneficiario hacerse de la teoría de la imprevisión a efectos de su solicitud ante el juez o árbitro para la revisión de un contrato de seguro, especialmente por tratarse de un contrato por adhesión.

53. Ahora bien, con la derogatoria de la Ley del Régimen Cambiario y sus Ilícitos, y la publicación del Convenio Cambiario N° 1, según el cual se establece la liberación de la convertibilidad de la moneda, y al no existir limitaciones para contraer obligaciones en moneda extranjera o de utilizar la moneda extranjera como moneda de cuenta a efectos de denominar el valor del bien asegurado y de la suma asegurada o indemnización, otra solución sería –precisamente– la de contratar pólizas en moneda extranjera o utilizar ésta como moneda de cuenta. En esta misma línea, las "Normas que rigen la suscripción de contratos de seguros, reaseguros, de medicina prepagada, de administración de riesgos, de fianzas o de reafianzamientos en moneda extranjera", emitidas por la SUDEASEG, indican expresamente la posibilidad de que el asegurador asuma riesgos en *moneda extranjera*. Este tipo de soluciones protegen al acreedor de una potencial devaluación de la moneda de curso legal y/o de la inflación, por ello resulta en una forma de prevención particularmente adecuada en las contrataciones entre particulares.

54. Finalmente se propuso la posibilidad de entender la obligación del pago de la indemnización como una *obligación de valor* (y no como una obligación de dinero regida por el principio nominalista), tomando como base las doctrinas valoristas. Según estas doctrinas, existen otras obligaciones de pagar sumas de dinero que no están regidas por el principio nominalístico, y se denominan obliga-

251

ciones de valor, en las que el deudor debe indemnizar un valor patrimonial que sólo se transforma en una obligación pecuniaria nominal, en el momento del pago.

55. La naturaleza de las obligaciones de valor no se identifica con las obligaciones de dinero, pues el deudor se obliga no respecto al objeto sino mediante la entrega de una suma de dinero que representa el valor del objeto y estará cifrada para la fecha real y actual del cumplimiento de la prestación; es decir, el objeto será el punto de referencia para determinar el valor en dinero. Entonces, en lo que se refiere a estas obligaciones, debe entenderse que las mismas comprenden un valor *no monetario*, sin embargo, al momento de hacerse exigible, ésta debe efectuarse mediante la entrega de una suma o cantidad de dinero.

56. El valorismo nace de una respuesta a los desequilibrios que se producen en las relaciones contractuales, como efecto de un proceso de inflación acelerada y de grado relativamente elevado. Así, el principio valorista se encuentra regido por las reglas de la compensación, lo cual permite actualizar el importe de la indemnización con arreglo al desajuste a la pérdida del valor adquisitivo, por el fenómeno de la inflación.

57. Así, se plantea la posibilidad de encuadrar dentro de las obligaciones de valor –asumiendo la teoría valorista– a los contratos de seguro contra daños, permitiendo entonces que se pueda asumir la posibilidad de solicitar la corrección monetaria o indexación del monto de la indemnización (y de la prima en caso de que aplique) de ocurrir el siniestro y generarse la obligación de pago de la indemnización, lo que representaría el correctivo inflacionario idóneo, en virtud de la pérdida del valor de la moneda sufrida durante el transcurso de la póliza.

58. Al no haber ninguna limitación o prohibición legal expresa, nos parece viable aplicar la teoría del *valorismo* a efectos de cifrarse una indemnización ajustada al valor real que representaba la cosa asegurada al momento de la contratación del seguro, como respuesta a la situación económica del país que representa un grave *desequilibrio* en las relaciones contractuales, en general, y en referencia al caso de estudio, en los contratos de seguro contra daños en los cuales la indemnización o suma asegurada ha sido determinada en Bs.

59. Independientemente de las propuestas analizadas, conside-ramos que, vistas las facultades de la SUDEASEG en la materia, pudiera ésta actuar de *oficio*, en protección del mercado de seguros en general, y ordenar un ajuste en los modelos preaprobados y autorizados de pólizas contra daños para (i) incluir mecanismos obligatorios en todas las pólizas para afrontar los efectos distorsionantes de la inflación, y así permitir el ajuste tanto de los montos fijos de indemnización o sumas aseguradas, como los montos de la prima, de ser necesario, y (ii) prohibir posibles enriquecimientos al margen de la *causa* de dichos contratos, en los términos expuestos, en una suerte de *redimensionamiento* del principio indemnizatorio en los términos propuestos.

60. Vemos tres posibles soluciones: (i) que los propios aseguradores realicen un ajuste a sus modelos de pólizas preaprobadas y soliciten su debida autorización a la SUDEASEG; (ii) que la SUDEASEG actúe de oficio y ordene un ajuste en los modelos preaprobados y autorizados de pólizas contra daños para (a.) incentivar la contratación de sobreseguros, en los términos explicados, (b.) prohibir el enriquecimiento del asegurador al margen de la *causa* de dichos contratos, y/o (c.) incluir en aquellas pólizas donde se determine la suma asegurada o montos fijos de indemnización en Bs., mecanismos obligatorios para afrontar los efectos de la inflación; o (iii) que, en razón

del principio de la autonomía de la voluntad de las partes, acuerden mutuamente incluir en las pólizas (aun cuando dicha modificación no haya sido previamente aprobada por la SUDEASEG), cláusulas específicas como las antes mencionadas, tomando en cuenta además la nueva atribución de la SUDEASEG de *permitir* el uso de pólizas no previamente autorizadas y del mandato de las Normas del artículo 5, según el cual se indica expresamente que sólo serán nulas aquellas cláusulas que sean lesivas de los derechos de asegurados.

61. En la realidad actual venezolana y en economías inflacionarias similares, la regla general que debería aplicar para las pólizas de seguro contra daños patrimoniales (especialmente determinadas en Bs.), cuando se busque restitución plena, debe ser la establecida en el artículo 61 de las Normas, según la cual variará la suma asegurada durante la vigencia de la póliza y se ajustarán de igual forma los montos a pagar por concepto de prima.

62. Ahora bien, si por algún motivo no se celebran bajo esa premisa los contratos de seguro, entonces consideramos que –como mínimo– se deben (i) determinar los montos fijos de indemnización o suma asegurada necesariamente en moneda extranjera (no afectada por la inflación), al menos como moneda de cuenta, e (ii) incluir *obligatoriamente* en todas las pólizas, mecanismos de revalorización para afrontar los efectos de la inflación, siempre presente en la economía del país. Así, la regla debería ser, en cumplimiento de la esencia del principio indemnizatorio, la de siempre buscar indemnizar totalmente al asegurado (máxime si esta es la voluntad de las partes), y no determinar unos montos de indemnización o suma asegurada, a sabiendas (es decir, conscientemente) que las pólizas resultarán en una especie de *infraseguro*, convirtiéndose en la actualidad éste último en la regla, y no la excepción.

ANEXOS

CONTRATOS DE
SEGURO CONTRA DAÑOS

PÓLIZA DE SEGURO DE CASCO DE VEHÍCULOS TERRESTRES COBERTURA DE PÉRDIDA TOTAL

CONDICIONES GENERALES

Entre _____, que en adelante se denominará el Asegurador, representada por el ciudadano_____ en su carácter de_____, facultado según consta en documento inscrito ante la Notaría Pública _____, el __ de __ de ____, bajo el Nro. ____ Tomo _____ y el Tomador, identificado en el Cuadro Póliza Recibo, han convenido en suscribir e presente contrato de seguro, el cual está conformado y se regirá por las Condiciones Generales, las Condiciones Particulares, el Cuadro Póliza Recibo, la Solicitud de Seguro y los demás documentos que formen parte integrante del mismo.

CLÁUSULA 1. OBJETO DEL SEGURO.

Mediante este seguro el Asegurador se compromete a cubrir los riesgos mencionados en las Condiciones Particulares y Anexos, si los hubiere y a indemnizar al Asegurado o al Beneficiado la pérdida o daño que pueda sufrir el vehículo asegurado, ocurrido durante su vigencia en el territorio de la República Bolivariana de Venezuela, hasta por la suma asegurada indicada como límite en el Cuadro Póliza Recibo.

CLÁUSULA 2. DEFINICIONES GENERALES.

A los efectos de este contrato, queda expresamente convenido entre las partes que los siguientes términos tendrán los significados que se indican, siendo que el género masculino incluirá también al femenino, cuando corresponda, salvo que del texto de este contrato se desprenda una interpretación diferente:

1. ASEGURADO: Persona natural o jurídica que en sus bienes o intereses económicos está expuesta a los riesgos cubiertos y amparada por este contrato.

2. ASEGURADOR: Persona jurídica que asume los rasgos cubiertos en este contrato.

3. BENEFICIARIO: Persona natural o jurídica que tiene el derecho de recibir el pago de la indemnización a que hubiere lugar. El Tomador, el Asegurado o el Beneficiario pueden ser o no la misma persona.

4. CONDICIONES PARTICULARES: Aquellas que contemplan aspectos concretamente relativos al riesgo que se asegura.

3. CUADRO PÓLIZA RECIBO: Documento en el que se indica, como mínimo, la siguiente información: número de la Póliza; identificación completa del Asegurador y de su domicilio principal, identificación completa del Tomador y del Asegurado; dirección del Tomador; dirección de cobro; dirección del Asegurado; nombre del intermediario de la actividad aseguradora; identificación del vehículo asegurado; coberturas contratados, básicas y opcionales, distinguiendo para cada cobertura: la suma asegurada, el deducible, si lo hubiere, y el monto de la prima; lugar y forma de pago de la prima; vigencia del contrato; fecha de emisión del contrato; y firmas del Asegurador y del Tomador.

6. DOCUMENTOS QUE FORMAN PARTE DEL CONTRATO DE SEGURO: La Solicitud de Seguro; el documento, de Cobertura Provisional, si lo hubiere; las Condiciones Generales, los Condiciones Particulares, el Cuadro Póliza Recibo; los anexos que se emitan para complementar o modificar la póliza y demás documentos que por su naturaleza formen parte del contrato.

7. PRIMA: Contraprestación que, en función del riesgo, debe pagar el Tomador al Asegurador en virtud de la celebración del contrato. Las primas de este seguro corresponderán a periodos anuales, semestrales, trimestrales, mensuales y cualquier otro acordado entre las partes, y serán determinadas sobre la base de las tarifas que por cada modalidad tenga aprobadas el Asegurador.

8. RIESGO: Posible ocurrencia por azar de un acontecimiento que no dependa exclusivamente de la voluntad del Tomador, del Asegurado o del Beneficiario, que ocasione una necesidad económica, y cuya aparición real o existencia se previene y garantiza en este contrato.

9. SINIESTRO: Materialización del riesgo que da origen a la obligación de indemnizar por parte del Asegurador, que corresponda conforme al presente contrato.

10. SOLICITUD DE SEGURO: Cuestionario que proporciona el Asegurador, el cual contiene un conjunto de preguntas relativas a la identificación del Tomador, del Propuesto Asegurado y del Beneficiario, así como también la identificación, la descripción detallada y la ubicación del vehículo que se pretenda asegurar y demás datos que puedan influir en la estimación del riesgo, que deben ser contestadas en su totalidad y con exactitud por el Tomador o el Propuesto Asegurado, constituyendo dicha declaración la base legal para la emisión del contrato de seguro.

Adicionalmente, deberá contener el detalle de las coberturas que se pretenden contratar, distinguiendo las coberturas básicas de las opcionales, señalando expresamente que estas últimas no serán de obligatoria suscripción por parte del Tomador o del Propuesto Asegurado.

11. SUMA ASEGURADA: Límite máximo de responsabilidad del Asegurador, indicado en el Cuadro Póliza Recibo.

12. TOMADOR: Persona natural o jurídica que, obrando por cuenta propia o ajena, contrata el seguro con el Asegurador, trasladándole los riesgos y obligándose al pago de la prima.

CLÁUSULA 3. EXONERACIÓN DE RESPONSABILIDAD.

El Asegurador no estará obligado al pago de la indemnización en los siguientes casos;

1. Si el Tomador, el Asegurado, el Beneficiario o: cualquier persona que obre por cuenta de éstos presenta una reclamación fraudulenta o engañosa, o si en cualquier tiempo emplea medios o documentos engañosos o dolosos para sustentar una reclamación o para derivar otros beneficios relacionados con este contrato.

2. Si el siniestro ha sido ocasionado por dolo del Tomador, del Asegurado o del Beneficiario.

3. Si el siniestro ha sido ocasionado por culpa grave del Tomador, del Asegurado o del Beneficiario. No obstante, el Asegurador estará obligado al pago de la indemnización si el siniestro ha sido ocasionado en cumplimiento de deberes legales de socorro o en tutela de Intereses comunes con el Asegurador en lo que respecta a este contrato.

4. Si el siniestro se Inicia antes de la vigencia del contrato y continúa después de que los riesgos hayan comenzado a correr por cuenta del Asegurador.

5. Si el Tomador, el Asegurado o el Beneficiario no empleare los medios a su alcance para aminorar las consecuencias del siniestro, siempre que este incumplimiento se produjera con la manifiesta intención de perjudicar o engañar al Asegurador.

6. Si el Tomador o el Asegurado actúa con dolo o culpa grave, según lo señalado en la Cláusula 9. Declaraciones en la Solicitud de Seguro, de estas Condiciones Generales.

7. Si el Tomador, el Asegurado o el Beneficiario actúa con dolo o culpa grave, según lo señalado en la Cláusula 11. Agravación del Riesgo, de estas Condiciones Generales

8. Si el Tomador, el Asegurado o el Beneficiario intencionalmente omitiere dar aviso al Asegurador sobre la contratación de pólizas que cubran el mismo riesgo amparado por el presente contrato o si hubiese celebrado el segundo o posteriores contratos de seguros, sobre los mismos riesgos, con el fin de procurarse un provecho ilícito.

9. Si el Asegurado o el Beneficiario incumpliere lo establecido en la Cláusula Subrogación de Derechos, de estas Condiciones Generales, a menos que compruebe que el incumplimiento es debido a una causa extraña no imputable a él.

10. Si el Tomador, el Asegurado, el Beneficiario o cualquier persona que obre por cuenta de éstos, actuando con dolo o culpa grave, obstaculiza los derechos del Asegurador estipulados en este contrato.

11. Otras exoneraciones de responsabilidad que se establezcan en las Condiciones Particulares de este contrato.

CLÁUSULA 4. VIGENCIA DEL CONTRATO.

La vigencia del contrato será anual, semestral, trimestral, mensual o de cualquier otra duración que haya sido acordada entre las partes, y en tocio caso, se hará constar en el Cuadro Póliza Recibo, con indicación de la fecha de emisión, la hora y día de su iniciación y vencimiento.

A falta de indicación expresa, los riesgos cubiertos comienzan a correr por cuenta del Asegurador a las 12 m del día de inicio de la vigencia del contrato y terminarán a la misma hora del día de su vencimiento.

CLÁUSULA 5. PAGO DE LA PRIMA.

El Tomador debe pagar la primera prima en el plazo de diez (10) días continuos contados a partir de la fecha de inicio de la vigencia del contrato. Si la prima no es pagada o se hace imposible su cobro por causa imputable al Tomador en el plazo establecido, el Asegurador tendrá derecho a exigir el pago correspondiente o resolver el contrato.

En caso de resolución, ésta tendrá efecto desde el inicio de la vigencia del contrato, sin necesidad de previo aviso al Tomador.

Si ocurriere un siniestro en el plazo convenido para el pago de la primera prima, el Asegurador pagará la indemnización, siempre que el Tomador pague antes de su vencimiento la prima correspondiente.

261

El pago de la prima solamente conserva en vigor el contrato por el tiempo al cual corresponda dicho pago, según conste en el Cuadro Póliza Recibo.

Si el pago de la prima es fraccionado, se entiende que tal fraccionamiento es una facilidad de pago y no implica modificación del período de vigencia del contrato. En este caso, si el Tomador no pagase cualquier fracción de la prima dentro de los cinco (5) días hábiles siguientes a la fecha de la finalización de la última fracción pagada, el Asegurador tiene derecho a exigir la prima debida o a resolver el contrato y si en ese periodo ocurriese un siniestro amparado, el Asegurador procederá de conformidad con las siguientes reglas:

1. Descontar del monto indemnizable la fracción de prima vencida. No obstante, si el monto a pagar es por la totalidad de la suma asegurada, el Asegurador podrá deducir las fracciones de primas pendientes para completar la totalidad de la prima del periodo de vigencia del contrato.

2. Sí el monto indemnizable es menor a la fracción de prima vencida, el Asegurador pagará la indemnización, siempre que el Tomador pague la referida fracción de prima vencida antes del referido plazo de cinco (5) días hábiles previsto esta Cláusula.

En caso de resolución por falta de pago de una fracción de prima vencida, ésta tendrá efecto desde la fecha de finalización del período cubierto por la última fracción de prima pagada, siempre que el Asegurador lo haya notificado previamente al Tomador o al Asegurado.

Contra el pago de la pinna o cualquiera de sus fracciones, el Asegurador entregará al Tomador el Cuadro Póliza-Recibo o recibo de prima correspondiente, según sea el caso, firmado y sellado. La entrega de este documento podrá efectuarse en forma impresa o a través de los mecanismos electrónicos previstos para ello y acordados por las partes que consten en la solicitud de seguro.

Las primas pagadas en exceso no darán lugar a responsabilidad alguna por parte del Asegurador por el exceso, sino única y exclusivamente al reintegro sin intereses del excedente, aun cuando aquellas hubieren sido aceptadas formalmente por éste.

CLÁUSULA 6. LUGAR Y MEDIO DE PAGO DE LAS PRIMAS.

Las primas correspondientes a este contrato serán pagadas directamente en las oficinas del Asegurador. No obstante, éste podrá cobrar las primas a domicilio y dar aviso de sus vencimientos y, si lo hiciere, no sentará precedente de obligación y podrá suspender esta gestión en cualquier momento, previo aviso.

Las primas podrán ser pagadas bajo cualquier mecanismo o medio acordado por las partes.

CLÁUSULA 7. RENOVACIÓN.

El contrato se entenderá renovado automáticamente al finalizar el último día de duración del periodo de vigencia anterior y por un plazo igual, siempre que el Tomador pague la prima correspondiente al nuevo período, de acuerdo con lo establecido en la Cláusula 8. Plazo de Gracia, de estas Condiciones Generales, entendiéndose que la renovación no implica un nuevo contrato, sino la prórroga del anterior.

Las partes pueden negarse a la renovación del contrato, mediante una notificación efectuada a la otra parte, en forma impresa o a través de los mecanismos electrónicos que hayan acordado, con un plazo de un (1) mes de anticipación a la conclusión del período de seguro en curso.

CLÁUSULA 8. PLAZO DE GRACIA.

Se concederán treinta (30) días continuos de gracia para el pago de la prima de renovación, contados a partir de la fecha de terminación de la vigencia del contrato anterior. Si la vigencia del contrato es mensual, el plazo de gracia será de quince (15) días continuos.

Si ocurriere un siniestro en este plazo, el Asegurador pagará la indemnización, previa deducción de la prima correspondiente. Si el monto del siniestro es menor a la prima de renovación, el Asegurador pagará la indemnización, siempre que el Tomador pague la prima en el plazo de gracia concedido. Si la prima no es pagada en el referido plazo, el contrato quedará sin validez y efecto a partir de la fecha de terminación de la vigencia del contrato anterior.

CLÁUSULA 9. DECLARACIONES EN LA SOLICITUD DE SEGURO.

El Tomador o el Propuesto Asegurado al llenar la solicitud, deben declarar con exactitud al Asegurador, de acuerdo con el cuestionario y demás requerimientos que le indique, todas las circunstancias por él conocidas que puedan influir en la valoración del riesgo.

El Asegurador deberá participar al Tomador o al Asegurado, en el plazo de cinco (5) días hábiles siguientes, que ha tenido conocimiento de un hecho no declarado en la solicitud que pueda influir en la valoración del riesgo, y podrá ajustar o rescindir el contrato, mediante comunicación dirigida al Tomador o al Asegurado, según corresponda, en el plazo de un (1) mes, contado a partir del conocimiento de los hechos.

En caso de resolución, ésta se producirá a partir del décimo sexto (16º) día continuo siguiente a su notificación, siempre que la parte proporcional de la prima, deducida la comisión pagada al intermediario de la actividad aseguradora, correspondiente, al período que falte por transcurrir, se encuentre a disposición del Tomador en a caja de. Asegurador. Corresponderán al Asegurador, las primas relativas al período de seguro transcurrido, en el momento en que haga esta notificación. El Asegurador no podrá rescindir el contrato cuando el hecho que ha sido objeto de reserva o inexactitud ha desaparecido antes del siniestro.

Si el siniestro sobreviene antes que el Asegurador, haga la participación a que se refiere esta Cláusula, la indemnización se reducirá proporcionalmente a la diferencia entre la prima convenida y la que se hubiese establecido de haberse conocido la verdadera entidad del

264

riesgo. Si el Tomador o el Asegurado actúan con dolo o culpa grave, el Asegurador quedará liberado del pago de la indemnización y de la devolución de la prima.

Cuando el contrato esté referido a varias personas, bienes o intereses y la reserva o inexactitud se contrajese sólo a uno o varios de ellos, el contrato subsistirá con todos sus efectos respecto a los restantes, sí ello fuere técnicamente posible.

CLÁUSULA 10. FALSEDADES Y RETICENCIAS DE MALA FE.

Las falsedades y reticencias de mala fe por parte del Tomador o del Asegurado realizadas en la solicitud de seguros, debidamente probadas, serán causa de nulidad absoluta del contrato, si son de tal naturaleza que el Asegurador, de haberlo conocido, no hubiese contratado o lo hubiese hecho en otras condiciones.

En caso de falsedades o reticencias de mala fe por parte del Tomador, del Asegurado o del Beneficiario en la reclamación del siniestro, debidamente probadas, serán causa de nulidad absoluta del contrato y exoneran del pago de la indemnización al Asegurador.

No hay lugar a la devolución de prima al Tomador en los supuestos de nulidad del contrato contemplados en esta Cláusula.

CLÁUSULA 11. AGRAVACIÓN DEL RIESGO.

El Tomador, el Asegurado o el Beneficiario, durante la vigencia del contrato, debe comunicar al Asegurador, todas las circunstancias que agraven el riesgo y sean de tal naturaleza que, si hubieran sido conocidas por éste, en el momento de la celebración del contrato, no lo habría celebrado o lo habría hecho en otras condiciones. Esta notificación debe hacerse dentro de los cinco (5) días hábiles siguientes, contados a partir de la fecha en que sea conocida, salvo que medie una causa extraña no imputable.

265

Cuando la agravación del riesgo dependa de un acto del Tomador, del Asegurado o del Beneficiario, debe ser notificada al Asegurador, en el plazo de cinco (5) días hábiles antes de que se produzca, salvo que medie una causa extraña no imputable.

Conocido por el Asegurador que el riesgo se ha agravado, éste dispone de un plazo de quince (15) días continuos, contados a partir de la fecha en que haya sido conocido, para indicar las razones por las cuales rescinde el contrato o propone la modificación de mismo. Notificada la modificación al Tomador o al Asegurado, éste deberá dar cumplimiento a las condiciones exigidas, en un plazo de quince (15) días hábiles, caso contrario, se entenderá que el contrato ha quedado sin efecto a partir del vencimiento dé plazo.

Si el Tomador o el Asegurado no actúan de acuerdo con las indicaciones del Asegurador, se entenderá que el contrato ha sido terminado por aquél.

En el caso de que el Tomador, el Asegurado o el Beneficiario no haya efectuado la declaración y sobreviniere un siniestro, el deber de indemnización del Asegurador, se reducirá proporcionalmente a la diferencia entre la prima convenida y la que se hubiera aplicado de haberse conocido la verdadera entidad del riesgo, salvo que el Tomador, el Asegurado o el Beneficiario haya actuado con dolo o culpa grave, en cuyo caso, el Asegurador quedará liberado de responsabilidad.

Cuando el contrato se refiera a varios bienes o intereses, y el riesgo se hubiese agravado respecto de uno o algunos de ellos, el contrato subsistirá con todos sus efectos respecto de los restantes.

En el supuesto de rescisión de contrato, el Asegurador deberá devolver, en un plazo de quince (15) días habites contados a partir de su notificación, la parte proporciona, de la prima correspondiente al período que falte por transcurrir, deducida la comisión pagada al intermediario de la actividad aseguradora.

Se consideran agravaciones del riesgo que deben ser notificadas al Asegurador:

1. Cambio del uso del vehículo a una condición distinta a la declarada originalmente en la Solicitud de Seguros.

2. Eliminación o inutilización de cualquier sistema de seguridad que haya sido instalado al vehículo asegurado y declarado al Asegurador.

3. Si el vehículo fuere conducido por niños, niñas o adolescentes bajo permiso especial de conducir.

4. Cualquier modificación al diseño del vehículo.

5. Otras circunstancias, indicadas en Anexos, que puedan constituir una agravación del riesgo, según las características del riesgo asegurado.

CLÁUSULA 12. AGRAVACIÓN DEL RIESGO QUE NO AFECTA EL CONTRATO.

La agravación del riesgo no producirá los efectos previstos en la Cláusula precedente, en los casos siguientes:

1. Cuando no haya tenido influencia sobre el siniestro ni sobre la extensión de la responsabilidad que incumbe al Asegurado.

2. Cuando haya tenido lugar para proteger los intereses del Asegurador, con respecto del contrato.

3. Cuando se haya impuesto para cumplir el deber de socorro que le impone la ley.

4. Cuando el Asegurador haya tenido conocimiento por otros medios de la agravación del riesgo, y no haya hecho uso de su derecho a rescindir en el plazo de quince (15) días continuos.

5. Cuando el Asegurador, haya renunciado expresa o tácitamente al derecho de proponer la modificación del contrato o darlo por terminado unilateralmente por esta causa. Se tendrá por hecha la renuncia a la propuesta de modificación o resolución unilateral, si no la lleva a cabo en el plazo señalado en la Cláusula anterior.

CLÁUSULA 13. DISMINUCIÓN DEL RIESGO.

El Tomador, el Asegurado o el Beneficiario, durante la vigencia del contrato, podrá poner en conocimiento del Asegurador, todas las circunstancias que disminuyan el riesgo y sean de tal naturaleza que, si hubieran sido conocidas por éste en el momento del perfeccionamiento del contrato, lo habría celebrado en condiciones más favorables para el Tomador.

El Asegurador, deberá devolver la prima cobrada en exceso por el período que falte por transcurrir en un plazo de quince (15) días hábiles contados a partir de la modificación, deducida la comisión pagada al intermediario de la actividad aseguradora.

En el caso de que el Tomador o el Asegurado no hayan efectuado la declaración de la disminución de riesgo y sobreviniere un siniestro, el Asegurador, deberá indemnizar al Asegurado o al Beneficiario, según las condiciones originalmente pactadas en el contrato.

CLÁUSULA 14. PAGO DE INDEMNIZACIONES.

El Asegurador deberá pagar la indemnización que corresponda en un plazo que no exceda de treinta (30) días continuos siguientes, contados a partir de la fecha en que haya recibido el ultimó recaudo solicitado o del informe del ajuste de pérdidas, si fuera el caso, salvo por causa extraña no Imputable al Asegurador.

CLÁUSULA 15. RECHAZO DEL SINIESTRO.

El Asegurador deberá notificar por escrito al Tomador, al Asegurado o al Beneficiario, en el plazo señalado en la Cláusula anterior, las causas de hecho y de derecho que a su juicio justifiquen el rechazo, total o parcial de la indemnización exigida.

CLÁUSULA 16. SUBROGACIÓN DE DERECHOS.

El Asegurador que ha pagado la indemnización, queda subrogado de pleno derecho, hasta la concurrencia del monto de esta, en los derechos y acciones del Tomador, del Asegurado o del Beneficiario contra los terceros responsables.

Salvo el caso de dolo, la subrogación no se efectuará contra las personas de cuyos hechos debe responder civilmente el Asegurado, ni contra el causante del siniestro vinculado con el Asegurado hasta el segundo grado de parentesco por consanguinidad o que sea su cónyuge o la persona con quien mantenga unión estable de hecho.

El Asegurado o el Beneficiario no podrá, en ningún momento, renunciar a sus derechos de exigir a otras personas la reparación por los daños y pérdidas que éstas le hubiesen ocasionado.

En caso de siniestro, el Asegurado o el Beneficiario está obligado a realizar a expensas del Asegurador, cuantos actos sean necesarios y todo lo que éste pueda razonablemente requerir, con el objeto de permitir que ejerza los derechos que le correspondan por subrogación, sean antes o después del pago.

Si el Asegurado o el Beneficiario incumpliere lo establecido en esta Cláusula, perderá el derecho al pago que le otorga este contrato o estará obligado a reintegrar el monto de la indemnización, si está ya se hubiese efectuado, a menos que compruebe que el incumplimiento es debido a una causa extraña no imputable a él.

CLÁUSULA 17. PLURALIDAD DE SEGUROS.

Cuando un interés estuviese asegurado contra el mismo riesgo, por dos o más aseguradores, el Tomador, el Asegurado o el Beneficiario estará obligado, salvo pacto en contrario, a poner en conocimiento de esa circunstancia a todos los aseguradores, al momento de la presentación de los documentos solicitados, para la tramitación del siniestro, con indicación del nombre de cada uno de ellos, número y periodo de vigencia de cada contrato.

Si el Tomador, el Asegurado o el Beneficiario, intencionalmente omite ese aviso o hubiese celebrado el segundo o los posteriores contratos de seguro, con la finalidad de procurarse un provecho ilícito, los aseguradores no quedan obligados frente a aquél. Sin embargo, conservarán sus derechos derivados de los respectivos contratos. En este caso, deberán tener prueba fehaciente de la conducta dolosa del Tomador, del Asegurado o del Beneficiario.

Los aseguradores contribuirán al abono de la indemnización en proporción a la suma propia asegurada, sin que pueda superarse la cuantía del daño. Dentro de ese límite, el Asegurado o el Beneficiario podrán solicitar a cada Asegurador, en el orden que él establezca, la indemnización debida, según el respectivo contrato. El Asegurador que ha pagado una cantidad superior a la que proporcionalmente le corresponda, podrá repetir contra el resto de ellos.

En caso de contrataciones de buena fe de una pluralidad de seguros, incluso por una suma total superior al valor asegurable, todos los contratos serán válidos, y obligarán a cada uno de los aseguradores, a pagar hasta el valor del daño sufrido, dentro de los límites de la suma que hubiesen asegurado, proporcionalmente a lo que le corresponda en virtud de los otros contratos celebrados.

Cuando exista una pluralidad de seguros, en caso de siniestro, el Asegurado o el Beneficiario no podrán renunciar a los derechos que le correspondan, según el contrato de seguro o aceptar modificaciones de los mismos, con uno de los aseguradores en perjuicio de los demás.

CLÁUSULA 18. ARBITRAJE.

Las partes podrán someter a un procedimiento de arbitraje las divergencias que se susciten en a interpretación, aplicación y ejecución del contrato. La tramitación del arbitraje se ajustará a lo dispuesto en la ley que regule la materia de arbitraje y supletoriamente al Código de Procedimiento Civil.

El Superintendente de la Actividad Aseguradora actuará como árbitro arbitrador en aquellos casos en que sea designado de mutuo acuerdo entre ambas partes, con motivo de las controversias que se susciten en la interpretación, aplicación y ejecución del contrato. En este supuesto, la tramitación del arbitraje se ajustará a lo dispuesto en las normas para regular los mecanismos alternativos de solución de conflictos en la actividad aseguradora.

El laudo arbitral será de obligatorio cumplimiento.

CLÁUSULA 19. CADUCIDAD.

El Tomador, el Asegurado o el Beneficiario perderán todo derecho a ejercer acción judicial contra el Asegurador o convenir con este a someterse al Arbitraje previsto en la Cláusula anterior, si no lo hubiere hecho antes de transcurrir el plazo de un (1) año contado a partir de la fecha de la notificación, por escrito:

1. Del rechazo, total o parcial, del siniestro.

2. De la decisión del Asegurador sobre la inconformidad del Tomador, del Asegurado o del Beneficiario respecto a la indemnización o al cumplimiento de la obligación a través de proveedores de insumos o servicios.

A los efectos de esta disposición, se entenderá iniciada la acción judicial una vez que sea consignado el libelo de demanda por ante los órganos jurisdiccionales.

CLÁUSULA 20. PERITAJE.

Si surgiere desacuerdo para la fijación del importe de la indemnización o si el Asegurado no aceptase la proposición del Asegurador, las partes podrán someterse al siguiente procedimiento:

1. Nombrar de común acuerdo y por escrito, un perito único.

2. En caso de desacuerdo sobre la designación de un (1) perito único, nombrar por escrito dos (2) peritos, uno por cada parte, dentro del plazo de un (1) mes calendario a partir del día en que una de las partes haya requerido a la otra dicha designación.

3. En caso de que una de las partes se negare a designar o dejare de nombrar el perito, en el plazo antes indicado, el procedimiento se dará por terminado.

4. Si los dos (2) peritos así designados no llegaren a un acuerdo, el o los puntos en discrepancia serán sometidos al fallo de un tercer perito, nombrado por ellos, por escrito y su decisión agotará el procedimiento.

271

5.   Los gastos relativos al peritaje serán distribuidos por igual entre las partes.

El fallecimiento de cualquiera de los dos (2) peritos, que aconteciera en el curso de las operaciones de peritaje, no anulará ni mermará los poderes, derechos o atribuciones del perito o peritos sobrevivientes. Asimismo, sí el perito único o el perito tercero fallecieran antes del dictamen final, las partes o los peritos que le hubieren nombrado, según el caso, quedan facultados para sustituirle por otro.

El perito único, los dos (2) peritos o el perito tercero, según el caso, deberán conocer la materia relativa al peritaje y harán sus evaluaciones ateniéndose a las condiciones del contrato.

Los peritos deberán dar su fallo por escrito dentro de un periodo de treinta (30) días continuos después de haber aceptado la designación.

CLÁUSULA 21. PRESCRIPCIÓN.

Salvo lo dispuesto en leyes especiales, las acciones derivadas de este contrato prescriben a los tres (3) años contados a partir del siniestro que dio nacimiento a la obligación.

CLÁUSULA 22. OBLIGACIONES DEL TOMADOR, ASEGURADO O BENEFICIARIO

1.   El Tomador y el Propuesto Asegurado deberán llenar la Solicitud de Seguro y declarar, con absoluta sinceridad, todas las circunstancias necesarias para identificar el vehículo asegurado y para poder apreciar la extensión de los riesgos, en los términos indicados en este contrato.

2.   El Asegurado deberá prestar toda la colaboración necesaria para facilitar la realización de las inspecciones de riesgo, así como también los ajustes de datos, según sea el caso.

3.   El Tomador deberá pagar la prima en la formar lugar y tiempo convenido en este contrato.

4. El Asegurado deberá emplear el cuidado de un diligente padre de familia para prevenir el siniestro.

5. El Asegurado o el Beneficiario deberá tornar las medidas necesarias para salvaguardar el vehículo asegurado o para conservar sus restos.

6. El Tomador, el Asegurado o el Beneficiario le hará saber al Asegurador, dentro de los cinco (5) días hábiles siguientes de haberlo conocido, la ocurrencia de un siniestro, expresando claramente las causas y circunstancias de lo ocurrido.

7. El Tomador, el Asegurado o el Beneficiario deberá declarar, al momento de contratar la póliza y al tiempo de exigir el pego del siniestro, los contratos de seguros que existen y que cubren el mismo riesgo.

8. El Tomador, el Asegurado o el Beneficiario deberá probar la ocurrencia del siniestro a través de la consignación de toda aquella información necesaria para la indemnización del siniestro, que sea solicitada por el Asegurador.

9. El Asegurado o el Beneficiario deberá realizar diligentemente todas las acciones necesarias y destinadas a garantizar al Asegurador el ejercicio de su derecho de subrogación.

10. El Asegurado, en caso de venta del vehículo asegurado debe informar por escrito al Asegurador dentro de los quince (15) días hábiles siguientes a la fecha de venta o traspaso de la propiedad.

11. El Tomador o el Asegurado, en caso de cambio de dirección de cobro, domicilio, habitación u oficina, según sea el caso, debe notificar por escrito al Asegurador dentro de los quince (15) días hábiles siguientes a la fecha de haber efectuado el cambio, a menos que esta obligación sea considerada una agravación de riesgo, en cuyo caso se aplicará el plazo previsto para ello.

12. El Asegurado debe cumplir con todas y cada una de las obligaciones, responsabilidades y condiciones establecidas en los diferentes documentos que integran el presente contrato.

273

CLÁUSULA 23. OBLIGACIONES DEL ASEGURADOR.

1. Informar al Tomador o al Asegurado, mediante la entrega de la Póliza y demás documentos, la extensión de los riesgos asumidos y aclarar, en cualquier tiempo, todas las dudas y consultas que éste le formule.

2. Entregar el Cuadro Póliza Recibo al Tomador junto con copia de la Solicitud de Seguro, las Condiciones Generales, las Condiciones Particulares, los anexos, si los hubiere, y los demás documentos que formen parte integrante del contrato de seguro. En la renovación la obligación procederá para los nuevos documentos o para aquellos que hayan sido modificados. La entrega de los documentos seriados deberá efectuarse en los términos acordados por las partes.

3. Proceder al ajuste de daños, luego de recibida la notificación para la tramitación del siniestro, conforme con lo establecido en las Condiciones Particulares de este contrato.

4. Pagar la Suma Asegurada o la Indemnización que corresponda en caso de siniestro, en los plazos establecidos en este contrato o rechazar el siniestro, mediante aviso por escrito y debidamente motivado.

5. Entregar al Asegurado o al intermediario de la actividad aseguradora, una copia del informe del ajuste de daños que contenga los cálculos utilizados para determinar la indemnización.

6. Cumplir con todas y cada una de las obligaciones, responsabilidades y condiciones estableadas en los diferentes documentos que integran el contrato de seguro.

CLÁUSULA 24. MODIFICACIONES.

Se consideran aceptadas las solicitudes escritas de prorrogar o modificar un contrato, si el Asegurador no rechaza por escrito la solicitud dentro de los diez (10) días hábiles de haberla recibido.

La modificación de la suma asegurada o del deducible requerirá siempre aceptación expresa de la otra parte; en caso que no exista aceptación expresa se presumirá aceptada: por el Asegurador, con la emisión del Cuadro Póliza Recibo, en el que se modifique la suma asegurada o el deducidle y, por el Tomador o el Asegurado, con el pago de la diferencia de prima correspondiente, si la hubiere.

Si la modificación es efectiva a partir de la prórroga del contrato, debe ser comunicada al Tomador mediante notificación efectuada en forma impresa o a través de los mecanismos electrónicos acordados para ello, con un plazo de un (1) mes de anticipación a la conclusión del período de seguro en curso.

En caso de desacuerdo del Tomador o del Asegurado, el Asegurador mantendrá o renovará el contrato bajo las mismas condiciones de suma asegurada y deducible vigentes al momento de la propuesta de modificación.

Las modificaciones se harán constar mediante Anexos, debidamente firmados por un representarte de Asegurador y el Tomador, los cuales prevalecerán sobre las Condiciones Particulares y éstas sobre las Condiciones Generales de la Póliza.

Si la modificación requiere pago de prima adicional se aplicará lo dispuesto en la Cláusula 4. Vigencia del Contrato, la Cláusula 5. Pago de la Prima, la Cláusula 6. Lugar y Medio de Pago de las Primas y la Cláusula 8. Plazo de Gracia, de estas Condiciones Generales.

CLÁUSULA 25. TERMINACIÓN ANTICIPADA.

El Asegurador podrá dar por terminado este contrato, con efecto a partir del decimosexto (16°) día continuo siguiente a la fecha del acuse de recibo de la notificación que envíe al Tomador, siempre y cuando se encuentre en la caja del Asegurador, a disposición de aquél, el importe correspondiente a la parte proporcional de la prima no consumida, por el período que falte por transcurrir.

A su vez, el Tomador o el Asegurado podrán dar por terminado el contrato de seguro, con efecto a partir del día hábil siguiente al de la recepción de la notificación enviada al Asegurador o de cualquier fecha posterior que en ella se señale. En este caso, dentro de los quince (15) días continuos siguientes, el Asegurador debe poner a disposición del Tomador, la parte proporcional de la prima, deducida la comisión pagada al intermediario de la actividad aseguradora, correspondiente al período que falte por transcurrir.

La terminación anticipada de la póliza se efectuará sin perjuicio del derecho del Asegurado o del Beneficiario a indemnizaciones por siniestros ocurridos con anterioridad a la fecha de terminación anticipada, en cuyo caso, no procederá devolución de prima cuando las indemnizaciones sean por la totalidad de la Suma Asegurada.

CLÁUSULA 26. AVISOS.

Todo o aviso o comunicación que una parte deba dar a la otra respecto a este contrato se efectuará con acuse de recibo, mediante comunicación escrita o telegrama dirigido a la dirección del Tomador y del Asegurado que conste en el contrato o al domicilio principal o sucursal del Asegurador, o a través de los medios electrónicos acordados por las partes.

Las comunicaciones relacionadas con la tramitación de siniestros que sean entregadas al intermediario de la actividad aseguradora producen el mismo efecto que si hubiesen sido entregadas a la otra parte, salvo estipulación en contrario.

El intermediario de la actividad aseguradora será administrativa y civilmente responsable en caso de que no haya entregado la correspondencia a su destinatario, en un lapso de cinco (5) días hábiles, contados a partir de su recepción.

CLÁUSULA 27. TRASPASO.

Ningún traspaso o cesión de los derechos sobre este contrato será válido si no ha sido aprobado previamente por el Asegurador, tanto para el cedente como para el cesionario. La aprobación por parte del Asegurador debe constar en Anexo emitido a la presente Póliza.

CLÁUSULA 28. DOMICILIO ESPECIAL.

Para todos los efectos y consecuencias derivadas o que puedan derivarse de esta Póliza, las partes eligen como domicilio especial, único y excluyente de cualquier otro, el lugar donde se celebró el contrato de seguros, a cuya Jurisdicción declaman someterse las partes.

CONDICIONES PARTICULARES

CLÁUSULA 1. DEFINICIONES PARTICULARES.

Para todos los fines relacionados con esta Póliza, queda expresamente convenido que los siguientes términos tendrán la acepción que se les asigna a continuación:

1. ACCESORIOS: Los equipos y aditamentos especiales que formen parte del vehículo asegurado y que, de ser desincorporados, no afecten su normal funcionamiento. Dentro de la categoría de accesorios se incluyen: radio, radio-reproductores, reproductores, equipos de sonido, equipos de comunicación, vídeos y ubicación, televisión, aparatos de aire acondicionado, tazas para los cauchos, faros especiales, riñes especiales y aditamentos de madera.

2. ACCESORIOS ORIGINALES: Aquellos que posea el vehículo desde la planta ensambladura.

3. ACCESORIOS NO ORIGINALES: Aquellos que le sean incorporados por el concesionario o con posterioridad a la adquisición del vehículo.

4. ACCIDENTE: Hecho fortuito, violento, súbito y externo, ajeno a la intencionalidad del Tomador, del Asegurado o del Beneficiario, que produzca daños visibles al vehículo asegurado.

5. ACCIDENTE DE TRÁNSITO: Hecho fortuito, violento, súbito y externo, ajeno a la intencionalidad del Tomador, del Asegurado o del Beneficiario, que produzca daños visibles al vehículo asegurado por la presente Póliza, debido a choque, colisión o volcamiento.

277

6. AJUSTE DE DAÑOS: Es la técnica que emplea el Asegurador, a través de expertos en la materia, para la valoración de los daños sufridos por el vehículo asegurado.

7. APROPIACIÓN INDEBIDA: Acto de apoderarse en beneficio propio o de otro del vehículo asegurado, que se hubiere confiado o entregado por cualquier título, para hacer de él un uso determinado y que Implique la obligación de restituirlo.

8. ASALTO O ATRACO: Acto de apoderarse ilegalmente del vehículo asegurado contra la voluntad del Asegurado o de la persona que ejerza la guarda y custodia del bien, utilizando la violencia física o la amenaza de causar daños graves inminentes a las personas.

9. BENEFICIARIO PREFERENCIAL: Persona natural o Jurídica designada por el Asegurado e indicada en el Cuadro Póliza Recibo, con derecho preferencial sobre la indemnización del vehículo asegurado, en caso de Pérdida total.

10. CERTIFICADO INDIVIDUAL DE SEGURO: Documento que forma parte integrante del Contrato de Seguro, emitido por el Asegurador junto con el Cuadro Póliza Recibo correspondiente al Tomador, Dicho documento se emitirá siempre y cuando la contratación del presente Seguro se haga bajo la modalidad de Flota o Colectivo y su emisión se hará para cada uno de los vehículos asegurados por el presente contrato. En él se indican los datos particulares de la Póliza, ya mencionados para el Cuadra Póliza Recibo y los referentes a cada vehículo asegurado. Cuando en este Contrato de Seguro se refiera a los datos de la Póliza se entenderá que también se refiere al Certificado Individual de Seguro.

11. CHOQUE: Encuentro violento entre un vehículo en movimiento y un objeto inmóvil o un animal

12. COLECTIVO: Conjunto de más de veinte (20) vehículos que pertenecen a los integrantes de un grupo relacionado con un mismo Tomador, siempre que esta relación sea con fines de dirección o coordinación de sus actividades.

13. COLISIÓN: Encuentro violento entre dos (2) o más vehículos en movimiento.

14. CONDUCTOR: Persona habilitada legalmente con su licencia y certificado médico, para conducir o tener control físico del vehículo asegurado en la vía pública.

15. CONDUCTOR HABITUAL: Persona que con autorización del Tomador o del Asegurado, conduce el vehículo asegurado regularmente, y que está identificada en la Solicitud de Seguro.

16. CONDUCTOR OCASIONAL: Persona que con autorización del Tomador o del Asegurado, se encuentre conduciendo el vehículo asegurado por la Póliza al momento del siniestro y que no está identificada en la Solicitud de Seguro; quien puede conducir el vehículo de modo eventual o esporádico; o trabaja como valet parking de algún establecimiento privado donde acuda el Tomador o el Asegurado o quien auxilia al Tomador o al Asegurado en la vía pública por cualquier incidente que le ocurra.

17. DAÑOS MALICIOSOS: Actos ejecutados de forma aislada por persona o personas que intencional y directamente causen daños al vehículo asegurado, sean que tales actos ocurran durante una alteración del orden público o no.

18. DISTURBIOS LABORALES O CONFLICTOS DE TRABAJO: Actos cometidos colectivamente por personas que tomen parte o actúen con relación a la situación anormal originada por huelgas, paros laborales, disturbios de carácter obrero y cierre patronal, ocasionando daños o pérdidas al vehículo asegurado. Igualmente, se refiere a los actos cometidos por cualquier persona o grupo de personas con el fin de activar o desactivar las situaciones descritas en el párrafo anterior.

19. FLOTA: Conjunto de más de veinte. (20) vehículos, propiedad de una misma persona natural o jurídica, destinados o no a un mismo uso.

20. GASTOS DE RECUPERACIÓN: Gastos incurridos con objeto de recuperar el vehículo asegurado, desparecido como consecuencia de robo, asalto o atraco o hurto. Los gastos de recuperación son:

a.   Gastos de Estacionamiento o Depositaria Judicial.

b.   Honorarios del Abogado que efectúe las gestiones de recuperación, sólo para casos de robo o hurto del vehículo.

c.   Servicios de Grúa, bien sea de servicio prestado por particulares o los realizados por los Organismos Oficiales o por el estacionamiento Depositaría Judicial

d.   Avalúo del vehículo por las autoridades competentes.

21. HURTO: Acto de apoderarse ilegalmente del vehículo asegurado sin intimidación en las personas y sin utilizar medios violentos.

22. INSPECCIÓN DE RIESGO: Es la técnica que emplea el Asegurador, a través de expertos en la materia, para la evaluación económica del vehículo antes de suscribirse el contrato.

23. MOTÍN, CONMOCIÓN CIVIL Y DISTURBIO POPULAR: Toda actuación en grupo, esporádica u ocasional de personas que produzcan una alteración del orden público, llevando a cabo actos de violencia, que ocasionen daños o pérdidas al vehículo asegurado.

24. PÉRDIDA PARCIAL: Daños causados al vehículo asegurado, por la ocurrencia de un siniestro cubierto por este contrato, que no ocasiona la Pérdida Total del vehículo, incluyendo los accesorios que formen parte del valor convenido.

25. PÉRDIDA TOTAL: Desaparición del vehículo asegurado a causa de Sustracción Ilegítima (Robo, Hurto, Asalto o Atraco) o cuando el daño causado al vehículo, como consecuencia de un siniestro cubierto por este contrato, ocasiona la destrucción absoluta del mismo, incluyendo los accesorios que formen parte del valor convenido, dejándolo inservible de manera permanente o no recuperable, o cuando los números de identificación vehicular, serial de carrocería o serial de motor hayan sido alterados o sean de dudosa identificación.

26. ROBO: Acto de apoderarse ilegalmente del vehículo asegurado contra la voluntad del Asegurado o la persona que ejerza la guarda y custodia de dicho bien, haciendo uso de medios violentos o con intimidación en las personas.

27. SAQUEO: Sustracción o destrucción del vehículo asegurado, cometido por un conjunto de personas que se encuentren tomando parte de un motín, conmoción civil, disturbio popular o disturbio laboral.

28. SUSTRACCIÓN ILEGÍTIMA: Acto de apoderarse ilegalmente del vehículo asegurado, en las modalidades de Robo, Hurto y Asalto o Atraco.

29. TERRORISMO: Se refiere a los actos criminales con fines políticos concebidos o planeados para provocar un estaco de terror en la población en general, en un grupo de personas o en personas determinadas que son injustificables en todas las circunstancias, cualesquiera sean las consideraciones políticas, filosóficas, ideológicas, raciales, étnicas, religiosas y de cualquier otra índole que se hagan valer para justificarlos.

30. VALOR CONVENIDO: Cantidad acordada, previamente entre el Asegurador y el Tomador o Asegurado como la Suma Asegurada indicada en el Cuadro Póliza Recibo, independientemente del valor del vehículo asegurado. Podrá incluir el valor de los accesorios originales, siempre que hayan sido declarados.

31. VEHÍCULO ASEGURADO: Vehículo legalmente registrado para circular de conformidad con la ley que regula la materia de transporte terrestre, objeto de este seguro e identificado en el Cuadro Póliza Recibo.

32. VEHÍCULO RECUPERADO: Vehículo asegurado que ha sido localizado luego de su sustracción ilegítima.

CLÁUSULA 2. COBERTURA BÁSICA:

El Asegurador conviene en indemnizar al Asegurado o al Beneficiario, en exceso del deducible, si lo hubiere, y hasta la Suma Asegurada indicadas en el Cuadro Póliza Recibo, por la Pérdida Parcial que sufra el vehículo asegurado, como consecuencia cualquiera de los siguientes riesgos ocurridos durante el periodo de vigencia del contrato y dentro del territorio de la República Bolivariana de Venezuela:

1. Accidente.

2. Accidente de Tránsito.

3. Incendio.

4. Robo, hurto, asalto o atraco

5. Cualquier otro riesgo que .no esté expresamente contemplado en las exclusiones del presente contrato.

CLÁUSULA 3. EXCLUSIONES.

Esta póliza no cubre:

1. Pérdidas, gastos o daños que sean consecuencia de: vicio propio o Intrínseco, uso o desgaste, oxidación, corrosión, deterioro gradual, rotura mecánica, combustión espontánea, moho, factores climáticos, cambios de temperatura, humedad, efecto de luz, descoloramiento, roedores, insectos, cualquier procedimiento de calefacción, refrigeración o desecación al cual hubiese sido sometido el vehículo asegurado.

2. Pérdidas, gastos o daños que sean consecuencia o que se den en el curso de: guerra, invasión, acto enemigo extranjero, hostili-dades u operaciones bélicas (haya habido declaración de guerra o no), insubordinación militar, levantamiento militar, insurrec-ción, rebelión, revolución, guerra civil, guerra intestina, poder militar o usurpación de poder, proclamación del estado de excepción, acto de terrorismo o acto de cualquier persona que actúe en nombre de o en relación con alguna organización que

realice actividades dirigidas a la destitución por la fuerza del gobierno o influenciarlo mediante el terrorismo o la violencia.

3. Pérdidas, gastos o daños que sean consecuencia de motín, conmoción civil, disturbios populares y saqueos, disturbios laborales y conflictos de trabajo y daños maliciosos.

4. Pérdidas, gastos o daños que sean consecuencia por nacionalización, confiscación, incautación, requisa, comiso, embargo, expropiación, destrucción o daño por orden de cualquier gobierno o autoridad pública legalmente constituida o de tacto, a menos que dicha destrucción sea ejecutada para detener la propagación de los daños causados por cualquier riesgo asegurado.

5. Pérdidas, gastos o daños que sean consecuencia de ondas de presión causadas por aviones u otros objetos aéreos que viajen a velocidades sónicas o supersónicas.

6. Pérdidas, gastos o daños que sean consecuencia de terremoto o temblor de tierra, maremoto, tsunami, erupción volcánica u otros fenómenos sísmicos, inundación, meteorito o cualquier otra convulsión de la naturaleza o perturbación atmosférica, así como cualquier otro fenómeno de carácter catastrófico o extraordinario, o de acontecimientos que por su magnitud o gravedad sean calificados por las autoridades competentes como "catástrofe natural".

7. Pérdidas, gastos o daños que sean consecuencia de: fisión o fusión nuclear, radiaciones ionizantes y contaminantes radioactivos.

8. Pérdidas indirectas, pérdidas de las ganancias producidas como consecuencia del siniestro o lucro cesante.

9. Pérdidas o daños de pertenencias del Asegurado que se encuentren en el interior del vehículo asegurado por el presente contrato.

10. Desaparición o daños al vehículo asegurado como consecuencia de Apropiación Indebida.

283

11.   Pérdida Parcial del vehículo asegurado.

12.   La pérdida de los accesorios no orígínales como consecuencia de la pérdida del vehículo asegurado, siempre que no hayan sido incorporados a la Suma Asegurada.

13.   Daño Moral.

14.   Gastos de recuperación.

CLÁUSULA 4. OTRAS EXONERACIONES DE RESPONSA-BILIDAD

Adicionalmente a lo establecido en la Cláusula 3. Exoneración de Responsabilidad, de las Condiciones Generales de este contrato, el Asegurador quedará exonerado de responsabilidad en los casos siguientes:

1.   Cuando el conductor del vehículo asegurado se encuentre bajo la influencia de bebidas alcohólicas o de sustancias estupefacientes o psicotrópicas.

2.   Cuando se produzca la pérdida o daño del vehículo asegurado por su participación en carreras, acrobacias, pruebas de velocidad o similares, realizadas en circuitos especialmente acondicionados o en la vía pública, sea de forma organizada o espontánea.

3.   Cuando el Asegurado o el conductor autorizado por él, cualquiera de los dos que estuviese conduciendo al momento del siniestro, carezca de Titulo o Licencia de conducir que le habilite para condecir el tipo de vehículo de que se trate, según las disposiciones de la ley que rige la materia de transporte terrestre o si tal documento se encuentra anulado, revocado o suspendido.

4.   Cuando el vehículo asegurado sea conducido por niños, niñas o adolescentes sin permiso especial para conducir.

5. Cuando se produzca la pérdida o daño del vehículo asegurado como consecuencia de la infracción de estipulaciones reglamentarias sobre el peso, medidas y disposición de la carga, o del número de personas o de semovientes transportados, o forma de acomodarlos, siempre que tal infracción haya sido la causa determinante del siniestro.

6. Cuando se produzca la pérdida o daño del vehículo asegurado por deslizamiento de la carga o mientras el vehículo asegurado se encuentre a bordo, o esté siendo embarcado o desembarcado de cualquier nave o medio de transporte que no esté debidamente acondicionado para el porte de vehículos.

7. Cuando el vehículo asegurado no mantenga su diseño original, externo o Interno, en cuanto a las condiciones de seguridad y de buen funcionamiento exigidas por la ley que rige la materia de transporte terrestre, siempre que medie dolo o culpa grave en la falta de notificación.

8. Cuando el vehículo asegurado sea modificado en relación con el uso que aparece originalmente, en el Certificado de Registro de Vehículos, y este no haya sido declarado, siempre que medie dolo o culpa grave.

9. Cuando el Asegurado, sin haber efectuado el ajuste de daños del vehículo asegurado y sin el consentimiento del Asegurador, efectúe cambios o modificaciones en el vehículo asegurado, de tal naturaleza que puedan hacer más difícil o imposible la determinación de la causa del siniestro o del daño, a menos que tales cambios o modificaciones se hagan o resulten indispensables en defensa del Interés público o para evitar que sobrevenga un daño mayor.

10. Cuando el Tomador, Asegurado o el Beneficiario incumpliere con las obligaciones establecidas en la Cláusula 7. Procedimiento en Caso de Siniestros a menos que el incumplimiento se deba a causa extraña no imputable al Tomador, el Asegurado o el Beneficiario.

11. Traspaso del interés que tenga el Asegurado en los bienes objeto de este contrato, a no ser que tal traspaso se efectúe por testamento o en cumplimiento de preceptos legales, salvando lo estipulado en la Cláusula 5. Cambio de Propietario del Vehículo Asegurado.

CLÁUSULA 5. CAMBIO DE PROPIETARIO DEL VEHÍCULO ASEGURADO.

Si el vehículo asegurado cambia de propietario, los derechos y las obligaciones derivadas del contrato de seguro pasan al adquirente, previa notificación al Asegurador, dentro de los quince (15) días hábiles siguientes, contados a partir de la fecha en que la transferencia haya operado.

Tanto el anterior propietario como el adquirente quedan solidariamente obligados con el Asegurador, al pago de las primas vencidas hasta el momento de la transferencia de la propiedad.

El Asegurador tendrá derecho a resolver unilateralmente el contrato, mediante notificación en forma impresa o a través de los mecanismos electrónicos acordados por las partes, dentro de los quince (15) días hábiles siguientes al momento en que hubiese tenido conocimiento del cambio de propietario y su obligación cesará treinta (30) días continuos después de la notificación por escrito al adquirente y del reembolso a éste de parte de la prima correspondiente al plazo del seguro que por vencer.

En el supuesto que el Asegurador no haga uso de esta potestad, los derechos y las obligaciones del contrato de seguro pasarán al adquirente, a menos que éste notifique su voluntad de no continuar el seguro.

CLÁUSULA 6. BENEFICIARIO PREFERENCIAL.

En caso de siniestro cubierto por este contrato, la indemnización se pagará al Beneficiario Preferencial y al Asegurado, en proporción a sus respectivos intereses y en dicho orden.

Respecto a los intereses del Beneficiario Preferencial, este contrato no podrá ser modificado, anulado, resuelto, rescindido, invalidado o terminado anticipadamente, por cualquier acto u omisión del Asegurado, ni por la falta de cumplimiento de cualesquiera de sus garantías o condiciones sobre las cuales el Beneficiarlo Preferencial no tenga control, sin previa notificación por escrito por parte del Asegurador al Beneficiario Preferencial con quince (15) días continuos de anticipación.

CLÁUSULA 7. PROCEDIMIENTO EN CASO DE SINIESTRO.

Al ocurrir cualquier siniestro el Tomador, Asegurado o Beneficiario, salvo causa extraña no imputable deberá:

1. Tomar las providencias necesarias y oportunas para evitar que sobrevengan pérdidas ulteriores.

2. Dar aviso al Asegurador dentro de los cinco (5) días hábiles siguientes a la fecha en que tuvieron conocimiento de su ocurrencia.

3. Dentro de los cinco (5) días hábiles siguientes a la fecha de aviso del siniestro poner a disposición del Asegurador el vehículo asegurado para efectuar el ajuste de los daños correspondientes al siniestro reclamado.

4. Proporcionar al Asegurador dentro de los quince (15) días hábiles siguientes a la fecha de aviso del siniestro, los siguientes recaudos:

    a. Declaración de siniestro, conforme a la planilla suministrada por el Asegurador.

    b. Carta amplia explicativa del siniestro.

    c. Copia Certificada de las Actuaciones de tránsito con sus respectivas versiones, croquis y experticia de daños, de ser el caso.

    d. Informe del Cuerpo de Bomberos, de ser el caso.

287

e.   Fotocopia de la Cédula de identidad del propietario del vehículo asegurado.

f.   Fotocopia de la Cédula de Identidad, Certificado Médico vigente y Licencia vigente del conductor del vehículo al momento del siniestro.

g.   Carta de autorización para conducir el vehículo asegurado en el supuesto de que se trate de un Conductor Ocasional.

h.   En caso de muerte del propietario del vehículo asegurado, originales del acta de defunción y de la Declaración de Únicos y Universales herederos.

i.   Original del Título de Propiedad.

j.   Trimestres cancelados a la fecha.

k.   Llaves del vehículo (originales y copias).

l.   En caso de que el vehículo posea una reserva de dominio, carta del saldo deudor emitida por el otorgarte del crédito.

m.   Para el caso de que la reserva de dominio se encuentre pagada, carta de liberación emitida por el otorgante del crédito.

n.   Carta de disposición de los restos firmada por el Asegurado o el Beneficiario.

o.   En caso de desaparición por Sustracción Ilegítima (robo, hurto, asalto o atraco), suministrar adiciónamelo original de la denuncia ante el Cuerpo de Investigaciones Científicas Penales y Criminalísticas (C.I.C.P.C.).

p.   En caso de que la propiedad del vehículo sea de una persona jurídica, suministrar adicionalmente:

i.)   Copia del Registro Mercantil.

ii.)   Copia de la Última Acta de Asamblea de Accionistas.

iii.) Copias de la(s) Cédula(s) de Identidad de la(s) persona(s) facultada(s) por la Empresa para realizar traspasos de bienes muebles.

iv.) Copia del Registro de Información Fiscal (R.I.F.).

El Asegurador podrá solicitar, sólo en una (1) oportunidad, en función de la información suministrada, nuevos recaudos para la evaluación del siniestro y de la determinación del pago que pudiera corresponder, dentro de los quince (15) días hábiles siguientes a la entrega de los recaudos inicialmente solicitados. El Tomador, Asegurado o Beneficiario tendrá un lapso de quince (15) días hábiles, contados desde la fecha de recepción de la solicitud, para entregar los nuevos recaudos solicitados.

CLÁUSULA 8. AJUSTE DE LOS DAÑOS Y PAGO DE LA INDEMNIZACIÓN.

El Asegurador, luego de recibir la notificación del siniestro, procederá a iniciar la inspección para el ajuste de los daños al vehículo asegurado, en un plazo no mayor a cinco (5) días hábiles, siempre que el Asegurado realice su traslado, estando en condiciones de circulación, a las oficinas del Asegurador destinadas para tal fin, o en caso contrario, indicando al Asegurador el taller u otro lugar donde se encuentre el vehículo asegurado.

Una vez realizado el ajuste de daños y cumplida la entrega de los recaudos exigidos, si el Asegurador determina que el vehículo asegurado es considerado como Pérdida Total, se indemnizará la Suma Asegurada Indicada en el Cuadro Póliza Recibo.

Si la Pérdida Total del vehículo asegurado es por causa distinta a desaparición por Sustracción Ilegítima (Robo, Hurto, Asalto o Atraco) el Asegurado podrá optar por conservar los restos del vehículo asegurado, en cuyo caso, el Importe será deducido de la indemnización, y podrá disponer de los restos a su conveniencia y riesgo. Caso contrario, al producirse la indemnización con abandono de los restos del vehículo, el Asegurado traspasará a favor del

289

Asegurador los correspondientes derechos de propiedad. Tales actos serán conjuntos y se materializarán con la autenticación del documento que los contiene.

En cualquier caso, de indemnización por Pérdida Total, el contrato quedará sin efecto alguno a partir de la fecha del pago.

La indemnización se pagará al Asegurado o al Beneficiario, en proporción a sus respectivos intereses.

CLÁUSULA 9. PÉRDIDA CONSTRUCTIVA Y PÉRDIDA ARREGLADA

Si el ajuste de los daños es igual o superior a la suma asegurada, que no llegare a ser considerado Pérdida Total, el Asegurado tendrá derecho a exigir el pago de la Suma Asegurada, con abandono de los restos del vehículo, traspasando a favor del Asegurador los correspondientes derechos de propiedad. Tales actos serán conjuntos y se materializarán con la autenticación del documento que los condene. En este supuesto el Asegurador quedará obligado a la indemnización exigida.

Las partes podrán convenir el pago de la Suma Asegurada o de una cantidad inferior, no menor al porcentaje de la Suma Asegurada indicado en el Cuadro Póliza Recibo, quedando los restos a favor del Asegurado.

Si el Asegurado optare por la aplicación de la modalidad de Pérdida Constructiva o Pérdida Arreglada, el contrato quedará sin efecto alguno a partir de la fecha de pago.

CLÁUSULA 10. RECUPERACIÓN DEL VEHÍCULO.

Producido y notificado el siniestro al Asegurador, se observarán las reglas siguientes:

1. Si el vehículo es recuperado durante el transcurso de plazo establecido para que el Asegurador proceda a la indemnización, el Asegurado deberá recibirlo si mantiene las cualidades

necesarias para cumplir con su finalidad, a menos que se hubiera reconocido expresamente la facultad de abandono a favor del Asegurador.

2. Si el vehículo es recuperado luego de transcurrido el plazo establecido para que el Asegurador proceda a la indemnización, deberá notificarlo al Asegurado dentro del plazo de cinco (5) días hábiles siguientes de haber tenido conocimiento del hecho, con la finalidad de que el Asegurado decida entre recibir la indemnización; o retenerla, en caso de que ya se hubiese pagado, abandonando al Asegurador la propiedad del vehículo; o mantener o readquirir la propiedad del vehículo, restituyendo en este ultime caso la indemnización percibida; decisión que deberé comunicar al Asegurador, en un plazo no mayor de (30) días continuos siguientes a aquél en que el Asegurado fue notificado de la recuperación del vehículo.

En el caso que el Asegurado haya manifestado su voluntad de mantener o readquirir la propiedad del vehículo, el Asegurador tendrá la obligación dentro de un plazo no mayor de (30) días continuos siguientes, contados a partir de la referida notificación, para realizar todos los trámites necesarios para restituir la propiedad del vehículo al Asegurado.

Si el vehículo fuese recuperado, en cualquiera de los lapsos señalados en esta Cláusula, con los números de identificación vehicular, serial de carrocería o serial de motor alterados o de dudosa identificación, el Asegurador deberá indemnizar al Asegurado o al Beneficiario, dentro de los términos previstos en esta Póliza, e informará al Instituto Nacional de Transporte Terrestre, de acuerdo con lo previsto en la ley que regula la materia de transporte terrestre, a fin de decidir el destino final del vehículo recuperado.

CLÁUSULA 11. PENALIZACIÓN.

El Asegurador sólo reconocerá el setenta y cinco por ciento (75%) del monto de la indemnización a que haya lugar, cuando al momento de producirse un siniestro cubierto por este contrato, el Tomador, el Asegurado o el conductor del vehículo asegurado autorizado por él, hubiese infringido las normas de circulación establecidas en la ley que regula la materia del transporte terrestre o en su reglamento de aplicación, y así se evidencie en las actuaciones de tránsito, sin perjuicio de las exoneraciones de responsabilidad previstas en este contrato.

CLÁUSULA 12. ADMINISTRACIÓN DE FLOTAS O COLEC-TIVOS

Cuando la contratación se haga mediante la modalidad de seguro de Flota Colectivo regirán los siguientes procedimientos:

1. El Asegurador emitirá una póliza matriz a nombre del Tomador, emitiendo Certificados Individuales de Seguro por cada uno de los vehículos asegurados.

2. El Asegurador emitiré un solo Cuadro Póliza Recibo por la totalidad de los vehículos asegurados, soportado con los listados de vehículos correspondientes.

3. Se conviene en cobrar y devolver a prorrata, las primas por los ingresos y egresos de vehículos asegurados por este contrato, los aumentos o disminuciones en los montos de la Suma Asegurada, la inclusión o desincorporación de coberturas y anexos, que ocurran con posteridad a la emisión o renovación de la Póliza.

4. Se consolidarán los montos de primas a cobrar por cualquier causa, con los montos de prima a devolver y se expedirá, con los soportes correspondientes, un Cuadro Póliza Recibo o recibo de prima para su cobro o un pago a favor del Tomador, según sea el caso.

_____   _____
El Tomador   Por El Asegurador

PÓLIZA DE SEGURO COMBINADO RESIDENCIAL
CONDICIONES PARTICULARES

SECCIÓN "A". CONTENIDO

CLÁUSULA 1. ALCANCE DE LA COBERTURA DE LA SECCIÓN "A"

El Asegurador indemnizará al Asegurado o al Beneficiario las pérdidas o daños materiales causados al contenido, entendiendo por contenido el mobiliario, los efectos personales y de uso doméstico asegurados, pertenecientes al Asegurado, sus familiares o los empleados domésticos que habiten en la Residencia indicada en el Cuadro Póliza Recibo, siempre que dicho contenido se encuentre en la dirección del riesgo indicada en el Cuadro Póliza Recibo, por la acción directa o indirecta de:

1. Fuego o rayo y sus efectos inmediatos como el calor, siempre que hubiere incendio o principio de incendio.

2. Daños, gastos, pérdidas o menoscabos que sean consecuencia de las medidas adoptadas para evitar la propagación del incendio o para salvar los bienes asegurados.

3. Explosión.

4. Impacto de aeronaves, satélites, cohetes u otros aparatos aéreos o de los objetos desprendidos de los mismos.

5. Humo.

6. Impacto de vehículos terrestres.

7. Huracán, ventarrón, granizo, tormenta y tempestad.

8. Rotura o caída de antenas receptoras de radio y televisión, sus accesorios y mástiles.

9. Caída de cables de alta tensión, torres o postes de electricidad, árboles y parte de ellos, muros o paredes pertenecientes a otras propiedades de terceros, torres o grúas de construcción y tanques de agua elevados.

10. Robo, asalto o atraco.

Adicionalmente:

a. Se indemnizarán hasta el límite indicado en el Cuadro Póliza Recibo los costos de reparación de los daños causados a la Edificación indicada en el Cuadro Póliza Recibo, como consecuencia de robo, o de cualquier tentativa de cometer tal acto.

b. Los daños por rotura accidental de bienes nuevos adquiridos por el Asegurado, incluyendo los que se produzcan durante el traslado de estos bienes desde la tienda o local donde se realizó su compra, siempre y cuando el Asegurado sea responsable de su traslado hasta la Residencia indicada en el Cuadro Póliza Recibo, hasta el límite máximo indicado en el Cuadro Póliza Recibo por año póliza. Además, esta cobertura se extiende a amparar los daños por rotura accidental de dichos bienes por un período no mayor a treinta (30) días consecutivos contados a partir de la fecha de entrega de los mismos al Asegurado y siempre que se encuentren dentro de dicha Residencia.

c. Dentro de la Suma Asegurada estipulada para el contenido, se cubre el mobiliario, efectos personales y de uso doméstico indicados en el Cuadro Póliza Recibo, contra los riegos amparados por esta Cláusula, mientras se encuentren temporalmente en predios distintos a los ocupados por el Asegurado, para su limpieza, renovación, reparación o mantenimiento, incluyendo ropa y lencería mientras se encuentren en cualquier lavandería o tintorería. Se excluyen los daños o pérdidas que ocurran a dichos bienes durante su traslado.

CLÁUSULA 2. BIENES EXCLUIDOS DE LA SECCIÓN "A"

El Asegurador no será responsable por pérdida de o daño a:

1. Los títulos valores, títulos de acciones o documentos de cualquier clase, papeles de empeño, sellos, estampillas, bonos, letras de cambio, pagarés, cheques certificados, giros o libranzas para la venta, los registros y libros de comercio.

2. Dinero.

3. Los lingotes de oro, plata y otros metales preciosos y, además, las perlas y piedras preciosas.

4. Los artículos valiosos.

5. Vehículos terrestres a motor o tracción animal, embarcaciones acuáticas de todo tipo (marítimos, lacustre, fluviales), aeronaves y similares, así como sus accesorios.

6. Animales y plantas.

7. El valor que tenga para el Asegurado la información contenida en planos, documentos, portadores externos de datos y similares.

8. Portadores externos de datos, programas y cualquier tipo de información.

9. Los explosivos, municiones, fuegos artificiales y pirotécnicos, al igual que las armas de fuego.

10. Los manuscritos, croquis, dibujos, patrones, moldes, troqueles, trofeos o medallas.

11. Equipos electrónicos, computadoras portátiles y equipos móviles.

12. Los bienes que el Asegurado conserve en depósito o en consignación.

13. Pinturas decorativas u ornamentales (murales y similares) y esculturas.

295

14. Productos farmacéuticos, productos de perfumería, así como los cosméticos.

15. Vinos, licores y similares.

16. Alimentos en general.

17. Bienes refrigerados o congelados.

CLÁUSULA 3. RIESGOS EXCLUIDOS DE LA SECCIÓN "A"

Adicionalmente a las exclusiones estipuladas en la Cláusula 3. Exclusiones Generales de las Condiciones Generales y la Cláusula 28. Exclusiones Particulares, de estas Condiciones Particulares, el Asegurador no indemnizará los daños o pérdidas producidas por o a consecuencia de:

1. Corriente eléctrica generada natural o artificialmente, a menos que se produzca incendio.

2. Rotura de objetos de cualquier índole a excepción de los bienes nuevos según se indica en el literal b) de la Cláusula 1. Alcance de la Cobertura de la Sección "A" de las Condiciones Particulares.

3. Infidelidad de empleados.

4. Rotura de vidrios, cristales y espejos, siempre que dicha rotura no sea a consecuencia de un riesgo amparado por esta Póliza.

5. El desalojo o desocupación de la residencia por parte del arrendador, si fuere el caso, o por expropiación por causa de utilidad pública o social.

CLÁUSULA 4. SUMA ASEGURADA DE LA SECCIÓN "A"

A los efectos de esta póliza el Asegurado establecerá la Suma Asegurada del contenido según la modalidad indicada en la Solicitud de Seguros:

1. <u>Modalidad Distribución por Grupos</u>: La Suma Asegurada de la Sección "A" Contenido se distribuye en Grupos según lo establecido en el numeral 27.19 de la Cláusula 27. Definiciones Particulares de las Condiciones Particulares y en la Solicitud de Seguro que forman parte integrante de la presente Póliza.

   Para el GRUPO 8: LÍNEA DE AUDIO Y VIDEO. Se deberá especificar en la Solicitud de Seguros o en el Listado de Bienes Asegurados, los valores convenidos individuales. Además, se debe incluir en la Suma Asegurada de cada bien el costo de transporte, instalación y derechos de aduana si los hay.

2. <u>Modalidad Listado Bienes Asegurados</u>: La Suma Asegurada de la Sección "A" Contenido es establecida por el Asegurado especificando en el listado de bienes asegurados, los valores convenidos individuales. Además, se debe incluir en la Suma Asegurada de cada bien el costo de transporte, instalación y derechos de aduana si los hay.

En ninguna de las dos modalidades, la Suma Asegurada de cada bien excederá del valor de reposición.

CLÁUSULA 5. BASE DE INDEMNIZACIÓN DE LA SECCIÓN "A"

Al ocurrir un siniestro amparado por la Póliza, la base de Indemnización se determinará según la modalidad seleccionada por el Asegurado en la Solicitud de Seguros.

1. <u>Modalidad Distribución por Grupos</u>: La indemnización se hará según el monto reclamado por el Asegurado y verificado por el Asegurador sin exceder de los límites establecidos para cada grupo a los que pertenecen dichos bienes.

   Para el GRUPO 8: LÍNEA DE AUDIO Y VIDEO: La Indemnización se determinará por el valor convenido individual de acuerdo a lo especificado en la Solicitud de Seguros o a la última actualización del listado de bienes asegurados suministrado al Asegurador por parte del Asegurado, pero sin exceder en ningún caso, el valor de reposición de cada bien.

2. <u>Modalidad Listado Bienes Asegurados</u>: La Indemnización se determinará por el valor convenido individual de acuerdo a la última actualización del listado de bienes asegurados suministrado al Asegurador por parte del Asegurado, pero sin exceder en ningún caso, el valor de reposición de cada bien.

Cuando después de un siniestro indemnizable, el Asegurado o el Beneficiario se vea obligado a, o bien desee, reemplazarlo con un bien de la misma índole, pero más moderno, de mayor rendimiento o de mayor eficacia, deberá convenir con el Asegurador una contribución al costo de reemplazo por concepto de tal mejoramiento en su patrimonio.

Si en cualquiera de las dos modalidades seleccionadas por el Asegurado, el costo de reemplazo o de reposición de los bienes asegurados al momento del siniestro excediese de la Suma Asegurada, será por cuenta del Asegurado tal exceso. Cuando la modalidad es la Distribución por Grupos, se aplicará lo anterior a cada uno de los Grupos que conforman el MOBILIARIO, EFECTOS PERSONALES Y DE USO DOMÉSTICO.

A partir de la fecha en que ocurra un siniestro indemnizable, la Suma Asegurada quedará reducida desde el momento de la ocurrencia de dicho siniestro y por la cantidad indemnizada.

SECCIÓN "B". EDIFICACIÓN

CLÁUSULA 6. ALCANCE DE LA COBERTURA DE LA SECCIÓN "B"

El Asegurador indemnizará al Asegurado o el Beneficiario las pérdidas o daños materiales causados a las edificaciones o mejoras y bienhechurías indicadas como aseguradas en el Cuadro Póliza Recibo, causados por la acción directa o indirecta de:

1. Fuego o rayo y sus efectos inmediatos como el calor, siempre que hubiere incendio o principio de incendio.

2. Daños, gastos, pérdidas o menoscabos que sean consecuencia de las medidas adoptadas para evitar la propagación del incendio o para salvar los bienes asegurados.

3. Explosión.

4. Impacto de aeronaves, satélites, cohetes u otros aparatos aéreos o de los objetos desprendidos de los mismos.

5. Humo.

6. Impacto de vehículos terrestres.

7. Huracán, ventarrón, granizo, tormenta y tempestad.

8. Rotura o caída de antenas receptoras de radio y televisión, sus accesorios y mástiles.

9. Caída de cables de alta tensión, torres o postes de electricidad, árboles y parte de ellos, muros o paredes pertenecientes a otras propiedades de terceros, torres o grúas de construcción y tanques de agua elevados.

Adicionalmente:

a. Si por algunos de los riesgos asegurados mencionados en esta Sección la Residencia Asegurada es declarada inhabitable, el Asegurador indemnizará el arrendamiento que el Asegurado en su calidad de inquilino tenga la obligación legal de continuar pagando, o los gastos que el Asegurado en calidad de propietario incurra por su alojamiento en cualquier hotel o pensión, o los gastos en caso de que el Asegurado requiera alquilar un depósito para resguardar los bienes asegurados, pero en ningún caso los bienes asegurados seguirán amparados por esta Póliza. El límite máximo o renta mensual para esta cobertura será el indicado en el Cuadro Póliza Recibo. La renta mensual tendrá una duración máxima de 6 meses.

b. Si por alguno de los riesgos asegurados mencionados en esta Cláusula, la Residencia asegurada es declarada inhabitable, el

Asegurador indemnizará los Gastos de Mudanza en los que incurra el Asegurado debido a la desocupación parcial o total de la Residencia y, además, indemnizará los gastos que sobrevengan por concepto del retorno de dichos bienes a la Residencia asegurada, luego de que la misma sea declarada habitable nuevamente, pero en ningún caso los bienes asegurados seguirán amparados por esta Póliza, ya sea durante el traslado de ida o de vuelta o mientras se encuentren en el lugar de depósito. El límite máximo para esta cobertura será el indicado en el Cuadro Póliza Recibo.

c. Se extiende la cobertura de esta Póliza a amparar la rotura accidental de los accesorios sanitarios, tales como lavamanos, bideles, bañeras y similares hasta el límite indicado en el Cuadro Póliza Recibo por cada pieza y hasta el límite indicado en el Cuadro Póliza Recibo por año póliza.

d. En caso de siniestro cubierto por la presente póliza y dentro de la suma asegurada bajo la Sección "B" Edificación, se incluyen los gastos por Demolición, Remoción o Limpieza de Escombros, los Honorarios de Arquitectos, Topógrafos e Ingenieros y los Gastos por Extinción de Incendio. Los gastos efectuados para la demolición, remoción o limpieza de escombros, así como los gastos por extinción de incendio serán considerados dentro del límite de responsabilidad del Asegurador, pero dichos gastos no serán considerados parte de los bienes asegurados para determinar el valor real total de los mismos al aplicar la Cláusula 45. Infraseguro de las Condiciones Particulares que forma parte integrante de la presente Póliza.

CLÁUSULA 7. BIENES EXCLUIDOS DE LA SECCIÓN "B"

1. El Asegurador no será responsable por:

2. Muros de contención.

El valor del terreno y el costo de acondicionamiento.

CLÁUSULA 8. RIESGOS EXCLUIDOS DE LA SECCIÓN "B"

Adicionalmente a las exclusiones estipuladas en la Cláusula 3. Exclusiones Generales de las Condiciones Generales y la Cláusula 28. Exclusiones Particulares, de estas Condiciones Particulares, el Asegurador no indemnizará los daños o pérdidas producidas por o a consecuencia de:

1. Ralladuras, imperfecciones u otros daños superficiales de cualquier clase.

2. Rotura de vidrios, cristales y espejos, siempre que dicha rotura no sea a consecuencia de un riesgo amparado por esta Póliza.

CLÁUSULA 9. SUMA ASEGURADA DE LA SECCIÓN "B"

La Suma Asegurada para la Sección "B" Edificación, será el Valor Actual de las edificaciones o mejoras y bienhechurías.

Cuando el Seguro se contrate sobre un riesgo indiviso perteneciente a varios propietarios, conforme a la Ley de Propiedad Horizontal, la Póliza cubrirá también el porcentaje o la parte alícuota de propiedad común que corresponda al Asegurado en relación con el valor total de la edificación, sin tomar en cuenta el valor del terreno ni el costo de su acondicionamiento.

CLÁUSULA 10. BASE DE LA INDEMNIZACIÓN DE LA SECCIÓN "B"

La Indemnización de la edificación o mejoras y bienhechurías se determinará por su costo de construcción a nuevo al momento del siniestro, menos una depreciación calculada en base a su estado de conservación y a su antigüedad. El monto a ser indemnizado por el Asegurador no superará en ningún caso la suma que hubiera sido pagadera bajo la Póliza si la construcción hubiese sido realizada en el mismo sitio y en la misma forma.

SECCIÓN "C". RESPONSABILIDAD CIVIL

CLÁUSULA 11. ALCANCE DE LA COBERTURA DE LA SECCIÓN "C"

El Asegurador se compromete a indemnizar al Asegurado, con sujeción a los límites, términos y demás condiciones de esta Póliza, aquellas sumas por las cuales el Asegurado sea declarado legalmente obligado a pagar a terceros en razón de las consecuencias directas de cualquier evento, hecho o circunstancia originado durante el período de vigencia de este seguro, causado por la imprudencia, impericia o negligencia del Asegurado o de su cónyuge, hijos, cualquier persona a su servicio o de cualquier persona por la cual sea civilmente responsable que habiten con el Asegurado, mediante sentencia definitivamente firme por lesiones corporales y/o daños a propiedades, relacionados con las siguientes responsabilidades: Responsabilidad Civil Familiar y Responsabilidad Civil Vecinos.

CLÁUSULA 12. EXCLUSIONES DE LA SECCIÓN "C"

Adicionalmente a las exclusiones estipuladas en la Cláusula 3. Exclusiones Generales de las Condiciones Generales y la Cláusula 28. Exclusiones Particulares de estas Condiciones Particulares, el Asegurador no indemnizará las lesiones corporales, daños a propiedades y/o las consecuencias directas o indirectas de cualquier evento, hecho o circunstancia causados por el Asegurado o su cónyuge, hijos, cualquier persona a su servicio o de cualquier persona por la cual sea civilmente responsable que habiten con el Asegurado, producidos por o a consecuencia de:

1. Responsabilidades asumidas bajo contrato o convenio, ya que este seguro cubre únicamente la Responsabilidad Civil Extracontractual.

2. Pérdidas o daños a bienes propiedad de terceros que tuviesen a su cargo, en custodia, en arrendamiento o en uso.

3. Actos u omisiones que tengan lugar con motivo del ejercicio de la profesión o de la ejecución de cualquier operación comercial, trabajo o negocio.

4. Vibración, remoción o debilitación del terreno o de los apoyos de tal propiedad, terreno o edificio, inconsistencia, hundimiento o asentamiento del suelo o del subsuelo; así como cualquier responsabilidad ante vecinos por daños o pérdidas de esta naturaleza.

5. Daños a instalaciones subterráneas causados por cualquier equipo empleado para excavaciones o perforaciones.

6. Productos o bienes manufacturados, construidos, instalados, modificados, reparados, tratados, vendidos, suministrados o distribuidos.

7. Uso y manipulación de materias explosivas, material pirotécnico, etc.

8. Los perjuicios o daños indirectos que sufran los terceros afectados.

9. Uso, mantenimiento, operación o descarga de: embarcaciones acuáticas, vehículos a motor o tracción animal, aeronaves, de su propiedad o alquilada.

10. Daños a embarcaciones acuáticas, vehículos a motor o tracción animal, aeronaves, de su propiedad o alquilada.

11. Cualquier responsabilidad causada intencionalmente o por su orden.

12. Cualquier daño causado a las personas a su servicio o aquellas por las cuales sea civilmente responsable.

13. Las multas impuestas por tribunales o cualquier otra autoridad.

14. Cualquier responsabilidad producida durante desafíos, apuestas, carreras o concursos de cualquier naturaleza.

15. Las obligaciones establecidas en la Ley Orgánica del Trabajo, los Trabajadores y las Trabajadoras, Seguro Social, Convenios o Contratos Colectivos y cualquier otra normativa laboral.

16. Contaminación a la atmósfera, agua, suelo, subsuelo, o por ruido.

17. El uso y la tenencia de armas blancas, punzantes o de fuego, así como sus municiones.

18. Cualquier responsabilidad derivada del ejercicio de la caza.

19. Actos producidos por personas con discapacidad, por defecto intelectual o por debilidad de entendimiento.

20. Cualquier responsabilidad fuera del Territorio Nacional de la República Bolivariana de Venezuela.

CLÁUSULA 13. LÍMITE DE RESPONSABILIDAD DE LA SECCIÓN "C"

El límite máximo de responsabilidad de EL ASEGURADOR bajo esta Sección será un Límite Único Combinado por año póliza, el cual se especificará en el Cuadro Póliza Recibo y cubrirá tanto la Responsabilidad Civil Familiar como la Responsabilidad Civil de Vecinos. Cualquier exceso sobre el límite o límites quedará a cargo del Asegurado.

Las indemnizaciones por concepto de los siniestros cubiertos por la presente Póliza disminuirán el límite de responsabilidad establecido en el Cuadro Póliza Recibo desde la fecha de ocurrencia del siniestro, en el valor igual al de la indemnización pagada.

La inclusión y/o designación en esta Póliza de más de un asegurado no causa aumento alguno en los límites de responsabilidad del Asegurador estipulados en el Cuadro Póliza Recibo.

CLÁUSULA 14. DESIGNACIÓN DE ABOGADO DEFENSOR DE LA SECCIÓN "C"

En caso de que el Asegurado sea demandado con base en un accidente cubierto bajo esta Sección, éste deberá obtener del Asegurador autorización tanto para el nombramiento de un abogado defensor, como para cualquier convenio, transacción o arbitraje. El Asegurador podrá designar un abogado defensor cuando así lo considere conveniente.

CLÁUSULA 15. PAGOS SUPLEMENTARIOS DE LA SECCIÓN "C"

Serán por cuenta del Asegurador aquellas sumas que el Asegurado esté obligado a desembolsar a consecuencia de reclamaciones por accidentes que impliquen Responsabilidad Civil cubierta por esta Póliza, en razón de los siguientes conceptos:

1. Todas las primas de fianzas para liberar embargos, sin que esto implique obligación por parte del Asegurador a conceder dichas fianzas.

2. Todas las primas de fianzas de apelación de sentencias en juicios celebrados, siempre que tal apelación se haga con el consentimiento escrito del Asegurador, esta condición no implica obligación por parte del Asegurador a conceder dichas fianzas.

3. Los honorarios y gastos legales, así como los costos judiciales que resulten después de retasa firme, en que incurriere el Asegurado al asumir, con el consentimiento escrito del Asegurador, la defensa de cualquier acción civil intentada contra éste; sin embargo, si el monto de la demanda contra el Asegurado respecto de cualquier accidente excediere el límite máximo de responsabilidad aplicable al caso, según se estipula en Cuadro Póliza Recibo, el Asegurado pagará la parte proporcional de dichos honorarios, gastos y costos que le corresponda por razón de tal exceso.

305

Estos pagos suplementarios se encuentran incluidos dentro del Límite Máximo de Responsabilidad de la Sección "C", indicado en el Cuadro Póliza Recibo.

Secciones Opcionales:

Mediante aceptación expresa por parte del Asegurador y el pago de la prima adicional correspondiente conforme a lo dispuesto en la Cláusula 6. Pago de la Prima y Cláusula 7. Lugar y Medio de Pago de la Prima de las Condiciones Generales, contra la entrega del Cuadro Póliza Recibo o Nota de Cobertura Provisional respectivo, la presente Póliza puede extenderse a cubrir los bienes especificados en las Secciones "D". Artículos valiosos mayores y Sección "E" Equipos Electrónicos, que adelante se indican:

SECCIÓN "D". ARTÍCULOS VALIOSOS MAYORES

CLÁUSULA 16. ALCANCE DE LA COBERTURA DE LA SECCIÓN "D"

El Asegurador indemnizará al Asegurado o el Beneficiario las pérdidas o daños materiales causados a los artículos valiosos propiedad del Asegurado o de sus familiares que habiten con él, como consecuencia de algún riesgo cubierto por esta Cláusula, siempre y cuando dichos artículos se encuentren dentro de la Residencia indicada en el Cuadro Póliza Recibo y además estén detallados en el listado de bienes asegurados suministrado al Asegurador por parte del Asegurado, especificando su valor de compra o avalúo certificado por personas calificadas o firmas acreditadas. Dicho valor de compra o avalúo de cada artículo valioso deberá ser superior al equivalente en Bolívares de veinte Unidades Tributarias (20 U.T.). La Suma Asegurada total de estos artículos no podrá ser superior al veinticinco por ciento (25%) del total asegurado para el mobiliario, efectos personales y de uso doméstico indicado en la Sección "A". En este sentido, el Asegurador indemnizará al Asegurado o el Beneficiario las pérdidas o daños materiales causados a los artículos valiosos propiedad del Asegurado o de sus familiares que habiten con él, por la acción directa o indirecta de:

306

1. Fuego o rayo y sus efectos inmediatos como el calor, siempre que hubiere incendio o principio de incendio.

2. Daños, gastos, pérdidas o menoscabos que sean consecuencia de las medidas adoptadas para evitar la propagación del incendio o para salvar los bienes asegurados.

3. Explosión.

4. Impacto de aeronaves, satélites, cohetes u otros aparatos aéreos o de los objetos desprendidos de los mismos.

5. Humo.

6. Impacto de vehículos terrestres.

7. Huracán, ventarrón, granizo, tormenta y tempestad.

8. Rotura o caída de antenas receptoras de radio y televisión, sus accesorios y mástiles.

9. Caída de cables de alta tensión, torres o postes de electricidad, árboles y parte de ellos, muros o paredes pertenecientes a otras propiedades de terceros, torres o grúas de construcción y tanques de agua elevados.

10. Robo, asalto o atraco.

CLÁUSULA 17. BIENES EXCLUIDOS DE LA SECCIÓN "D"

El Asegurador no será responsable por pérdidas de o daños a los artículos valiosos cuyo valor individual sea inferior al equivalente en Bolívares de veinte Unidades Tributarias (20 U.T.).

CLÁUSULA 18. RIESGOS EXCLUIDOS DE LA SECCIÓN "D"

Adicionalmente a las exclusiones estipuladas en la Cláusula 3. Exclusiones Generales de las Condiciones Generales y la Cláusula 28. Exclusiones Particulares de estas Condiciones Particulares, el Asegurador no indemnizará los daños o pérdidas producidas por o a consecuencia de:

1. Corriente eléctrica generada natural o artificialmente, a menos que se produzca incendio.

2. Rotura de artículos de cualquier índole, siempre que dicha rotura no sea a consecuencia de un riesgo amparado por esta Póliza.

3. Infidelidad de empleados.

4. Cualquier procedimiento de reparación, restauración o renovación, al igual que el traslado al local en donde se realizarán dichas mejoras, mientras se encuentren dentro del mismo, o en el retorno a la residencia asegurada.

5. Deterioro por el uso y/o desgaste, polillas, ratas, ratones, insectos en general o cualquier otro animal dañino, efectos de la luz, decoloración y temperatura.

CLÁUSULA 19. SUMA ASEGURADA DE LA SECCIÓN "D"

A los efectos de esta póliza el Asegurado establecerá como Suma Asegurada el valor convenido individual, detallado en el listado de bienes asegurados suministrado por el Asegurado al Asegurador, especificando su valor de compra o avalúo certificado por personas calificadas o firmas acreditadas.

CLÁUSULA 20. BASE DE LA INDEMNIZACIÓN DE LA SECCIÓN "D"

Al ocurrir un siniestro amparado por la Póliza, la base de indemnización se determinará según su valor individual de acuerdo a la última actualización del listado de bienes asegurados suministrado al Asegurador por parte del Asegurado.

A partir de la fecha en que ocurra un siniestro indemnizable, la Suma Asegurada quedará reducida desde el momento de la ocurrencia de dicho siniestro y por la cantidad indemnizada.

SECCIÓN "E". EQUIPOS ELECTRÓNICOS

CLÁUSULA 21. ALCANCE DE LA COBERTURA DE LA SECCIÓN "E"

El Asegurador indemnizará al Asegurado o el Beneficiario los Equipos Electrónicos especificados en la Solicitud de Seguros o en el Listado de Bienes Asegurados que el Asegurado entregue al Asegurador y que se encuentren en la Residencia indicada en el Cuadro Póliza Recibo, si sufrieran una pérdida o daño físico, por cualquier causa accidental, súbita e imprevista, siempre que no se encuentre dentro de las exclusiones previstas en la Cláusula 22. Exclusiones de la Sección "E", en la Cláusula 3. Exclusiones Generales, de las Condiciones Generales y en la Cláusula 28. Exclusiones Particulares, de estas Condiciones Particulares, de forma tal que necesitaran reparación o reemplazo.

Esta Sección se extenderá a cubrir los Portadores Externos de Datos por los mismos riesgos descritos en el párrafo anterior, hasta un 10% de los Valores Totales de los Equipos Electrónicos asegurados bajo esta Sección.

CLÁUSULA 22. EXCLUSIONES DE LA SECCIÓN "E"

Adicionalmente a las exclusiones estipuladas en la Cláusula 3. Exclusiones Generales, de las Condiciones Generales y en la Cláusula 28. Exclusiones Particulares, de estas Condiciones Particulares, EL ASEGURADOR no indemnizará:

1. El deducible estipulado en el Cuadro Póliza Recibo, el cual irá a cargo del Asegurado o el Beneficiario. En caso que queden dañados o afectados más de un equipo asegurado en un mismo evento, el Asegurado o el Beneficiario asumirá por su propia cuenta sólo una vez el deducible más elevado estipulado para esos bienes.

2. Errores cometidos en la programación de los equipos o en instrucciones dadas a los mismos.

3. Pérdidas o daños causados por cualquier falla o defecto existente al inicio de este seguro.

4. Pérdidas o daños que sean a consecuencia directa del funcionamiento continúo (desgaste, cavitación, erosión, corrosión, incrustaciones) o deterioro gradual debido a condiciones atmosféricas.

5. Cualquier gasto incurrido con el objeto de eliminar fallas operacionales, a menos que dichas fallas fueran causadas por pérdidas o daños indemnizables ocurridos a los equipos asegurados.

6. Cualquier gasto erogado con respecto al mantenimiento de los equipos asegurados, tal exclusión se aplica también a las partes recambiadas en el curso de dichas operaciones de mantenimiento.

7. Pérdidas o daños cuya responsabilidad recaiga en el fabricante o el proveedor de los bienes asegurados, ya sea legal o contractualmente.

8. Pérdidas o daños a equipos arrendados o alquilados, cuando la responsabilidad recaiga en el propietario, ya sea legalmente o según convenio de arrendamiento y/o mantenimiento.

9. Pérdidas o daños a partes desgastables, tales como bulbos, bombillos, diodos emisores de luz, tuercas o tornillos de seguridad, troqueles, válvulas, tubos, bandas, fusibles, sellos, cintas, cabezales, alambres, cadenas, neumáticos, herramientas recambiables, rodillos grabados, objetos de vidrio, porcelana o cerámica o cualquier medio de operación (por ejemplo: lubricantes, combustibles, agentes químicos, cartuchos de tintas).

10. Defectos estéticos, tales como raspaduras de superficies pintadas, pulidas o barnizadas.

11. Los gastos por modificaciones, adiciones, mejoras, mantenimiento y reacondicionamiento.

12. Pérdidas o daños causados por Virus, Gusanos, Troyanos o Bombas de tiempo o lógicas o por cualquier otro tipo de agente o medio de instrucción dañino en medios informáticos o electrónicos o de cualquier otra índole o naturaleza.

13. Pérdidas de Portadores Externos de Datos a consecuencia de Hurto.

14. Las pérdidas por informaciones acumuladas en los portadores externos de datos, que puedan ser directamente procesadas en sistemas electrónicos de procesamiento de datos, así como programas o software.

15. Las pérdidas o daños que diera lugar a una interrupción parcial o total de la operación del sistema electrónico de procesamiento de datos.

16. Las pérdidas o daños causados directamente por falla o interrupción en el aprovisionamiento de corriente eléctrica de la red pública, de gas o de agua.

17. Gastos adicionales que el Asegurado haya incurrido como consecuencia de una interrupción parcial o total de la operación del sistema electrónico de procesamiento de datos amparado bajo esta Sección, al usar otro equipo de computación ajeno y suplente no asegurado por esta Cobertura.

18. Cualquier gasto resultante de falsa programación, perforación, clasificación, inserción, anulación accidental de informaciones o descarte de portadores externos de datos y pérdidas de información causada por campos magnéticos.

CLÁUSULA 23. SUMA ASEGURADA DE LA SECCIÓN "E"

Es requisito indispensable para esta Sección que la Suma Asegurada sea igual al valor de reposición del bien asegurado.

El Tomador o el Asegurado, deberá en todo momento entregar al Asegurador, un listado de bienes asegurados contentivo de todos los bienes con sus respectivas características, tales como: Serial, Marca,

311

Modelo, Año y Capacidad, así como también las Sumas Aseguradas individuales a valor de reposición. Esta condición se mantendrá en el caso de que la presente Póliza sea renovada.

CLÁUSULA 24. BASE DE LA INDEMNIZACIÓN DE LA SECCIÓN "E"

a. En aquellos casos en que pudieran repararse los daños ocurridos a los equipos asegurados, el Asegurador indemnizará aquellos gastos en que se incurra para dejar la unidad dañada en las condiciones existentes inmediatamente antes de ocurrir el daño. Esta compensación también incluirá los gastos de desinstalación e instalación incurridos con el objeto de llevar a cabo las reparaciones, así como también fletes ordinarios al y del taller de reparación, impuestos y derechos aduaneros, si los hubiese. Si las reparaciones se llevaron a cabo en un taller propiedad del Tomador, el Asegurado o el Beneficiario, el Asegurador indemnizará los costos de materiales y jornales estrictamente erogados en dicha reparación, así como, hasta un diez por ciento (10%) de la pérdida indemnizable por concepto de gastos indirectos (tales como luz, honorarios a profesionales, gas, papelería y similares). No se hará reducción alguna por concepto de depreciación respecto a las partes repuestas, pero si se tomará en cuenta el valor de cualquier salvamento que se produzca.

Si el costo de reparación resultare igual o excediera el valor actual que tenían los equipos asegurados, inmediatamente antes de ocurrir el daño, se hará el ajuste con base a lo estipulado en el siguiente párrafo b. Dicha condición se aplicará separadamente a cada bien asegurado bajo esta Sección.

b. En caso de que el equipo asegurado resultare totalmente destruido, el Asegurador indemnizará hasta el monto del valor actual que tuviere el objeto inmediatamente antes de ocurrir el siniestro, tomando en cuenta el posible infraseguro existente, incluyendo gastos por fletes ordinarios, instalación y derechos aduaneros, si los hubiera.

El Asegurador también indemnizará los gastos que normalmente se generen para desinstalar el objeto destruido, pero tomando en consideración el valor de salvamento respectivo. El bien destruido ya no quedará cubierto por esta Póliza, debiéndose declarar todos los datos correspondientes al bien que lo reemplace, con el fin de incluirlo en el Cuadro Póliza Recibo.

A partir de la fecha en que ocurra un siniestro indemnizable, la Suma Asegurada quedará reducida desde el momento de la ocurrencia de dicho siniestro y por la cantidad indemnizada.

Cualquier gasto adicional generado por concepto de tiempo de trabajo extra, trabajo nocturno y trabajo en días festivos y flete expreso, sólo estará cubierto por este Seguro, si se hubiera incluido en la Suma Asegurada y se haya hecho constar en el Cuadro Póliza Recibo.

El Asegurador indemnizará el costo de cualquier reparación provisional, previamente autorizado por él, siempre que ésta forme parte de la reparación definitiva y que no aumente los gastos totales de reparación.

El Asegurador sólo indemnizará por los daños, después de haber recibido a satisfacción las facturas y documentos comprobantes de haberse realizado las reparaciones o efectuado los reemplazos respectivamente.

CLÁUSULAS APLICABLES A LA SECCIÓN "A". CONTENIDO Y LA SECCIÓN "B". EDIFICACIÓN

CLÁUSULA 25. RESTITUCIÓN AUTOMÁTICA DE SUMA ASEGURADA

En caso de siniestro cubierto por esta Póliza, el monto de tal indemnización reduce en la misma cantidad la suma asegurada a partir de la fecha de ocurrencia del siniestro. La suma asegurada podrá ser restituida por el Asegurador, siempre que el Tomador o el Asegurado lo haya manifestado por escrito y éste lo haya aceptado, en consideración a tal restitución el Tomador se obliga a pagar la prima a prorrata que resulte sobre el monto de la indemnización, desde la fecha del siniestro hasta el próximo vencimiento de la Póliza, conforme a lo dispuesto en la CLÁUSULA 6. PAGO DE LA PRIMA, de las Condiciones Generales de este contrato.

CLÁUSULA 26. AJUSTE AUTOMÁTICO DE SUMA ASEGURADA

El Asegurador conviene con el Tomador de la Póliza, que las sumas aseguradas serán aumentadas automáticamente al momento de cada renovación de la presente Póliza, siempre que la misma haya tenido una vigencia ininterrumpida de un (1) año. Dicho ajuste se realizará conforme al Índice Nacional de Precios al Consumidor (INPC) emitido por el Banco Central de Venezuela al 31 de diciembre del año inmediatamente anterior al vencimiento de la Póliza u otro porcentaje acordado entre las partes, con el correspondiente ajuste de prima.

Este ajuste no elimina el posible infraseguro al momento del siniestro, por lo que el Asegurador recomienda al Tomador y al Asegurado la correspondiente revisión y actualización de las sumas aseguradas de los bienes amparados por la presente Póliza.

El Tomador y/o el Asegurado podrá solicitar el cese o cambio de porcentaje de dicho ajuste mediante aviso presentado por escrito al Asegurador con no menos de treinta (30) días continuos de anticipación a la fecha en que deba aumentar las Sumas Aseguradas, conforme a lo indicado en el párrafo anterior.

CLÁUSULAS APLICABLES A TODAS LAS SECCIONES

CLÁUSULA 27. DEFINICIONES PARTICULARES

2.1 **LISTADO DE BIENES ASEGURADOS**: Documento mediante el cual el Asegurado describe las características y especifica de forma individual el valor convenido de los bienes asegurados.

2.2 **DEDUCIBLE**: Cantidad o porcentaje indicado en el Cuadro Póliza Recibo que deberá asumir el Asegurado o el Beneficiario. En consecuencia, se restará del monto del ajuste de daños y no será pagado por el Asegurador én caso de un siniestro amparado por la póliza.

2.3 **SINIESTRO CATASTRÓFICO**: Es el ocasionado por una causa, generalmente extraordinaria, procedente de hechos de la naturaleza o de conflictos humanos, afectando a las personas y a las cosas de amplitud y volumen desacostumbrados en sus efectos, inmediatos y mediatos, que no ofrecen actualmente carácter de periodicidad de previsión y que, por consecuencia, no responde a la regularidad estadística dentro de la concepción científica contemporánea. Si uno de estos hechos de la naturaleza o de conflictos humanos ocasionan daños o pérdidas, darán origen a una reclamación separada por cada uno de ellos. Pero si varios de estos daños o pérdidas ocurren dentro del período de setenta y dos (72) horas consecutivas, contadas a partir del inicio del siniestro, los mismos serán considerados como un solo siniestro. Tal inicio será establecido por las autoridades competentes en la materia.

2.4 **NEGLIGENCIA GRAVE**: Descuido, omisión de la atención, no ejecución de un deber y/o falta del cuidado debido por parte de quien está obligado a actuar con diligencia, obrando de manera desconsiderada, sin el debido respeto de las reglas razonables.

2.5 **EVENTO**: Cualquier pérdida, siniestro, accidente o serie de pérdidas, siniestros o accidentes provenientes de un mismo suceso.

2.6 **TERRORISMO**: Se refiere a los actos criminales con fines políticos, concebidos o planeados para provocar un estado de terror en la población en general, en un grupo de personas o en personas determinadas y que son injustificables en todas las circunstancias, cualesquiera sean las consideraciones políticas, filosóficas, ideológicas, raciales, étnicas, religiosas y de cualquier otra índole que se hagan valer para justificarlos.

2.7   EMPLEADOS DOMÉSTICOS: Cualquier persona empleada directamente por el Asegurado que se encuentre desempeñando trabajos relacionados con el mantenimiento de los predios usados como Residencia. Los Empleados Domésticos deberán estar identificados en la Solicitud de Seguros.

2.8   TERCEROS: Cualquier persona distinta a: el Tomador, el Asegurado, el Beneficiario, su cónyuge, concubino, parientes consanguíneos hasta el cuarto grado y por afinidad hasta el segundo grado, persona a su servicio o de cualquier persona por la cual sea civilmente responsable, así como empleados y socios del Asegurado.

2.9   CONDUCTOR: Se refiere al Asegurado o cualquier persona debidamente autorizada por éste, entendiéndose por tales: cónyuge, hijos mayores de edad o familiares que convivan con el Asegurado y por los cuales éste sea civilmente responsable, que den uso al(los) vehículo(s) indicado(s) en la Solicitud de Seguros y Cuadro Póliza Recibo, que estén legalmente facultados por la normativa de Transporte Terrestre vigente para tal fin, y cumplan con las disposiciones que les sean aplicables.

2.10 PRIMERA PÉRDIDA: Es la Modalidad de seguro donde las Sumas Aseguradas no guardan relación alguna con los valores de reposición de los bienes asegurados y se deroga la aplicación de la Cláusula 45. infraseguro de estas Condiciones Particulares.

2.11 VALOR CONVENIDO: Es el valor acordado entre el Asegurador y el Asegurado, constituye de esta forma un convenio en cuanto a la suma máxima por la cual responderá al Asegurador por cada bien en caso de una pérdida indemnizable. El valor convenido de cada bien no podrá exceder el valor de reposición.

La modalidad de Valor Convenido deroga la Cláusula 45. Infraseguro de estas Condiciones Particulares.

Para los Artículos Valiosos y Líneas de Audio y Video el valor convenido debe ser declarado para cada bien de forma individual en la Solicitud de Seguros o Listado de Bienes Asegurados.

2.12 VALOR DE REPOSICIÓN: Se entiende por valor de reposición, el valor de un bien nuevo de la misma clase y capacidad, o uno similar. Este valor debe incluir el costo de transporte, instalación, fletes, impuestos y derechos aduaneros si los hay.

2.13 VALOR ACTUAL: Comprende la cantidad que exigiría la adquisición de un bien nuevo de la misma clase y capacidad, menos una depreciación calculada con base al uso que haya recibido, su estado de conservación y antigüedad.

2.14 BIENES ASEGURABLES: Comprende primordialmente la Edificación, las Mejoras o Bienhechurías, el Mobiliario, Efectos Personales y de uso doméstico, los Equipos Electrónicos y los Artículos Valiosos, que están expuestos a un daño o una pérdida material.

2.15 RESIDENCIA: Inmueble propiedad o arrendado por el Asegurado destinado exclusivamente a vivienda particular, donde se encuentran el mobiliario, los efectos personales y de uso doméstico, cuya ubicación se encuentra indicada en el Cuadro Póliza Recibo.

2.16 EDIFICACIÓN: Inmueble indicado como Residencia en el Cuadro Póliza Recibo, incluyendo sus mejoras, anexos y todas las instalaciones permanentes (no subterráneas) que formen parte del inmueble objeto del seguro, así como los cimientos, fundaciones, pilotes u otro material de apoyo o soporte e instalaciones que se encuentren por debajo de la superficie del piso, del último nivel o sótano más bajo, cuando su cobertura se haga constar en la Póliza.

Cuando el seguro se contrate sobre un riesgo indiviso perteneciente a varios propietarios, conforme a la Ley de Propiedad Horizontal, la Póliza cubrirá también el porcentaje o la parte alícuota de propiedad común que corresponda al Asegurado en relación con el valor total de la edificación, sin tomar en cuenta el valor del terreno ni el costo de su acondicionamiento.

2.17 MEJORAS O BIENHECHURÍAS: Adiciones, modificaciones, anexos o agregados que se incorporan a una Edificación de propiedad ajena.

2.18 PREDIO: Posesión inmueble que comprende tanto la Edificación como el terreno circundante cercado, que forme parte de la misma propiedad que se encuentra bajo la responsabilidad del Asegurado. En caso de inmuebles sometidos al régimen legal de Propiedad Horizontal ha de interpretarse el apartamento y accesorios de la propiedad individual del Asegurado, incluyendo la alícuota que le corresponde sobre las cosas comunes y bienes de uso común.

2.19 MOBILIARIO, EFECTOS PERSONALES Y DE USO DOMÉSTICO: Aquellas pertenencias que formen parte del contenido normal de la Residencia y, además, que no se encuentren tipificadas como Artículos Valiosos o Equipos Electrónicos. Tales pertenencias se distribuyen en grupos, los cuales se describen a continuación:

DESCRIPCIÓN DE LOS GRUPOS:

GRUPO 1: COCINA. Se refiere al contenido normal del área de la cocina de la Residencia. Incluyendo: gabinetes de cocina y sus accesorios, cocina, nevera, refrigerador, horno, horno microondas, electrodomésticos, vajillas, cubertería, muebles, lámparas, utensilios e instrumentos de cocina, cortinas y adornos propios de dicha área, así como aires acondicionados.

GRUPO 2: SALA. Se refiere al contenido normal del área de la sala de la Residencia, incluyendo: muebles, lámparas, cortinas, persianas, teléfonos fijos, utensilios del bar, aires acondicionados, adornos propios de dicha área, incluso el contenido de las salas de: estar, estudio y descanso. Dentro de este grupo se incluye la Biblioteca y Terraza, las cuales se refieren al contenido normal de las áreas de la Biblioteca y Terraza de la Residencia, incluyendo, lámparas, cortinas, adornos propios de dichas áreas, libros y aires acondicionados.

GRUPO 3: COMEDOR. Se refiere al contenido normal del área del comedor de la Residencia, incluyendo muebles, lámparas, cortinas, adornos propios de dicha área, persianas, teléfonos fijos y aires acondicionados.

GRUPO 4: LAVADERO. Se refiere al contenido normal del área del lavadero de la Residencia, incluyendo lavandero, bombas de agua, lavadoras, secadoras, calentador de agua y electrodomésticos propios del área.

GRUPO 5: BAÑOS. Se refiere al contenido normal del área del o los baños de la Residencia, incluyendo: bideles, pocetas, lavamanos, jacuzzi, puertas, gabinetes y otras piezas propias de dicha área, electrodomésticos de uso normal de los baños.

GRUPO 6: HABITACIÓN PRINCIPAL. Se refiere al contenido normal del área de la habitación principal de la Residencia, incluyendo muebles, juego de dormitorio, lámparas, cortinas, adornos, libros, ropa, prendas de vestir, lencería, teléfonos fijos y aires acondicionados.

GRUPO 7: HABITACIONES SECUNDARIAS. Se refiere al contenido normal de las áreas de las habitaciones secundarias de la Residencia, incluyendo muebles, juego de dormitorio, lámparas, cortinas, adornos, libros, ropa, prendas de vestir, lencería, teléfonos fijos, juguetes, aires acondicionados. Adicionalmente se incluyen las dependencias de servicio (habitación de servicio, salas de hidroneumáticos, áreas de distracción y/o trabajos no profesionales). También se incluyen los instrumentos musicales y artículos deportivos no profesionales. Dentro de este grupo se incluye el Garaje de la Casa y/o Quintas, el cual se refiere al contenido normal del área de garaje de la Residencia, incluyendo herramientas, equipos de jardinería, y otros aparatos o equipos de naturaleza similar.

319

<u>GRUPO 8: LÍNEA DE AUDIO Y VIDEO</u>. Se refiere a los equipos de Audio y Video, existentes en la residencia, incluyendo: radios, equipos de sonido, televisores, equipos de reproducción de videos (VHS, DVD, Blu-ray, home theater y similares), grabadores de sonido, video-cámaras, cámaras fotográficas, Juegos de video y similares.

2.20 EQUIPOS ELECTRÓNICOS: Se refiere a las computadoras u ordenadores personales, impresoras, faxes y similares.

2.21 PORTADORES EXTERNOS DE DATOS: Cualquier medio (magnético u óptico) en el cual se puede almacenar la información con fines de respaldo tales como: discos magnéticos, cintas, casettes, diskettes, CD's. DVD's, Pen Orive.

2.22 ARTÍCULOS VALIOSOS: Se refiere a las joyas, colecciones, antigüedades, objetos de arte o de lujo y equipos suntuosos tales como: objetos de oro, plata, platino, joyas, piedras preciosas, alhajas, libros raros e incunables, piezas finas de cristal o de porcelana y, en general, cualquier otro objeto artístico, científico o de colección tales como: relojes, esculturas, pinturas, dibujos, cuadros, muebles antiguos, pieles, alfombras finas, instrumentos de uso profesional y, en general, cualquier otro objeto artístico o de colección que tuvieran un valor excepcional por su antigüedad o procedencia. Todo par o juego se considera como una unidad.

2.23 DINERO: Efectivo en moneda acuñada, billetes de banco y metálico, siempre y cuando, todos correspondan a la República Bolivariana de Venezuela.

2.24 IMPACTO DE AERONAVES O CUALQUIER OBJETO DESPRENDIDO DE LAS MISMAS:

Los daños o pérdidas ocasionados a la Residencia causados directamente por impacto de aeroplanos, dirigibles o cualquier otra nave aérea u objetos desprendidos de las mismas, siempre y cuando el Tomador, el Asegurado o el Beneficiario no haya dado permiso para aterrizaje o despegue en los predios donde se encuentre la Residencia.

2.25 HUMO: Los daños o pérdidas ocasionados a la Residencia causados directamente por el humo originado por incendio o por el funcionamiento repentino, anormal y defectuoso de cualquier aparato o aparatos quemadores instalados dentro o fuera de la Residencia, excluyendo las pérdidas o daños a cualquier clase de frescos o murales decorativos o de ornamentación, estén pintados en o formen parte de la Residencia.

2.26 IMPACTO DE VEHÍCULOS TERRESTRES: Los daños o pérdidas ocasionados a la Residencia causados directamente por vehículos de tránsito terrestre.

2.27 HURACÁN, VENTARRÓN, TORMENTA y TEMPESTAD: Los daños o pérdidas ocasionados a la Residencia por la acción directa de la lluvia, arena o polvo que entre a la Residencia a través de aberturas producidas por la acción directa del viento o lo que éste arrastre causando daño a puertas, ventanas, claraboyas, techos o paredes de tal edificación.

2.28 DAÑOS POR AGUA: Los daños o pérdidas a la Residencia que sean ocasionados por o a consecuencia de derrames, anegamientos, filtraciones, goteras o vapor de agua, por cualesquiera de las siguientes causas:

a.   Desperfectos o roturas de tuberías, depósitos o tanques de agua, incluyendo aguas negras.

b.   Desperfectos o roturas de equipos de refrigeración, aire acondicionado o sistemas de protección contra incendio.

c.   Lluvia que penetre directamente al interior de la Residencia.

d.   Filtración de agua a través de las paredes, cimientos, pisos aceras o claraboyas.

e.   Taponamiento de cloacas o desagües.

2.29 INUNDACIÓN: Los daños o pérdidas a la Residencia que sean ocasionados por o a consecuencia de inundación debida a:

321

a. Desbordamiento de quebradas, ríos, lagos, lagunas, embalses o depósitos de agua, naturales o artificiales, de cualquier naturaleza.

b. Ruptura de diques o cualquier obra de defensa hidráulica.

c. Crecida de mar, marejada, mar de fondo o mar de leva.

2.30 DESLAVE: desprendimiento del manto vegetal, suelo, tierra, rocas, piedras, árboles, barro o lodo de una montaña, cerro, ladera o superficie inclinada que no ha sido capaz de soportar la acción del agua de lluvia o agua derramada de ríos, quebradas, pozos, lagunas o depósitos naturales de agua, así como diques, represas o depósitos artificiales de agua.

2.31 ROBO: Acto de apoderarse ilegalmente del mobiliario, los efectos personales y de uso doméstico, así como los Equipos Electrónicos y Artículos Valiosos contenidos dentro de la Residencia, haciendo uso de medios violentos para entrar o salir de ella, siempre que en dicho inmueble queden huellas visibles de tales hechos.

2.32 ASALTO O ATRACO: Acto de apoderarse ilegalmente del mobiliario, los efectos personales y de uso doméstico, así como los Equipos Electrónicos y Artículos Valiosos contenidos dentro de la Residencia, contra la voluntad del Asegurado, utilizando la violencia física o la amenaza de causar daños inminentes y graves a la persona.

2.33 HURTO: Acto de apoderarse ilegalmente del mobiliario, los efectos personales y de uso doméstico, así como los Equipos Electrónicos y Artículos Valiosos contenidos dentro de la Residencia, sin intimidación de las personas, sin utilizar medios violentos para entrar o salir de dicho inmueble.

2.34 SUSTRACCIÓN ILEGÍTIMA: Acto de apoderarse ilegalmente por parte de un tercero en virtud del robo, asalto, atraco o hurto del mobiliario, los efectos personales y de uso doméstico, así como los Equipos Electrónicos y Artículos Valiosos contenido dentro de la Residencia.

2.35 DISTURBIOS LABORALES O CONFLICTOS DE TRABAJO: Actos cometidos colectivamente por personas que tomen parte o actúen con relación a la situación anormal originada por huelgas, paros laborales, disturbios de carácter obrero y cierre patronal, ocasionando daños o pérdidas a los bienes asegurados.

Igualmente se refiere a los actos cometidos por cualquier persona o grupo de personas con el fin de activar o desactivar las situaciones descritas en el párrafo anterior.

2.36 MOTÍN, CONMOCIÓN CIVIL Y DISTURBIO POPULAR: Toda actuación en grupo, esporádica u ocasional de personas que produzcan una alteración del orden público, llevando a cabo actos de violencia, que ocasionen daños o pérdidas a los bienes asegurados.

2.37 DAÑOS MALICIOSOS: Actos ejecutados de forma aislada por persona o personas que intencional y directamente causen daños a los bienes asegurados, sea que tales actos ocurran durante una alteración del orden público o no.

2.38 SAQUEO: Sustracción o destrucción de los bienes asegurados, cometidos por un conjunto de personas que se encuentren tomando parte de un motín, conmoción civil, disturbio popular o disturbio laboral.

2.39 RESPONSABILIDAD CIVIL VECINOS: Obligación del Asegurado, legalmente establecida por una sentencia definitivamente firme dictada por un tribunal competente de reparar el o los daños materiales a los bienes propiedad de terceros, (excluyendo el propietario de la Residencia ocupada por el Asegurado) ocasionados por un siniestro originado en la Residencia ocupada por el Asegurado, a consecuencia de Incendio, Explosión y Daños por Agua, a tenor del inciso segundo Artículo 1.193 del Código Civil de la República Bolivariana de Venezuela.

2.40 RESPONSABILIDAD CIVIL FAMILIAR: Obligación del Asegurado, legalmente establecida por una sentencia definitivamente firme dictada por un tribunal competente, de reparar el o los daños ocasionados a terceros por accidentes ocurridos dentro del Territorio Nacional de la República Bolivariana de Venezuela, siempre y cuando dichos accidentes ocurran dentro de la vigencia de la Póliza y hayan sido provocados por el Asegurado, su cónyuge, sus hijos menores y familiares, sus empleados domésticos en el ejercicio de sus funciones, siempre que convivan con él y por los cuales él fuere civilmente responsable y que resulten en lesiones corporales o la muerte de terceros o daños materiales a propiedades de terceros.

Los daños amparados bajo la Responsabilidad Civil Familiar serán aquellos que puedan dar lugar a Responsabilidad Civil del Asegurado, entre los cuales se pueden mencionar aquellas lesiones corporales o la muerte de terceros o daños a propiedades de terceros, como consecuencia de:

a. Prácticas de deportes a título de aficionado.

b. Uso de bicicletas, patines y similares.

c. Tenencia de animales domésticos, siempre y cuando estén debidamente vacunados, cumpliendo con las disposiciones legales e inclusive con las disposiciones del condominio para el caso de la tenencia en viviendas multifamiliares.

d. Trabajos realizados por el Asegurado, su cónyuge, hijos menores o familiares que convivan con él y por los cuales él fuera civilmente responsable, para la reparación, conservación y mantenimiento de la Residencia.

e. Por daños ocasionados a los bienes o áreas comunes en el caso de que la Residencia asegurada se encuentre dentro de una comunidad de propietarios, exceptuando la alícuota del Asegurado como propietario de dichos elementos comunes.

f.   Daños a consecuencia de derrames de agua accidental e imprevisto.

g.   Cualquier otra causa no excluida de la Póliza.

2.41 UNIDAD TRIBUTARIA: Es la medida de valor creada a los efectos tributarios que permite equiparar y actualizar a la realidad inflacionaria. Las sumas aseguradas y los deducibles expresados en Unidades tributarias serán equivalentes a su transformación en bolívares según la unidad tributaria vigente publicada en Gaceta Oficial de la República Bolivariana de Venezuela al momento de la emisión o renovación de la póliza.

CLÁUSULA 28. EXCLUSIONES PARTICULARES

El Asegurador no indemnizará los daños o pérdidas que sean producidos por o a consecuencia de:

1.   Fermentación, vicio propio o intrínseco de la cosa asegurada, combustión espontánea o por cualquier procedimiento de calefacción, refrigeración o desecación al cual hubieran sido sometidos los bienes objeto del seguro.

2.   Reducción, evaporación o pérdida de peso, merma, la exposición a la luz, cambios de calor, textura o sabor.

3.   Errores o defecto en diseño o especificaciones, errores en el proceso de manufactura por mano de obra o material defectuoso.

4.   Polillas, gusanos, roedores, termitas u otros insectos; vicios inherentes, defectos latentes, desgaste, ruptura o deterioro gradual, contaminación, oxidación, podredumbre por humedad o sequía, hongos, humedad atmosférica, extremos de temperatura; o las pérdidas o daños causados por el asentamiento natural del suelo, contracción o expansión en la fundación de las estructuras o de los suelos.

5. Meteorito, terremoto o temblor de tierra, maremoto, erupción volcánica, tsunami, cualquier otra convulsión de la naturaleza o perturbación atmosférica, declaradas por autoridad competente.

6. Secuestro.

7. Ondas de presión causadas por aeronaves, satélites, cohetes, u otros aparatos aéreos que se desplacen a velocidades sónicas o supersónicas.

8. Daños morales.

9. Difamación e injuria.

10. La ingestión voluntaria de drogas, sustancias tóxicas, narcóticos o medicamentos adquiridos sin prescripción médica, y/o bebidas alcohólicas.

11. Motín, conmoción civil, disturbios laborales, populares, daños maliciosos, saqueos, conflictos de trabajo y las medidas para reprimir los actos antes mencionados que fuesen tomadas por las autoridades legalmente constituidas.

12. Pérdidas ocasionadas por la cesación del trabajo.

13. Pérdidas indirectas, pérdidas consecuenciales o lucro cesante.

14. Carga excesiva intencional o experimentos que signifiquen condiciones anormales de operación.

15. Los daños o pérdidas a cualquier vehículo terrestre, embarcación acuática, aeronave o sus contenidos.

16. Heladas o baja temperatura.

17. Los daños o pérdidas a cosechas o mercancías almacenadas.

18. Reparaciones, reformas o extensiones de tuberías, depósitos, tanques de agua, equipos de refrigeración o aire acondicionado, instalados dentro de los predios ocupados por El Asegurado.

19. Defectos, vicios o daños existentes al iniciarse el seguro.

20. La sustracción ilegítima durante o después de la ocurrencia de un Incendio, Terremoto, Inundación o cualquier evento que no esté relacionado directamente con la sustracción ilegítima y que ocasione la pérdida del mobiliario, efectos personales y de uso doméstico, así como de los equipos electrónicos y artículos valiosos contenidos dentro de la Residencia.

21. Daños por agua, así como los gastos derivados de la exploración y localización de la avería.

22. Inundación.

23. Deslave.

24. Hurto.

CLÁUSULA 29. EXONERACIONES PARTICULARES DE RESPONSABILIDAD

El Asegurador no estará obligado al pago de la indemnización en los siguientes casos:

1. Por omisión, ocultamiento de información o reticencia en las declaraciones suministradas por el Asegurado o por terceras personas que obren por cuenta de éste en la presentación de siniestros con el propósito de ocultar o disimular la reclamación de un procedimiento no amparado por la presente Póliza.

2. Si EL ASEGURADO o EL BENEFICIARIO luego de notificar el siniestro no permitiera la evaluación inmediata del daño por parte de EL ASEGURADOR o efectuara sin el consentimiento del mismo algún cambio o modificación al estado de las cosas que puedan hacer más difícil o imposible la determinación de la causa del siniestro, a menos que tal cambio o modificación se imponga a favor del interés público.

3. Si el Asegurado o el Beneficiario incumple con cualquiera de las obligaciones establecidas en la Cláusula 40. Otras Obligaciones Particulares del Tomador, el Asegurado o el Beneficiario; Cláusula 41. Defensa, Salvaguarda y Recuperación; Cláusula 42. Indemnización Sustitutiva; y, Cláusula 48.

327

Cambio de Propietario de estas Condiciones Particulares, salvo que el incumplimiento obedezca a una causa extraña no imputable al Asegurado o el Beneficiario debidamente comprobada.

CLÁUSULA 30. RENOVACIÓN

Salvo comunicación en contrario de cualesquiera de las partes, realizada por lo menos con treinta (30) días continuos de antelación a la fecha de vencimiento del período de vigencia en curso, este seguro se renovará por períodos anuales siempre y cuando el pago de la prima correspondiente al nuevo período se efectúe dentro de los treinta (30) días consecutivos, contados desde la fecha de terminación del período de vigencia anterior. En caso de que la vigencia inicial de la Póliza sea menor a un año, la renovación será por períodos anuales.

CLÁUSULA 31. PLAZO DE GRACIA

El Asegurador concederá para el pago de la prima anual de renovación, un plazo de gracia de treinta (30) días continuos contados a partir de la fecha de terminación del período de vigencia anterior. Durante este lapso las coberturas se mantendrán en vigor.

Durante el plazo de gracia, los riesgos serán a cargo del Asegurador, y ocurrido un siniestro dentro de ese período, se procederá de acuerdo con lo siguiente: Si el monto a indemnizar es igual o superior a la prima pendiente de pago por la vigencia anual, el Asegurado será indemnizado conforme a las estipulaciones de la Póliza descontando El Asegurador del monto a pagar, la prima pendiente; si el monto a indemnizar es menor a la prima pendiente correspondiente a la vigencia anual de la Póliza, el Tomador deberá pagar, antes de finalizar el plazo de gracia establecido, la diferencia existente entre la prima no cancelada y dicho monto. No obstante, si la prima no es pagada en el referido período, el contrato quedará sin validez y efecto a partir de la fecha de terminación de la vigencia del contrato anterior.

La falta de pago de la prima en el tiempo establecido en el párrafo anterior se entenderá como la voluntad del Tomador de resolver la Póliza, quedando ésta sin validez ni efecto alguno.

CLÁUSULA 32. PERMISOS PARA ALTERACIONES

Dentro de los predios descritos en la Póliza, se concede permiso al Asegurado para hacer adiciones, alteraciones, reparaciones y refacciones a la Residencia asegurada y para construir nuevas edificaciones o estructuras anexas a las mismas, siempre que las alteraciones no superen las doscientas cincuentas unidades tributarias (250 U.T.), permitiéndose a tal efecto la existencia de materiales de construcción y la permanencia de obreros; esta Póliza dentro de las Sumas Aseguradas correspondientes a la SECCIÓN "B": EDIFICA-CIÓN de estas Condiciones Particulares incluye dichas adiciones, alteraciones, reparaciones y nuevas edificaciones o estructuras anexas, cuando no estén amparadas por otros seguros, durante la construcción y después de terminadas; incluyendo en la cobertura estructuras provisionales, materiales, equipos y repuestos en dichos predios descritos, y los contenidos de tales adiciones, si la Póliza cubre contenido.

CLÁUSULA 33. TERMINACIÓN POR EDIFICACIONES INESTABLES

Si todo o parte de una edificación asegurada o cuyo contenido esté asegurado por esta Póliza o si todo o parte de un inmueble al cual dicha edificación esté integrada, cayere, se desplomare o sufriere derrumbes, hundimientos, desplazamientos o cuarteamiento que afectare su estabilidad, desde ese momento terminará el presente seguro, tanto respecto de la edificación como de su contenido. Esta Cláusula queda sin efecto cuando tales caídas, desplomes, derrumbes, hundimientos, desplazamientos o cuarteamiento fuesen causados por uno cualquiera de los riesgos cubiertos por esta Póliza.

CLÁUSULA 34. AGRAVACIÓN DEL RIESGO

El Tomador o el Asegurado deberá, durante la vigencia del contrato, comunicar al Asegurador todas las circunstancias que agraven el riesgo y sean de tal naturaleza que, si hubieran sido conocidas por éste en el momento de la celebración del contrato, no lo habría celebrado o lo habría hecho en otras condiciones. Tal notificación deberá hacerla dentro de los cinco (5) días hábiles siguientes a la fecha en que hubiera tenido conocimiento. No obstante, cuando la agravación del riesgo que esté indicada en esta Póliza dependa de un acto del Tomador o el Asegurado o el Beneficiario, deberá notificarla al Asegurador al menos cinco (5) días hábiles antes de que se produzca, salvo que medie una causa extraña no imputable.

Conocido por El Asegurador que el riesgo se ha agravado, éste dispone de un plazo de quince (15) días continuos para proponer la modificación del contrato o para notificar que éste ha quedado sin efecto. Notificada la modificación, el Tomador deberá dar cumplimiento a las condiciones exigidas en un plazo que no exceda de quince (15) días hábiles, en caso contrario se entenderá que el contrato ha quedado sin efecto a partir del vencimiento del plazo.

En el caso de que el Tomador o el Asegurado no haya efectuado la declaración y sobreviene un siniestro, el deber de indemnización del Asegurador se reducirá proporcionalmente a la diferencia entre la prima convenida y la que se hubiera aplicado de haberse conocido la verdadera entidad del riesgo, salvo que el Tomador o el Asegurado hayan actuado con dolo o culpa grave, en cuyo caso El Asegurador quedará liberado de responsabilidad.

Cuando el contrato se refiera a varias cosas o intereses, y el riesgo se hubiese agravado respecto de uno o algunos de ellos, el contrato subsistirá con todos sus efectos respecto de las restantes, en este caso el Tomador deberá pagar, al primer requerimiento, el exceso de prima eventualmente debida. Caso contrario, el contrato quedará sin efecto solamente con respecto al riesgo agravado.

El Tomador o el Asegurado deberá comunicar conforme a lo indicado en esta Cláusula cualquiera de las siguientes circunstancias que se consideran agravaciones del riesgo:

1. Modificaciones en la naturaleza de las actividades, que agraven los riesgos asegurados por la Póliza y que ocurran dentro de los predios descritos en ella. La validez de la presente Póliza no se afecta por modificaciones ocurridas en cualquier parte de los predios sobre los cuales el Tomador o el Asegurado no tenga control, ni por la entrada o estacionamiento de vehículos relacionados con el Tomador o el Asegurado dentro de los predios ocupados por los bienes asegurados.

2. Modificación o alteración a la edificación o estructura asegurada que contenga los bienes asegurados y que superen Doscientas Cincuenta Unidades Tributarias (250 U.T.).

3. Desocupación de localidades aledañas. Falta de ocupación por un período de más de cuarenta y cinco (45) días consecutivos de las edificaciones aseguradas o que contengan los bienes asegurados.

4. Traslado de todos o de parte de los bienes asegurados a Residencias o locales distintos de los descritos en la Póliza.

5. Cambios en los sistemas de prevención y protección contra incendio que ofrezcan menos protección a las declaradas en la solicitud de seguros.

6. Desincorporación o cambios de los sistemas de protección y seguridad contra sustracción ilegítima que ofrezcan menos seguridad a las declaradas en la solicitud.

CLÁUSULA 35. AGRAVACIONES DEL RIESGO QUE NO AFECTAN EL CONTRATO

La agravación del riesgo no producirá los efectos previstos en la Cláusula anterior en los casos siguientes:

1. Cuando no haya tenido influencia sobre el siniestro ni sobre la extensión de la responsabilidad que incumbe al Asegurador.

2. Cuando haya tenido lugar para proteger los intereses del Asegurador, con respecto de la Póliza.

3. Cuando se haya impuesto para cumplir el deber de socorro que impone la ley.

4. Cuando El Asegurador haya tenido conocimiento por otros medios de la agravación del riesgo, y no haya hecho uso de su derecho de terminar el contrato en el plazo de quince (15) días continuos.

5. Cuando El Asegurador haya renunciado expresa o tácitamente al derecho de proponer la modificación del contrato o terminarlo unilateralmente por esta causa. Se tendrá por hecha la renuncia a la propuesta de modificación o terminación unilateral si no la lleva a cabo en el plazo señalado en el numeral cuarto de esta Cláusula.

CLÁUSULA 36. ANULACIÓN POR FALSAS DECLARACIONES AL MOMENTO DEL SINIESTRO

Si el Tomador, el Asegurado o el Beneficiario o cualquier persona que obre por cuenta de éstos presentare una declaración fraudulenta o engañosa o si en cualquier tiempo empleare medios o documentos engañosos o dolosos, debidamente probados, con el objeto de sustentar una reclamación o para derivar beneficios del seguro, la presente Póliza quedará anulada en todas sus partes a partir del momento del acuse de recibo de la comunicación que a tal fin envíe El Asegurador al Tomador, el Asegurado o el Beneficiario y corresponderá al Tomador el importe correspondiente a la parte proporcional de la prima no consumida, deducida la comisión del intermediario de la actividad aseguradora, del período que falte por transcurrir.

La anulación de la póliza operará sin perjuicio a lo establecido en el numeral 1 de la Cláusula 4. Exoneraciones de Responsabilidad de las Condiciones Generales y en el numeral 1 de la Cláusula 29. Exoneraciones de Responsabilidad de estas Condiciones Particulares.

CLÁUSULA 37. DESHABILITACIÓN

Si la Residencia indicada en el Cuadro Póliza Recibo, quedare deshabitada por más de cuarenta y cinco (45) días consecutivos, el Asegurado o el Beneficiario no tendrá derecho a indemnización por pérdida o daño que ocurra después del cuadragésimo quinto día, a menos que haya obtenido el consentimiento del Asegurador por escrito, con anterioridad al comienzo de tal período y haya pagado la prima adicional requerida.

CLÁUSULA 38. PROTECCIONES CONTRA ROBO, ASALTO O ATRACO

Es requisito indispensable para la validez de la cobertura de Robo, Asalto o Atraco, que el Asegurado, cumpla con las medidas que se indican a continuación:

1. Mantener instaladas rejas metálicas en los diferentes accesos de la Residencia o en su defecto puertas de seguridad.

2. Mantener rejas metálicas en las ventanas, aparatos de aire acondicionado y extractores externos en las casas o quintas y en aquellos apartamentos ubicados por debajo del tercer piso.

Si el Asegurado no posee rejas metálicas, deberá contar con un sistema de alarma antirrobo el cual debe encontrarse en perfecto estado de funcionamiento.

El Asegurador quedará relevado de la obligación de indemnizar, si el Asegurado incumpliera cualquiera de las obligaciones indicadas en la presente Cláusula.

CLÁUSULA 39. COBERTURAS OPCIONALES

Mediante aceptación expresa por parte de EL ASEGURADOR y el pago de la prima adicional correspondiente contra la entrega del Cuadro Póliza Recibo o Nota de Cobertura Provisional o Anexo respectivo, la presente Póliza puede extenderse a cubrir los riesgos que adelanten se indican:

1. Terremoto o Temblor de Tierra.

2. Motín, Disturbios Populares, Disturbios Laborales y Daños Maliciosos.

3. Ampliada de Inundación.

4. Ampliada de Daños por Agua.

5. Rotura de Vidrios, Cristales y Espejos.

6. Responsabilidad Civil Locativo.

7. Daños a la Edificación por intento de Robo (Exceso).

8. Infidelidad de Empleados Domésticos.

9. Artículos Valiosos Menores.

10. Artículos Valiosos a Nivel Mundial.

11. Robo, Asalto o Atraco de Dinero en Efectivo.

12. Seguro de Tarjetas de Crédito y Débito.

13. Bienes Refrigerados o Congelados.

14. Hurto

15. Servicio de Asistencia Domiciliaria de Emergencia.

CLÁUSULA 40. OTRAS OBLIGACIONES PARTICULARES DEL TOMADOR, EL ASEGURADO O EL BENEFICIARIO

Al ocurrir cualquier pérdida o daño, el Tomador, el Asegurado o el Beneficiario, deberá:

1. Tomar las providencias necesarias y oportunas para evitar que sobrevengan pérdidas o daños ulteriores.

2. Declarar el siniestro a las autoridades competentes inmediatamente después de su conocimiento.

3. Notificar al Asegurador inmediatamente o más tardar dentro de los (5) días hábiles siguientes a la fecha de su conocimiento. Asimismo, dentro de los quince (15) días hábiles siguientes a la

fecha de tener conocimiento del siniestro o dentro de cualquier otro plazo mayor que le hubiere concedido El Asegurador, suministrarle:

a. Un informe escrito con todas las circunstancias relativas al siniestro y una relación detallada de los bienes asegurados que hayan sido perdidos o dañados, sin comprender ganancia alguna.

b. Los informes, comprobantes, libros de contabilidad, planos, proyectos, facturas, actas, manuales del fabricante, y cualquier documento justificativo que El Asegurador directamente o por mediación de sus representantes, considere necesario con referencia al origen, la causa, circunstancias o determinación del monto de la pérdida o daño reclamado, así como la procedencia legal y legítima de los bienes o haberes a cuya indemnización hubiere lugar.

c. Una relación de cualquier otro seguro vigente sobre los mismos bienes asegurados.

4. Conservar las partes dañadas o defectuosas y tenerlas a la disposición para que puedan ser examinadas por el experto del Asegurador.

5. Tener el consentimiento del Asegurador para disponer de los objetos dañados o defectuosos.

6. En el caso que el Tomador o el Asegurado sea persona jurídica, informar al Asegurador, cualquier cambio en el documento constitutivo o estatuto social, relacionado con su composición accionaria, capital social, o las modificaciones en la administración, dirección o de las personas naturales a través de las cuales se mantiene la relación con el Asegurado.

7. Notificar al Asegurador en caso de incurrir en cesación de pagos, atraso o quiebra.

CLÁUSULA 41. DEFENSA, SALVAGUARDA Y RECUPERACIÓN

Cuando ocurra un siniestro que afecte los bienes asegurados y mientras no se haya fijado definitivamente el importe de la indemnización correspondiente, la persona autorizada por El Asegurador para realizar el ajuste de pérdida podrá:

a.   Ingresar en los predios donde hayan ocurrido los daños.

b.   Exigir la entrega de cuantos objetos pertenecientes al Tomador o el Asegurado se encontrasen o encuentren en el momento del siniestro dentro de los predios donde éste haya ocurrido con la finalidad de evitar pérdidas ulteriores o bien para utilizarlos en el proceso de evaluación e investigación de las pérdidas.

c.   Examinar, clasificar o trasladar los objetos a que se refiere el literal anterior o reparar si el Asegurado o el Beneficiario lo consiente.

d.   Vender cualquiera de los objetos afectados por el siniestro, cuando las circunstancias así lo requieran, por cuenta de quien corresponda, con el sólo fin de aminorar el monto de la pérdida indemnizable.

Por cualquier acto ejecutado en ejercicio de estas facultades, El Asegurador no disminuirá su derecho a apoyarse en cualquiera de las condiciones de esta Póliza con respecto al siniestro.

Las facultades conferidas al Asegurador por esta Cláusula podrán ser ejercidas en cualquier momento, mientras el Tomador, el Asegurado o el Beneficiario no le avise por escrito que renuncia a la reclamación del siniestro por la presente Póliza, siendo convenido que nada de lo antes estipulado dará al Tomador, el Asegurado o el Beneficiario el derecho de hacer abandono al Asegurador de ninguno de los bienes asegurados.

CLÁUSULA 42. INDEMNIZACIÓN SUSTITUTIVA

En vez de pagar en efectivo el importe de las pérdidas o daños, El Asegurador podrá hacer reconstruir, reponer o reparar, total o parcialmente, los bienes asegurados que resulten destruidos o dañados, siempre que el Asegurado o el Beneficiario lo consienta al momento de pagar la indemnización.

En este caso, el Asegurado o el Beneficiario deberá suministrar al Asegurador, los planos, dibujos, presupuestos, medidas, así como cualquier otro dato pertinente que éste considere necesario al efecto, siendo por cuenta del Asegurado o el Beneficiario los gastos que ello ocasione. Cualquier acto que El Asegurador pudiere ejecutar, o mandar a ejecutar, relativo a lo que precede, no podrá ser interpretado como compromiso firme de reconstruir, reponer o reparar los bienes asegurados que resulten destruidos o dañados.

El Asegurador habrá cumplido válidamente sus obligaciones al restablecer, en lo posible y en forma racionalmente equivalente el estado de cosas que existían antes del siniestro. En ningún caso El Asegurador estará obligado a erogar en la reconstrucción, reposición o reparación una cantidad superior a la que hubiera bastado para reponer los bienes destruidos o dañados al estado en que se encontraba antes del siniestro, ni tampoco estará obligado a pagar una cantidad superior a la suma asegurada que corresponda, según la cobertura señalada en el Cuadro Póliza Recibo.

CLÁUSULA 43. EVALUACIÓN DEL DAÑO

Recibida la notificación del siniestro El Asegurador, si lo considera necesario, designará a su costo un representante o ajustador de pérdidas, quien verificará la reclamación.

En el caso de que el Asegurado o el Beneficiario no aceptase la designación anterior, hecha por El Asegurador, tendrá un plazo de dos (2) días hábiles después de conocida tal designación para rechazar la misma por escrito. En tal caso, El Asegurador procederá a hacer una nueva designación que tendrá carácter definitivo.

A petición del Asegurado o el Beneficiario, El Asegurador tendrá la obligación de entregar a éste o a su Intermediario de la actividad aseguradora, un extracto del informe del ajuste de pérdida que contenga los cálculos usados para determinar la indemnización.

CLÁUSULA 44. PERITAJE

Si surgiere desacuerdo entre El Asegurador y el Tomador, el Asegurado o el Beneficiario, para la fijación del monto de la indemnización que pudiera corresponder, de acuerdo a las coberturas contratadas, las partes podrán someterse al siguiente procedimiento:

1. Nombrar por escrito un perito de común acuerdo entre las partes.

2. En caso de desacuerdo sobre la designación del perito único, se nombrarán por escrito dos (2) peritos, uno por cada parte, en el plazo de dos (2) meses contados a partir del día en que una de las partes haya requerido a la otra dicha designación.

3. En el caso de que una de las partes se negare a designar o dejare de nombrar un perito en el plazo antes indicado, la otra parte tendrá el derecho de nombrar a dicho perito.

4. Si los peritos así nombrados no llegaren a un acuerdo, el o los puntos de discrepancia serán sometidos al fallo de un tercer perito nombrado por ellos, por escrito, y su apreciación agotará este procedimiento.

5. Cada parte asumirá los honorarios del perito designado por ella, más la mitad de los honorarios del tercero si dicha designación se llegare a presentar.

6. Los peritos nombrados deberán presentar su informe final dentro de los treinta (30) días siguientes a su nombramiento, sin embargo, las partes podrán fijar, de común acuerdo, otro plazo mayor.

Para dicho nombramiento se tendrá en consideración la experiencia y conocimiento, de los peritos que se propongan, en la materia que originó el peritaje.

El fallecimiento de cualquiera de los dos (2) peritos que aconteciere en el curso de las operaciones de peritaje, no anulará ni mermará los poderes, derechos o atribuciones del perito sobreviviente. Asimismo, si el perito único o el perito tercero falleciere antes del dictamen final, la parte o los peritos que le hubieren nombrado, según sea el caso, quedarán facultados para sustituirlo por otro.

CLÁUSULA 45. INFRASEGURO

En caso de que el Valor de Reposición de los bienes a riesgo exceda de la Suma Asegurada, El Asegurador indemnizará en la misma proporción que existiese entre la Suma Asegurada y el Valor de Reposición de los bienes en la fecha del siniestro.

CLÁUSULA 46. SOBRESEGURO

Cuando la Suma Asegurada sea superior al Valor de Reposición de los bienes y ha existido dolo o mala fe de una de las partes, la otra tendrá derecho a oponer la nulidad y exigir la indemnización que corresponda por daños y perjuicios. Si no hubo dolo o mala fe, las partes podrán solicitar la reducción de la Suma Asegurada y El Asegurador devolverá la prima cobrada en exceso por el período de vigencia que falte por transcurrir.

En todo caso, si se produjere el siniestro antes de que se hayan producido cualquiera de las circunstancias señaladas en el párrafo anterior, El Asegurador indemnizará el daño efectivamente causado.

CLÁUSULA 47. DEDUCIBLES

El Asegurador rebajará el monto o porcentaje que se estipule como "Deducible", según se indica en el Cuadro Póliza Recibo, del importe de la pérdida indemnizable, por cada evento, hecho o circunstancia originada durante el período de vigencia de este seguro que sea indemnizable, de acuerdo con los términos de esta Póliza.

CLÁUSULA 48. CAMBIO DE PROPIETARIO.

Si el bien asegurado cambia de propietario, los derechos y las obligaciones derivadas del contrato de seguro pasan al adquirente, previa notificación al Asegurador, dentro de los quince (15) días hábiles siguientes, contados a partir de la fecha en que la transferencia haya operado.

Tanto el anterior propietario como el adquirente quedan solidariamente obligados con El Asegurador, al pago de las primas vencidas hasta el momento de la transferencia de la propiedad.

El Asegurador tendrá derecho a dar por terminado unilateralmente el contrato, mediante notificación en forma impresa o a través de los mecanismos electrónicos, dentro de los quince (15) días hábiles siguientes al momento en que hubiese tenido conocimiento del cambio de propietario y su obligación cesará treinta (30) días continuos después de la notificación por escrito al adquirente y del reembolso a éste de la parte de la prima correspondiente al plazo del seguro que falte por vencer.

En el supuesto que El Asegurador no haga uso de esa potestad, los derechos y las obligaciones del contrato de seguro pasarán al adquirente, a menos que éste notifique su voluntad de no continuar el seguro.

Las disposiciones de esta Cláusula deberán también ser cumplidas en caso de muerte, cesación de pagos y quiebra del Tomador.

CLÁUSULA 49. DISMINUCIÓN DEL RIESGO

El Tomador o el Asegurado podrá, durante la vigencia del contrato, poner en conocimiento del Asegurador todas las circunstancias que disminuyan el riesgo y sean de tal naturaleza que, si hubieran sido conocidas por éste en el momento del perfeccionamiento del contrato, lo habría celebrado en condiciones más favorables para el Tomador. El Asegurador deberá devolver la prima cobrada en exceso por el período que falte por transcurrir, en un plazo de quince (15) días hábiles contados a partir de la notificación, deducida la comisión pagada al Intermediario de la actividad aseguradora.

340

CLÁUSULA 50. INSPECCIONES

El Asegurador tendrá, previo acuerdo con el Asegurado, el derecho de inspeccionar los bienes asegurados; igualmente puede hacer la inspección a cualquier hora hábil y por una persona debidamente autorizada por éste. El Asegurado está obligado a proporcionar al Asegurador todos los detalles e informaciones necesarias para la debida apreciación del riesgo.

_____   _____
El Tomador   Por El Asegurador

Aprobado por la Superintendencia de la Actividad Aseguradora según Oficio N° SAA-1-1-2490-2021 de fecha 04/08/2021

BIBLIOGRAFÍA

Doctrina

ACEDO MENDOZA, Manuel y ACEDO SUCRE, Carlos Eduardo, *Temas sobre Derecho de seguros*, Editorial Jurídica Venezolana, Colección Estudios Jurídicos N° 68, Caracas, 1998.

ACEDO SUCRE, Carlos Eduardo, "La imposibilidad y la dificultad en el cumplimiento de las obligaciones contractuales", en COVA ARRIA, Luis, BADELL MADRID, Rafael, RUAN SANTOS, Gabriel y CARMONA BORJAS, Juan Cristóbal (Coords.), *Libro homenaje al Doctor Humberto Romero-Muci*, tomo I, Academia de Ciencias Políticas y Sociales – Asociación Venezolana de Derecho Tributario, Caracas, 2023.

_____. *Cláusulas abusivas y contratos de adhesión*, Academia de Ciencias Políticas y Sociales, Caracas, 2018.

ADÁN DOMÈNECH, Federico, *La cláusula rebus sic stantibus y su problemática procesal*, Bosch – Wolters Kluwer, Madrid, 2021.

ÁLVAREZ-CAPEROCHIPI, José Antonio, *El enriquecimiento sin causa*, Comares editorial, 3ª edición, Granada, 1993.

ARIAS GARCÍA, Luis Alberto y FIGOLI MEDINA, Romina, "Efectos del COVID-19 en el cumplimiento de los contratos: teoría de la imprevisión", artículo de opinión publicado en el *Periódico digital Acento*, República Dominicana el 20 de mayo de 2020.

ÁVILA MERINO, Luis, *La actividad aseguradora venezolana*, Universidad Católica Andrés Bello, Caracas, 2013.

AVILÉS GÓMEZ, Manuel, *El enriquecimiento ilícito*, Editorial Club Universitario, San Vicente, Alicante, 2011.

BATALLER GRAU, Juan, *La liquidación del siniestro en los seguros de daños*, Mutua de seguros – Valencia de Taxis – Tirant Lo Blanch, Valencia, 1997.

BAUMEISTER TOLEDO, Alberto, "Nuevo régimen de seguros en el Derecho venezolano", *Derecho mercantil. Memorias de las XXIX Jornadas J. M. Domínguez Escovar*, Instituto de Estudios Jurídicos del Estado Lara, Barquisimeto, 2004.

BENÍTEZ DE LUGO, Luis, *Tratado de seguros*, volumen 1, Instituto Editorial Reus, Madrid, 1955.

_____. *Tratado de seguros. III. Los seguros de daños*, volumen 2, Instituto Editorial Reus, Madrid, 1955.

_____. *Problemas y sugerencias sobre el contrato de seguros, sobreseguro, infraseguro, cláusulas de estabilización*, Instituto Editorial Reus, Madrid, 1952.

BERLOIZ, Georges, *Le contrat d'adhesion*, Libraire Generale de Droit et de Jurisprudence – R. Pichon y R. Durand-Auzias, 12ª edición, París, 1976.

BROSETA PONT, Manuel, *Manual de Derecho mercantil*, Tecnos, Madrid, 2006.

_____. *Manual de Derecho mercantil*, Tecnos, Madrid, 1994.

CALAHORRANO LATORRE, Edison Ramiro, "Derecho de contratos y excepcionalidad: reaparición de instituciones y retorno a los principios en contexto de Covid-19", *Ius Humani: Revista de Derecho*, volumen 9 (II), Universidad de los Hemisferios, Quito, 2020.

CALAZA LÓPEZ, Sonia, *Rebus sic stantibus, extensión de efectos y cosa juzgada*, Le Ley – Wolters Kluwer, Madrid, 2021.

CASTAGNINO, Diego Thomás, *Decisiones del Tribunal Supremo de Justicia en materia mercantil (2000-2020)*, Abediciones – Universidad Católica Andrés Bello – Instituto de Investigaciones Jurídicas – Sociedad Venezolana de Derecho Mercantil, Caracas, 2021.

CASTAN TOBEÑAS, José, *Derecho civil español, común y foral. Derecho de obligaciones. La obligación y el contrato en general*, tomo III, Reus, S.A., 13ª edición, Madrid, 1983.

CHAMIE, José Félix, "Equilibrio contractual y cooperación entre las partes", *Revista de Derecho Privado*, Nº 14, Universidad Externado de Colombia, Bogotá, 2008.

CHANG DE NEGRÓN, Kimlen y NEGRÓN CHACÍN, Emilio, *Seguros en Venezuela*, Vadell Hermanos Editores, C.A., 2ª edición, Caracas, 2014.

COSSIO, Carlos, *La teoría de la imprevisión*, Abeledo-Perrot, Buenos Aires, 1961.

CRUZ SUÁREZ, Andrea, "El seguro contra la interrupción de los negocios en el marco de la pandemia del Covid-19", *Revista Venezolana de Derecho Mercantil*, N° 4, Sociedad Venezolana de Derecho Mercantil, Caracas, 2020.

CUBIDES CÁRDENAS, Jaime *et al*, "Principio de equilibrio y economía contractual: análisis a partir de las teorías de la imprevisión y el hecho del príncipe", *Revista Jurídica Mario Alario D'filippo*, volumen 14, N° 27, Universidad de Cartagena, Cartagena, 2022.

DE AMUNÁTEGUI RODRÍGUEZ, Cristina, *La cláusula rebus sic stantibus*, Tirant lo Blanch, Valencia, 2003.

DE LA CAMPA, Olga, *Léxico de seguros*, Premio Ancla 1982, Biblioteca Técnica SEGUROSCA, Caracas, 1982.

DEL CAÑO ESCUDERO, Fernando, *Derecho español de seguros*, tomo I – Parte General, S/E, 3ª edición, Madrid, 1983.

DÍEZ-PICAZO, Luis y GULLÓN, Antonio, *Sistema de Derecho civil*, volumen 3, Editorial Tecnos, S.A., 9ª edición, Madrid, 2001.

DOMÍNGUEZ GUILLÉN, María Candelaria, *Curso de Derecho civil III. Obligaciones*, Revista Venezolana de Legislación y Jurisprudencia, Caracas, 2017.

DONATI, Antigono, *Los seguros privados. Manual de Derecho*, Librería Bosch, Barcelona, 1960.

_____. *Trattato del Diritto delle assicurazione private*, volumen 2, Dott. Antonino Giuffre Editore, Milán, 1954.

_____ y VOLPE PUTZOLU, Giovanna, *Manuale di Diritto delle assicurazioni*, Giuffre Editore, 7ª edición, Milán, 2002.

El Comercio, "Venezuela llega a histórica hiperinflación, la más dañina de Latinoamérica", artículo publicado en *El Comercio digital*, disponible en: https://elcomercio.pe/mundo/actuali dad/venezuela-llega-historica-hiperinflacion-danina-latinoameri ca-noticia-576441-noticia/.

ELGUERO MERINO, José M., *El contrato de seguro*, Editorial Mapfre, S.A., Madrid, 2004.

El Nacional, "Oliveros: Es probable que a principios de 2022 Venezuela abandone la hiperinflación", artículo publicado en *El Nacional web*, noviembre 2021, disponible en: https://www.el nacional.com/economia/oliveros-es-probable-que-a-principios-de-2022-venezuela-abandone-la-hiperinflacion/.

ENNECCERUS, Ludwig, KIPP, Theodor y WOLFF, Martin, *Tratado de Derecho civil. Derecho de obligaciones*, tomo II, segunda parte, volumen 2, Bosch – Casa Editorial, Barcelona, 1966.

FÁBREGA PONCE, Jorge, *El enriquecimiento sin causa*, tomo I, Plaza & Janes, Editores Colombia, S.A., Santafé de Bogotá, 1996.

FIGUEROA TORRES, Juan José, "Causas extrañas no imputables y teoría de la imprevisión con especial atención al contrato de obras. Tutela judicial", *Revista Derecho y Sociedad*, N° 18, Universidad Monteávila – Facultad de Ciencias Jurídicas y Políticas, Caracas, 2021.

FRANCO ZÁRATE, Javier Andrés, "La excesiva onerosidad sobrevenida en la contratación mercantil: una aproximación desde la perspectiva de la jurisdicción civil en Colombia", *Revista de Derecho Privado*, N° 23, Universidad Externado de Colombia, Bogotá, 2012.

GARCÍA GIL, Francisco Javier, *Las pólizas de seguro. Legislación comentada, jurisprudencia, formularios*, La Ley, Madrid, 2011.

GARCÍA LONG, Sergio, "El cambio de circunstancias en el derecho de contratos: desequilibrio económico", *Ponencia presentada en la Pontificia Universidad Católica del Perú*, mayo 2019. Disponible en: https://www.academia.edu/396020 46/El_cambio_de_circunstancias_en_el_derecho_de_contratos_ Desequilibrio_económico.

GARRIDO y COMAS, Juan José, *La depreciación monetaria y el seguro*, José M. Bosch, Barcelona, 1956.

_____. *El contrato de seguro*, Publicaciones y ediciones Spes, S.A., Barcelona, 1954.

GARRIGUES, Joaquín, *Contrato de seguro terrestre*, J. Garrigues, 2ª edición, Madrid, 1982.

_____. *Contrato de seguro terrestre*, J. Garrigues, 1ª edición, Madrid, 1973.

GEMENO MARÍN, Juan Ramón, "Condiciones generales y contratos de seguro", *Revista Española de Seguros*, N° 117, enero-marzo, Editorial Española de Seguros, Madrid, 2004.

GERBAUDO, Germán E., "La renegociación y la revisión contractual frente a la pandemia COVID-19", *Revista Electrónica del departamento de Derecho económico y empresarial – Deconomi*, año III, N° 5, Facultad de Derecho de la Universidad de Buenos Aires, Buenos Aires, 2020.

GIORGI, Jorge, *Teoría de las obligaciones en el Derecho moderno. Fuentes de las obligaciones; cuasi-contratos, hechos ilícitos, leyes*, volumen 5, Editorial Reus, S.A., 2ª edición, Madrid, 1929.

GIRGADO PERANDONES, Pablo, *La póliza estimada. La valoración convencional del interés en los seguros de daños*, Marcial Pons, Madrid, 2015.

_____. *El principio indemnizatorio en los seguros de daños. Una aproximación a su significado*, Editorial Comares, S.L., Granada, 2005.

GÓMEZ CALERO, Juan, "Los derechos de reintegro del asegurador en la Ley de contrato de seguro", en VERDERA Y TUELLS, E. (Dir.), *Comentarios a la Ley de contrato de seguro*, Colegio Universitario de Estudios Financieros, Madrid, 1982.

GÓMEZ SÁNCHEZ, Carlos Andrés y MARTÍNEZ DEL RÍO, Natalia, "El interés asegurable como un elemento esencial del contrato de seguro de daños", *Revista ibero-latinoamericana de seguros*, volumen 21, N° 36, Bogotá, 2012.

GONZÁLEZ CAPPA, Daniel, "Cómo salió Venezuela de la hiperinflación y qué significa para la golpeada economía del país", artículo publicado en *BBC News Mundo*, enero 2022, disponible en: https://www.bbc.com/mundo/noticias-america-latina-59939636.

GONZÁLEZ CARVAJAL, Jorge I., "Notas dispersas sobre la buena fe en el Derecho venezolano, casos paradigmáticos y «nuevas» dimensiones", *Revista Derecho y Sociedad*, N° 7, Universidad Monteávila – Facultad de Ciencias Jurídicas y Políticas, Caracas, 2016.

GUARDIOLA LOZANO, Antonio, *Manual de introducción al seguro*, Colección Universitaria, Editorial Mapfre, Madrid, 2001.

GUISASOLA PAREDES, Aitor, *Cláusulas limitativas de derechos y delimitadoras del riesgo en el contrato de seguro*, Editoriales de Derecho Reunidas, S.A., Madrid, 2000.

GURFINKEL DE WENDY, Lilian N., *Efectos de la inflación en los contratos. Reajuste según cláusula de índice de precios*, Depalma, Buenos Aires, 1979.

HARDY IVAMY, Edward Richard, *General principles of insurance law*, Butterwoth & Co., 4ª edición, Londres, 1979.

HERNÁNDEZ GONZÁLEZ, José Ignacio, *Derecho administrativo y regulación económica*, Editorial Jurídica Venezolana, Colección Estudios Jurídicos N° 83, Caracas, 2006.

_____. *Libertad de empresa y sus garantías jurídicas. Estudio comparado del Derecho español y venezolano*, Fundación Estudios de Derecho Administrativo – Ediciones IESA, Caracas, 2004.

HERRERA-TAPIAS, Belinha y ÁLVAREZ-ESTRADA, Jassir, "El mercado y la libertad contractual de los consumidores en los contratos por adhesión", *Jurídicas*, volumen 12, N° 2, Universidad de Caldas, 2015.

HERRMANNSDORFER, Fritz, *Seguros privados*, Editorial Labor, S.A., Barcelona – Madrid – Buenos Aires, 1933.

HINESTROSA, Fernando, "Teoría de la imprevisión", *Revista de Derecho Privado*, N° 39, Universidad Externado de Colombia, Departamento de Derecho Civil, 2020.

IBARRA, María Beatriz, "La peculiaridad de la adhesión en el contrato de seguro", *USFQ Law Review*, volumen 4, N° 1, DOAJ Directory of Open Access Journals, 2017.

IGLESIAS PRADA, Juan Luis, "La subrogación del asegurador en el seguro marítimo", *Revista Española de Seguros*, N° 25, Primer Trimestre Enero-Marzo, Editorial Española De Seguros, Madrid, 1981.

ISERN SALVAT, María Rosa, *El derecho de subrogación en el seguro de transporte terrestre de mercancías por carretera*, Marcial Pons, Madrid – Barcelona – Buenos Aires – Sao Paulo, 2013.

KUMMEROW, Gert, *Algunos problemas fundamentales del contrato por adhesión en el Derecho privado*, Universidad Central de Venezuela – Facultad de Derecho, Caracas, 1981.

LACRUZ MANTECÓN, Miguel Luis, *Formación del contrato de seguro y cobertura del riesgo*, Editorial Reus, Madrid, 2013.

LE BOULENGÉ, Jean-Marie, *El Derecho venezolano de los seguros terrestres y sus fuentes extranjeras*, S/E, Caracas, 1983.

LUPINI BIANCHI, Luciano, "Notas sobre la teoría de la imprevisión en el Derecho civil", en DE VALERA, Irene y SALAVERRÍA, José Getulio (Coords.), *Libro Homenaje a Aníbal Dominici*, Ediciones Liber, Caracas, 2008.

MADRID MARTÍNEZ, Claudia, "Las cláusulas abusivas y los contratos de adhesión. Una mirada desde el silencio del Derecho venezolano de los contratos", *Revista Venezolana de Derecho Mercantil*, edición especial en homenaje al Dr. Alfredo Morles Hernández, Sociedad Venezolana de Derecho Mercantil, Caracas, 2021.

MADURO LUYANDO, Eloy y PITTIER SUCRE, Emilio, *Curso de obligaciones. Derecho civil III*, tomo I, Universidad Católica Andrés Bello, Caracas, 2006.

_____. *Curso de obligaciones. Derecho civil III*, tomo II, Universidad Católica Andrés Bello, Caracas, 2005.

MANES, Alfred, *Tratado de seguros. Teoría general del seguro*, Editorial Logos, Ltda., Madrid, 1930.

MARÍN, Antonio Ramón, *Teoría del contrato en el Derecho venezolano*, Ediciones y Distribuciones Magón, Caracas, 1983.

MÁRMOL MARQUÍS, Hugo, *Fundamentos del seguro terrestre*, Ediciones Liber, 4ª edición, Caracas, 1999.

MARTÍN GARCÍA-DORADO, Antonio, "La inflación y su incidencia sobre el seguro", *XI Asamblea Plenaria de la Conferencia Hemisférica, celebrada en Nueva Orleáns, del 12 al 16 de noviembre de 1967*, Centro de Investigaciones y Estudios del Seguro Iberoamericano, Madrid, 1968.

MARTÍNEZ, Luz María, "La ruptura de la economía negocial tras el Covid-19 (un análisis desde el moderno Derecho europeo de contratos)", *Revista Actualidad Jurídica Iberoamericana*, N° 12 bis, Instituto de Derecho Iberoamericano, Valencia-España, 2020.

MAZEAUD, Henri, MAZEAUD, León y MAZEAUD, Jean, *Lecciones de Derecho civil. Los principales contratos (continuación)*, parte III, volumen 4, Ediciones Jurídicas Europa-América, Buenos Aires, 1974.

MÉLICH-ORSINI, José, *Doctrina general del contrato*, Serie Estudios 61, 4ª edición, Caracas, 2006.

_____. *El pago*, Universidad Católica Andrés Bello, Caracas, 2000.

_____. "La revisión judicial del contrato por onerosidad excesiva", *Revista de la Facultad de Derecho*, N° 54, Universidad Católica Andrés Bello, Caracas, 1999.

_____. "La revisión judicial del contrato por onerosidad excesiva", *Revista de Derecho de la Pontificia Universidad Católica de Valparaíso*, N° XX, Pontificia Universidad Católica de Valparaíso, Valparaíso, 1999.

MOMBERG URIBE, Rodrigo, "La revisión del contrato por las partes: el deber de renegociación como efecto de la excesiva onerosidad sobreviniente", *Revista Chilena de Derecho*, volumen 37, N° 1, Pontificia Universidad Católica de Chile, Santiago, 2019.

_____. "Teoría de la imprevisión: la necesidad de su regulación legal en Chile", *Revista Chilena de Derecho Privado*, N° 15, Universidad Diego Portales, Santiago, 2010.

MONETTE, Félix, DE VILLÉ, Albert y ANDRÉ, Robert, *Traité des assurances terrestres*, tomo I, Etablissements Emile Bruylant, 3ª edición, Bruselas, 1949.

MONGE GIL, Ángel Luis, *La regla proporcional de la suma en los seguros de daños (artículo 30 de la Ley de Contrato de Seguro)*, Aranzadi, Madrid, 2002.

MORLES HERNÁNDEZ, Alfredo, "La deslegalización de la materia del contrato de seguro", *Revista Venezolana de Derecho Mercantil*, N° 3, Sociedad Venezolana de Derecho Mercantil, Caracas, 2019.

_____. "Las cláusulas abusivas y los contratos de adhesión", *Boletín de la Academia de Ciencias Políticas y Sociales*, N° 157, Academia de Ciencias Políticas y Sociales, Caracas, 2018.

_____. *Curso de Derecho mercantil. Los contratos mercantiles. Derecho concursal*, tomo IV, Abediciones – Universidad Católica Andrés Bello, Colección Cátedra, Caracas, 2017.

_____. *Derecho de seguros*, Universidad Católica Andrés Bello, Caracas, 2013.

_____. "La total desaparición del contenido dispositivo del contrato en los contratos de adhesión", *Revista de la Facultad de Ciencias Jurídicas y Políticas*, N° 132, Universidad Central de Venezuela, Caracas, 2008.

MUÑOZ PAREDES, María Luisa, *El seguro a primer riesgo*, Editoriales de Derecho Reunidas, S.A., Madrid, 2002.

_____. *El seguro a valor nuevo*, Civitas, Madrid, 1998.

OBERTI NARANJO, Ivania, "La elusión en el contrato de seguros", en BAUMEISTER TOLEDO, Alberto (Coord.), *Estudios sobre Derecho de seguros*, Asociación Venezolana de Derecho de Seguros (AVEDESE-AIDA) – Universidad Católica Andrés Bello, Caracas, 2003.

ORDOQUI CASTILLA, Gustavo, "El deber de renegociar el contrato de buena fe en épocas del COVID-19", *Ius et Praxis, Revista de la Facultad de Derecho*, N° 50-51, Universidad de Lima, Lima, 2020.

_____. *Buena fe en los contratos*, Editorial Temis – Editorial Ubijus – Editorial Zavalía – Editorial Reus, Buenos Aires – Bogotá – México D.F. – Madrid, 2011.

PECCHIO BRILLEMBOURG, Isabella y ABACHE CARVAJAL, Serviliano, "Libertad de empresa y el concepto de actividad aseguradora desde el pensamiento de Alfredo Morles Hernández. Una propuesta interpretativa", *Revista Venezolana de Derecho Mercantil*, edición especial en homenaje al Dr. Alfredo Morles Hernández, Sociedad Venezolana de Derecho Mercantil, Caracas, 2021.

PICARD, Maurice y BESSON, André, *Les assurances terrestres en Droit francais. Le contrat d'assurance*, tomo I, Libraire Générale de Droit et de Jurisprudence, 4ª edición, París, 1975.

PISANI RICCI, María Auxiliadora, *Contratos de seguro y reaseguro. Observaciones al Proyecto de Ley*, Ediciones Libra – Universidad Central de Venezuela, Caracas, 1990.

PLANIOL, Marcel y RIPERT, Georges, *Derecho civil*, Editorial Pedagógica Iberoamericana, México, 1996.

QUINTANA CARLO, Ignacio, "Prólogo", en MONGE GIL, Ángel Luis, *La regla proporcional de la suma en los seguros de daños (artículo 30 de la Ley de Contrato de Seguro)*, Aranzadi, Madrid, 2002.

RACHADELL, María Cecilia y DI MIELE, Franco, "Apuntes sobre la codificación de la «théorie l'imprévision» en el Code civil", *Revista Venezolana de Derecho Mercantil*, edición especial en homenaje al Dr. Alfredo Morles Hernández, Sociedad Venezolana de Derecho Mercantil, Caracas, 2021.

RACHADELL, María Cecilia y SANQUÍRICO PITTEVIL, Fernando, "La (hiper)inflación y sus efectos sobre las deudas de dinero. Un enfoque sobre la imprevisión en Venezuela", *Revista Venezolana de Derecho Mercantil*, N° 1, Sociedad Venezolana de Derecho Mercantil, Caracas, 2018.

RAMÍREZ PAESANO, Juan Carlos, "La buena fe en los seguros mercantiles", *Revista Venezolana de Derecho Mercantil*, N° 3, Sociedad Venezolana de Derecho Mercantil, Caracas, 2019.

Real Academia Española, *Diccionario de la lengua española*, Editorial Espasa Calpe, 22ª edición, Madrid, 2001.

REZZÓNICO, Luis María, *La fuerza obligatoria del contrato y la teoría de la imprevisión (reseña de la cláusula "rebus sic stantibus")*, Editorial Perrot, 2ª edición, Buenos Aires, 1954.

RODNER S., James-Otis, *El dinero. Obligaciones de dinero y de valor. La inflación y la deuda en moneda extranjera*, Academia de Ciencias Políticas y Sociales – Editorial Anauco, 2ª edición, Caracas, 2005.

_____. "La teoría de la imprevisión (dificultad de cumplimiento por excesiva onerosidad)", en DE VALERA, Irene (Coord.), *El Código civil venezolano en los inicios del siglo XXI: en conmemoración del bicentenario del Código civil francés de 1804*, Academia de Ciencias Políticas y Sociales – Jurisfraven – Embajada de Francia, Caracas, 2005.

_____. *El contrato y la inflación. El uso de cláusulas de valor en Venezuela*, Editorial Sucre, Caracas, 1983.

RODRÍGUEZ FERRARA, Mauricio, *Obligaciones*, Livrosca, 3ª edición, Caracas, 2007.

RODRÍGUEZ R. DE BELLO, Gladys J., *Ley del Contrato de Seguro y Ley de la Actividad Aseguradora comentadas*, Ediciones Paredes, Caracas, 2011.

RODRÍGUEZ R. DE BELLO, Gladys J., "Observaciones sobre el contrato de seguro", *Revista de la Facultad de Ciencias Jurídicas y Políticas*, N° 76, Universidad Central de Venezuela, Caracas, 1988.

RUÍZ RUEDA, Luis, *El contrato de seguro*, Editorial Porrúa, S.A., México, 1978.

SALAZAR REYES-ZUMETA, Leonel, "El contrato de seguro: el tránsito de la legalidad a la anomia", *Revista Venezolana de Derecho Mercantil*, edición especial en homenaje al Dr. Alfredo Morles Hernández, Sociedad Venezolana de Derecho Mercantil, Caracas, 2021.

SÁNCHEZ CALERO, Fernando, "Comentario art. 27 LCS", en SÁNCHEZ CALERO, Fernando (Dir.), *Ley de Contrato de Seguro. Comentarios a la Ley 50/1980, de 8 de octubre, y a sus modificaciones*, Aranzadi, 4ª edición, Pamplona, 2010.

_____. "Comentario art. 30 LCS", en SÁNCHEZ CALERO, Fernando (Dir.), *Ley de Contrato de Seguro. Comentarios a la Ley 50/1980, de 8 de octubre, y a sus modificaciones*, Aranzadi, 4ª edición, Pamplona, 2010.

_____. "Comentario art. 43 LCS", en SÁNCHEZ CALERO, Fernando (Dir.), *Ley de Contrato de Seguro. Comentarios a la Ley 50/1980, de 8 de octubre, y a sus modificaciones*, Aranzadi, 4ª edición, Pamplona, 2010.

SOLER ALEU, Amadeo, *El nuevo contrato de seguro*, Editorial Astrea, Buenos Aires, 1978.

STIGLITZ, Rubén S. y STIGLITZ, Gabriel A., *Contratos por adhesión, cláusulas abusivas y protección al consumidor*, Ediciones Depalma, Buenos Aires, 1985.

SUPINO, David, *Derecho mercantil*, La España Moderna, Madrid, 1895.

TATO PLAZA, Anxo, *La subrogación del asegurador en la Ley de contrato de seguro*, Tirant Lo Blanch, Valencia, 2002.

TRIVISONNO, Julieta Belén, "Los contratos por adhesión: retrospectiva y prospectiva de la debilidad contractual en el Derecho argentino", *Revista de la Facultad de Ciencias Económicas*, volumen 23, N° 2, Chaco (Argentina), 2019.

URBANEJA, Luis Felipe, "Conceptos sobre la teoría de la imprevisión en los contratos de Derecho privado", *Discurso de incorporación a la Academia de Ciencias Políticas y Sociales*, pronunciado el 27 de octubre de 1972. Disponible en: https://www.acienpol.org.ve/wp-content/uploads/2019/09/D-0051-I.pdf

URDANETA FONTIVEROS, Enrique, "Consideraciones generales sobre la alteración sobrevenida de las circunstancias contractuales en el Derecho comparado", en BREWER-CARÍAS, Allan R. y ROMERO-MUCI, Humberto (Coords.), *Estudios jurídicos sobre la pandemia del Covid-19 y el Decreto de Estado de Alarma en Venezuela*, Academia de Ciencias Políticas y Sociales – Editorial Jurídica Venezolana Internacional, Colección Estudios N° 123, Caracas, 2020.

USTÁRIZ FORERO, Nasly, "El contenido dispositivo en los contratos de adhesión", *Revista Venezolana de Derecho Mercantil*, edición especial en homenaje al Dr. Alfredo Morles Hernández, Sociedad Venezolana de Derecho Mercantil, Caracas, 2021.

VARGAS-WEIL, Ernesto, "Imprevisión y Covid-19: sobre el rol de los tribunales y la Ley en tiempos de crisis", *Revista Chilena de Derecho Privado*, N° 37, Universidad Diego Portales, Santiago, 2021.

VASQUES, José, *Contrato de seguro. Notas para uma teoria geral*, Coimbra Editora, Portugal, 1999.

VEIGA COPO, Abel B., *Tratado del contrato de seguro*, tomo I, Civitas – Thomson Reuters, 6ª edición, Pamplona, 2019.

_____. *Tratado del contrato de seguro*, Civitas – Thomson Reuters, 2ª edición, Madrid, 2012.

_____. *Condiciones en el contrato de seguro*, Editorial Comares, 2ª edición, Granada, 2008.

VIVANTE, Cesare, *Il contratto di assicurazione. Le assicurazioni terrestri*, volumen 1, Ulrico Hoepli Editore – Librario, Milán – Napole – Pisa, 1885.

Normativa

Código Civil (1982). *Gaceta Oficial de la República de Venezuela* N° 2.990, julio 26, 1982.

Código de Comercio (1955). *Gaceta Oficial de la República de Venezuela* N° 475 (Extraordinario), diciembre 21, 1955.

Convención de Viena sobre el Derecho de los Tratados (1969).

Convenio Cambiario N° 1 (2018). *Gaceta Oficial de la República Bolivariana de Venezuela* N° 6.405, septiembre 7, 2018.

Decreto con Rango, Valor y Fuerza de Ley de la Actividad Aseguradora (2016) (derogada). *Gaceta Oficial de la República Bolivariana de Venezuela* N° 6.220 (Extraordinario), marzo 15, 2016.

Decreto con Rango, Valor y Fuerza de Ley de la Actividad Aseguradora (2015) (reimpresa y derogada). *Gaceta Oficial de la República Bolivariana de Venezuela* N° 6.211 (Extraordinario), diciembre 30, 2015.

Decreto con Rango, Valor y Fuerza de Ley Orgánica de Reforma de la Ley del Banco Central de Venezuela. *Gaceta Oficial de la República Bolivariana de Venezuela* N° 6.211 (Extraordinario), diciembre 30, 2015.

Decreto Constituyente mediante el cual se establece la Derogatoria del Régimen Cambiario y sus Ilícitos (2018). *Gaceta Oficial de la República Bolivariana de Venezuela* N° 41.452, agosto 2, 2018.

Ley de Empresas de Seguros y Reaseguros (2001). *Gaceta Oficial de la República de Venezuela* N° 5.561 (Extraordinario), noviembre 28, 2001.

Ley de Publicaciones Oficiales (2022). *Gaceta Oficial de la República Bolivariana de Venezuela* N° 6.688 (Extraordinario), febrero 25, 2022.

Ley de Publicaciones Oficiales (1941) (derogada). *Gaceta Oficial de la República de Venezuela* N° 20.546, julio 22, 1941.

Ley de Reforma del Decreto con Rango, Valor y Fuerza de Ley de la Actividad Aseguradora. *Gaceta Oficial de la República Bolivariana de Venezuela* N° 6.770 (Extraordinario), noviembre 29, 2023.

Ley del Banco Central de Venezuela (derogada). *Gaceta Oficial de la República Bolivariana de Venezuela* N° 5.606 (Extraordinario), 18 de octubre de 2002.

Ley del Contrato de Seguro (2011) (derogada). *Gaceta Oficial de la República Bolivariana de Venezuela* N° 5.553 (Extraordinario), noviembre 12, 2011.

Ley de la Actividad Aseguradora (2010) (derogada). *Gaceta Oficial de la República Bolivariana de Venezuela* N° 39.481, agosto 5, 2010.

Normas que Regulan la Relación Contractual en la Actividad Aseguradora (2016). *Gaceta Oficial de la República Bolivariana de Venezuela* N° 40.973, agosto 24, 2016.

Providencia Administrativa N° SAA-2-0026 del 23 de abril de 2021, dictada por la SUDEASEG y publicada en el portal web de esta institución. Disponible en: https://www.sudeaseg. gob.ve/descargas/regulaciones/2021/Normas%20que%20rigen %20la%20suscripci%C3%B3n%20de%20contratos%20de%20 seguros,%20reaseguros,%20medicina%20prepagada,%20admi nistraci%C3%B3n%20de%20riesgos,%20fianzas%20o%20rea fianzamientos%20en%20moneda%20extranjera..pdf.

Proyecto de Ley de Reforma del Decreto con Rango, Valor y Fuerza de Ley de la Actividad Aseguradora, publicado en la página web de la Asamblea Nacional. Disponible en: https:// www.asambleanacional.gob.ve/leyes/proyecto/proyecto-de-ley -de-reforma-del-decreto-con-rango-valor-y-fuerza-de-ley-de-la -actividad-aseguradora.

Proyecto de "Normas que regulan los contratos de seguro y de medicina prepagada", publicadas en la página web de la SUDEASEG. Disponibles en https://www.sudeaseg.gob.ve/ descargas/Publicaciones/Normas%20Prudenciales/39.%20NOR MAS%20QUE%20REGULAN%20LOS%20CONTRATOS% 20DE%20SEGURO%20Y%20DE%20MEDICINA%20PREPA GADA.pdf

Jurisprudencia

Sentencia dictada por la Sala de Casación Civil del Tribunal Supremo de Justicia el 11 de noviembre de 2022. Ponencia del Magistrado Henry José Timaure Tapia. Caso: Multiservicios Gran Prix, C.A. vs. Seguros Guayana, C.A. Expediente N° 2020-000089.

Sentencia dictada por la Sala de Casación Civil del Tribunal Supremo de Justicia el 8 de noviembre de 2022. Ponencia de la Magistrada Carmen Eneida Alves Navas. Caso: Carrasquel, Márquez y Asociados vs. Soluciones de Localización Tracker, C.A. Expediente N° 2022-000346.

Sentencia dictada por la Sala Constitucional del Tribunal Supremo de Justicia el 7 de julio de 2022. Ponencia de la Magistrada Lourdes Benicia Suárez Anderson. Caso: Inversiones J.P.K., C.A. vs. Seguros Altamira, C.A. Expediente N° 21-0477.

Sentencia N° 295 dictada la Sala Político-Administrativa del Tribunal Supremo de Justicia, 15 de marzo de 2018. Caso: Seguros Qualitas, C.A. Exp. N° 2014-0567.

Sentencia N° 00033 dictada por la Sala Político-Administrativa del Tribunal Supremo de Justicia, 2 de febrero de 2017. Caso: Proseguros, S.A. Expediente N° 2012-0601.

Sentencia dictada por la Sala de Casación Civil del Tribunal Supremo de Justicia, 28 de julio de 2014. Caso: Evelyn Sampedro de Lozada vs. Multinacional de Seguros, C.A. Expediente N° 2013-000738.

Sentencia dictada por la Sala de Casación Civil del Tribunal Supremo de Justicia, 1 agosto de 2012. Caso: Clímaco Antonio Marcano vs. Compañía Nacional Anónima de Seguros la Previsora. Exp. N° AA20-C-2012-000094.

Sentencia N° 000417 dictada por la Sala de Casación Civil del Tribunal Supremo de Justicia, el 12 de agosto de 2011. Caso: Hyundai de Venezuela, C.A. vs. Hyundai Motor Company.

Sentencia N° 00058 dictada por la Sala de Casación Civil del Tribunal Supremo de Justicia, el 18 de febrero de 2008. Caso: José Manuel Lens Suárez y otro vs. Center Import, S.K., C.A.

Sentencia N° 0241 dictada por la Sala de Casación Civil del Tribunal Supremo de Justicia, el 30 de abril de 2002. Caso: Arturo Pacheco Iglesia y Otros contra Inversiones Pancho Villas, C.A.

Sentencia dictada por la Sala de Casación Civil del Tribunal Supremo de Justicia, 25 de mayo de 2000. Caso: Ermogeno Mario Casarella vs. Compañía Anónima Seguros La Previsora. Expediente N° 98-750.